만두

한중일 만두와 교자의 문화사

만두
한중일 만두와 교자의 문화사

초판 1쇄 발행 2021년 3월 25일
초판 2쇄 발행 2021년 4월 25일

지은이 | 박정배

펴낸곳 | 도서출판 따비
펴낸이 | 박성경
편   집 | 신수진
디자인 | 이수정

출판등록 | 2009년 5월 4일 제2010-000256호
주소 | 서울시 마포구 월드컵로28길 6(성산동, 3층)
전화 | 02-326-3897
팩스 | 02-6919-1277
메일 | tabibooks@hotmail.com
인쇄·제본 | 영신사

ISBN 978-89-98439-89-7 03910

값 25,000원

만두

한중일 만두와 교자의 문화사

박정배 지음

따비

일러두기

- 외래어 표기법에 따라, 중국 인명은 1911년을 기준으로 과거인은 한자음대로 표기하고, 현대인은 중국어 표기법에 따라 표기했다.
- 중국의 지명 및 음식명은 중국어 표기법에 따라 표기하는 것을 원칙으로 하되, 사료 인용 및 해설의 경우, 혹은 독자의 이해를 돕기 위한 경우 한자음대로 표기했다.

들어가며

   만두(饅頭)와 교자(餃子)는 동아시아의 음식 문화를 가장 잘 반영하며 진화를 거듭하고 있다. 특히 중국과 일본, 한국에서 다양한 형태로 분화 발전을 해왔다. 만두와 교자는 중동에서 전해진 밀이 동아시아의 오랜 조리법인 곡물을 쪄서 먹는 문화와 만나면서 태어난 독특한 음식이다. 중동과 서양의 밀 조리법은 구워 먹는 방법이 주를 이룬다.

   중국에서 밀은 오랫동안 천대를 받으며 발전하지 못했다. 밀의 특성상 가루로 만들어야 하는데, 제분은 꽤 까다로운 기술이기 때문이다. 중국의 북방에는 조와 수수가 있었고 남쪽에는 쌀이 있었던 탓에 가공과 조리가 어려운 밀은 중국에서 큰 관심을 얻지 못했던 것이다. 그러나 한나라 때 중원의 인구가 급증하면서 새로운 곡물 수요가 생겨났다. 이때 봄에는 조나 쌀을 심고 가을에는 밀을 심는 이모작이 시작되면서 밀의 공급과 수요가 본격화된다. 하지만 당시에 밀은 여전히 가공이 어려워 상류층의 전유물이었다.

춘추전국 시대에 밀로 만든 분식이 시작되었다. 이 시기에 교자에 관한 기록은 없지만 상류층의 무덤에서 교자의 실물 유적이 발견되었다. 만두는 3세기경인 동한 말에서 삼국 시대에 걸쳐 제사 때 바치는 귀한 음식으로 만들어지기 시작했다. 밀의 재배가 활성화되면서 송대 들어 중국의 북방에서 밀을 이용한 국수와 만두·교자가 일상적인 음식이 되었다. 여진족의 금에 밀려 양쯔강 남쪽으로 내려온 남송에 의해 중국 북방의 밀 음식 문화는 전 중국으로 확산되었다.

만두와 교자는 다른 음식이다. 만두는 중국의 술 발효 기술이 더해져 반죽을 발효시켜 쪄 먹는 음식으로 발전한다. 초기에 만두는 소가 있는 음식이었지만 청대에 들어서면서 포자(包子)가 소가 있는 음식의 대명사가 되고, 만두는 소가 없는 음식으로 발전해 북방인의 주식이 된다. 중국 북방인들은 소가 없는 만두를 반찬과 함께 먹는다. 서양인의 빵 문화와 같다. 교자는 발효를 하지 않는다는 점에서 만두와 구별된다. 교자와 비슷한 음식으로 탕에 넣어 먹는 혼돈(餛飩)이 있다. 교자는 송나라 때는 각자(角子), 교아(餃兒), 청대에는 편식(扁食)으로 불리다가 청나라 말에 소가 들어간 비발효 음식의 대명사가 된다.

일본은 중국의 만두와 교자를 독특하게 변형시켜 받아들였다. 중국의 만두는 일본에서 단팥을 넣은 과자인 만주(饅頭)로 정착한다. 13세기 후반부터 14세기 전반까지 남송과 일본의 교

류가 가장 활발했던 '도래승의 세기(渡来僧の世紀)'에 일본은 중국의 불교와 차 문화와 면식 문화를 받아들였다. 일본에서 만주는 불교의 지대한 영향으로 단팥소를 넣어 차를 마실 때 곁들이는 음식이 되었다. 중국식 포자는 고기를 넣은 만주라는 의미의 니쿠만(肉まん)이 된다. 중국 북방의 음식 문화인 쪄 먹는 교자는 태평양전쟁 이후 일본에서 야키교자(焼き餃子: 구운 교자)로 정착했다. 재미있는 건 야키교자가 중국 베이징 지역의 구운 교자류 뀌티에(鍋貼)의 영향과 자오쯔(교자)의 형태, 한국어 발음 '교자'를 받아들인 음식이라는 것이다.

한국에서는 만두와 교자를 구별하지 않는다. 한국인이 만두류와 교자류를 만두로 통칭하는 건 역사 때문이다. 조선 시대 내내 발효 만두는 상화로 불렸고 중국의 비발효 교자는 만두로 불렀다. 근대 이후 상화라는 말이 사라지고 만두만 남아 소를 넣은 분식류의 통칭이 된 것이다. 상화는 멥쌀 문화권인 한국에서 증병의 형태로 남았고 만두는 조선에서 송편으로 변했다.

이렇듯, 만두와 교자는 오랜 시간 저마다의 사회경제적 바탕 위에 삼국에서 각기 다른 문화로 분화 발전했다. 음식은 기후나 경제, 전쟁과 정치 같은 거시적 환경에 의해 영향을 받는다. 만두와 교자는 동아시아로의 밀 전래와 동아시아식 조리 방식인 찌고 삶는 문화가 결합돼 탄생한 동아시아의 독특한 음식 체계가 되었다.

1부

밀의 재배와
만두의 탄생

1장

만두의 전제조건,
중국에서의 밀 재배

우리가 흔히 만두라 부르는, 밀가루 반죽으로 만든 피로 갖가지 재료로 만든 속을 넣어 싼 음식이 성립하기 위해서는 여러 가지 조건이 필요하다. 그중 가장 중요한 것은 밀의 보급이다. 밀은 중국에 들어온 후 현지화 과정을 거친다. 이미 조나 수수, 쌀 같은 곡물 재배 문화가 깊게 뿌리내리고 있던 중국에서 밀이 정착하기까지는 복잡하고 다양한 요인들이 작용했다. 기존의 곡물을 써서 먹는 조리법과 결합함으로써 밀의 발상지인 중동, 서양식 분식 문화의 뿌리인 이집트, 유럽의 구워 먹는 밀가루 음식과는 다른, 독특한 면식 문화가 생겨난다.

밀의 탄생과 중국 전래

중동에서 시작된 밀 재배는 서쪽으로는 아프리카와 유럽으로, 동쪽으로는 중국으로 전해졌다. 하지만 밀이 중국 전역으로 전파되는 데는 수천 년이라는 긴 시간을 필요로 했다. 특히 밀이 아닌 조와 수수 그리고 쌀을 재배한 오랜 농경 전통과 쪄 먹는 조리법을 가진 중국에서는 밀, 그리고 밀가루 음식의 확산이 산고의 시간을 겪었다. 그러나 중동과 중국의 조리법이 결합되면서 국수 그리고 만터우와 자오쯔라는 인류 음식사에서 혁신으로 기록될 요리들이 만들어진다.

밀의 탄생과 재배

고고학적 발견이 이어지면서 인류의 음식 문화, 특히 농경과 관련한 연대가 점점 위로 올라가고 있다. 2013년 미국의 과학 전문 격주간지 《사이언스 데일리(Science Daily)》(2013년 7월 5일자)에는 이란 동부의 초기 골란 유적지에서 1만 1700년 전에서 9800년 전 사이에 형성된 두께 8미터의 신석기 시대 퇴적층을

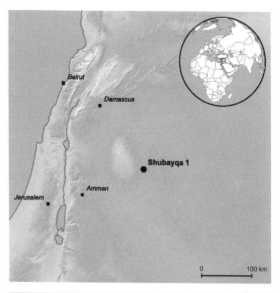

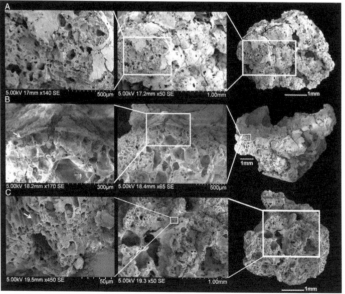

그림 1-1 사이언스 데일리에 실린 일반 밀 발견 지역(위)과 일반 밀(아래)

발굴했는데, 9800년 전 퇴적층에서 작물화된 일반 밀인 에머 밀 (emmer wheat: 오늘날에는 주로 사료로 사용된다)이 발견되었다는 기사가 실렸다.[1] 2018년에는 미국국립과학원회보(PNAS)(2018년 7월 31일자)에 1만 4500년 전 빵의 흔적을 발견했다는 논문이 게재되었다.[2] 요르단 북동부 검은사막의 '슈바이카 1'로 알려진 나투프 수렵 유적지의 숯 잔해에서 24종의 보리와 귀리, 1립계(一粒係) 밀* 등 야생 곡물을 빻아 체로 거른 뒤 반죽을 했다는 증거를 발견했다는 것이다.

오늘날의 이스라엘, 팔레스타인, 레바논, 요르단, 시리아, 이란, 이라크 북동부는 '비옥한 초승달 지대(Fertile Crescent)'로 불리는데, 밀의 탄생지이자 최초 재배지다. 이곳은 구석기 말기(BC 1만년경)에서 신석기(BC 7,000~6,000년) 초기 거주지가 있는 곳이다. 유프라테스강 상류 텔 아부 후레이라(Tell Abu Hureira) 유적의 말기 구석기 문화기에서 야생 1립계 밀이, 신석기 문화기에서 야생 1립계 밀과 재배 1립계 밀, 야생 2립계 밀과 에머 소맥이 출토되었다.

대니얼 조하리(Daniel Zohary)는 밀을 게놈 구성으로 구분했다.[3] 밀의 유전자는 2배체(diploid), 4배체(tetraplod), 6배체(hexaploid)로 나누어지는데, 조하리는 유전적 유연성에 근거해 밀을 다섯 종류로 분류했다.**

---

* 트리티쿰 모노코쿰(Triticum monococcum), 밀의 알립이 하나만 맺히는 품종.

최초의 밀 종자는 2배체 1립계 야생종인데, 교배를 거쳐 4립계, 6립계로 진화했다. 우리가 먹는 밀의 96%는 6배체 보통계 밀이다. 유럽에서 스파게티에 사용하는 밀은 4배체 경밀인 드럼종이다. 야생종 1립계 밀은 이란에서 BC 8000~5000년의 것이 발견되었고, 재배형은 신석기 시대부터 청동기 시대에 걸쳐 중부 유럽 전역에서 전파되었음이 확인되었다.

이런 고고학정 증거로 1립계 밀과 2립계 밀의 재배가 비옥한 초승달지대에서 BC 7000년경부터 시작되었을 것이라고 추정하는데,[4] 중국에 밀이 전해진 것은 재배종 밀이 탄생한 지 수천 년 후였다. 기후의 차이 때문에, 비옥한 초승달지대의 동쪽인 중앙아시아 지역에 도착한 후 밀의 전파는 정체되고 느려진다.

** 다음과 같은 5종이다.

① T. monococcum L: 2배체(AbAb)의 1립계(einkorn) 밀로 재배종과 야생종을 포함하며 모두 겉밀(有稃性)이다.

② T. urartu Tuman: 2배체(AuAu)로 야생종만 존재한다.

③ T. turgidum L: 4배체(AABB)의 2립계 밀로 야생/재배 에머의 겉밀과 경밀(durum) 등의 여러 쌀밀(稞性: 빵밀류)을 포함한다.

④ T. timopheevi Zhuk: 4배체(AAGG)의 티모페비계로 재배종과 야생종이 있으며 캅카스의 조지아(Georgia)에서 재배된다.

⑤ T. aestivum L: 6배체(AABBDD)의 보통계 밀로 모두 재배종이며 스펠트(spelt) 형태의 겉밀과, 빵밀과 밀수(密穗) 밀(club)을 포함하는 다양한 종류의 쌀밀이 존재한다.

밀의 중국 전래

밀의 전파가 중국에서 몇 천 년 동안 정체되거나 멈춘 것은 두 가지 이유 때문이었다. 하나는 밀의 발상지와 중국의 기후 특성이 다른 것이었고, 또 하나는 밀이 전래되기 8,000년 전부터 시작된 창장(長江) 유역의 쌀농사와 황허(黃河) 유역의 조·수수 농사 같은 대규모 농작이 자리 잡고 있었기 때문이었다.

룽산 문화(龙山文化, BC 2600~2000) 시대부터 서주(西周, BC 367~256) 시기까지, 중국의 밀 재배 시작 단계에서는 기술과 도구가 부족했을 뿐 아니라 자연환경의 제약을 받아 그 재배 범위도 그 지역의 기후 변화에 따라 자주 변경되었다. 이러한 요인들이 밀의 황허 유역 보급을 제한했다.[5] 현재 중국에서 발견된 최초의 밀은 간쑤(甘肃) 유적에서 나왔는데, 지금으로부터 4,600년 정도 전의 것이다. 이와 더불어 간쑤성 민러(民乐)현 둥후이산(东灰山) 유적(지금으로부터 4,000~5,000년 전)에서 탄화밀이 출토되었다.[6] 고고학적 발견으로 늦어도 지금으로부터 4,000년 전에는 밀이 중국에 널리 분포되어 있었던 것을 알게 되었다. 중국사회과학원 고고연구소(考古研究所)의 자오지진(赵志军) 교수의 연구에 의하면, 중국의 초기 밀은 황허를 중심으로, 서북(西北: 신장 위구르, 간쑤성) 지역, 중원(中原: 허난성, 산둥성 서부, 허베이성 동부) 지역과 하이다이 지구(海岱地区 : 산둥성, 타이안[泰安]시)에서 지금으로부터 4,000년 전쯤의 초기 밀이 발견되었다.

밀은 서아시아로부터 출발하여, 중앙아시아와 신장(新疆)을

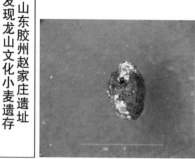

그림 1-2 룽산 문화(BC 2600~2000) 시대 밀이 출토된 산둥(山東) 자오저우(胶州) 자오좌장(赵家庄)의 유적 기사와 출토된 탄화밀

거쳐 간쑤성 허시회랑(河西走廊)을 통해 황허 유역에 퍼진 것으로 여긴다.[7] 보통계 밀은 중국에 전파되면서 환경에 적응한 결과로 많은 변이가 생겼다. 대표적인 초기 품종으로는 윈난소맥(云南小麦), 티베트평야야생소맥(西藏平野生小麦), 신장소맥(新疆小麦) 등이 있다.[8]

밀의 중국 자생설과 그에 대한 비판

서쪽에서 동쪽으로의 밀 전파가 어떤 경로를 통해서 이루어졌는지는 정확히 알기 어렵다. 때문에 고대 동서양 문화의 상호교류에 관한 한 실크로드는 유일한 통로가 아니었고, 해상실크로드, 남실크로드, 그리고 유라시아 초원통로와 같은 다른 노

그림 1-3 신장 쿵췌허(孔雀河)에서 출토된 4,000년 전의 탄화밀

선들이 서로 다른 시기에 존재했다는 의견도 있다.

이런 이유로, 중국에서는 밀이 서아시아에서 중앙아시아를 거쳐 전파되었다는 설과 더불어 중국의 밀이 황허 유역에서 기원했다는 주장도 있다. 보통계 밀의 기원을 황허 중상류와 그 고원 지역이라고 주장하는 학자들의 주된 근거는 1950년대 후난(湖南)성 루시(泸溪)현, 허난(河南)성 지역에 있는 황허 중류의 협곡 싼먼샤(三門峽), 허난성 뤄양(洛阳)과 산시(山西)성 바오시(寶雞), 시안(西安) 등 많은 지역에서 발견된 6배체 보통계 밀과 친연 관계가 있는 소맥초(小麦草, Aegilops quarrosa)와 1970년대 티베트에서 발견된 6배체 야생 밀(Tfiticum xizangense Li, ssp. nov)이다.

하지만 산둥대학교 동방고고학연구센터(東方考古研究中心) 진구이윈(靳桂云) 교수는 〈중국 초기 밀의 고고학적 발견과 연구(中国早期小麦的考古发现与研究)〉라는 논문에서 이를 전면적으로 반박한다. 그는 "보통계 밀(6배체 밀)은 2립계 밀과 조산양초(粗山羊草, Aegilops quarrosa)의 천연 교잡으로 형성된 종이다."라고 전제한다. 그러나 중국에서 2립계 밀을 재배한 사실이 입증되지 않았고 중국의 6배체 보통계 밀이 재배 소맥과 조산양초의 교잡으로 생겨났다는 증거가 없는 상태에서, "중국에서 조산양초가 발견됐다 하더라도 보통 밀이 중국에서 기원했다는 증거일 수는 없다."고 명확히 밝힌 것이다.[9] 현재까지의 고고학 증거와 게놈 연구로 인해 중국의 일부 학자 외에는 중국 밀 자생설을 인정하지 않는다.

밀의 중국 내 전파와 확산

중국 내의 밀의 전파는 단순하지 않았다. 작물의 환경 적응과 가공 기술, 재배를 위한 정치경제적 요인들, 기존 작물인 북방의 조와 콩, 남방의 쌀 등과의 윤작, 밀가루 음식 문화의 수용 등 다양한 요인들이 상호 작용하면서 현지화되는 복잡한 과정을 거쳤다. 최근 중국의 밀은 동북 지방의 봄밀이 80% 이상을 차지하고 있지만, 봄밀의 본격적인 재배는 청나라 말기 동북 지역의 본격 개발과 함께 시작된 것이다.[10]

근대 이전의 중국 밀은 대부분 겨울밀[冬小麥]이었다. 그렇다고 고대에 봄밀[春麥]이 없었던 것은 아니지만 밀이 북방에 정착하면서 대부분 겨울밀이 재배된다.

밀에 관한 초기 기록과 고고학적 발견

상대(商代, BC 1600~1046)에 쓰인 갑골문에는 밀이 외국에서

그림 1-4 중국에서 겨울밀과 봄밀의 재배 분포

들어온 것임을 증명하는 글자인 래(來)와 맥(麥)이 등장한다(그림
1-5 참고). 갑골문에는 "月日正 日食麥"이라는 글이 나오는데, 갑
골 연구로 유명한 궈모뤄(郭沫若, 1892~1978)는 갑골에 나오는 식
맥(食麥)이라는 글자는《예기(禮記)》월령(月令)에 나오는 "맹춘(孟
春: 음력 1월)에는 맥(麥)과 양(羊)을 먹는다[孟春之月 食與羊]"와 같
은 의미라고 했다.[11] 손예철 한양대 명예교수는《갑골학 연구》에
서 갑골문에서는 래(來)도 농작물이라는 뜻으로 쓰인다고 하면
서 "亞致來…食來"나 "貞: 咸刈來" 등을 들었다. 중국의 문자학자
위싱우(于省吾)는 갑골문 복사(卜辭)*의 래(來) 자에 관해 "래는 밀
(小麦), 맥은 보리(大麦)"라고 주장[12]했지만, 베이징대학의 문자학
자인 치요우시꾸이(裘錫圭) 교수는 자료가 부족해 그렇게 결론을

甲骨文	金文	战国文字	篆文	隶书	楷书	简体
合集9621	集成9451(麥	睡·秦43	說文	史晨後碑	楷書	楷書
合集24440		睡·秦38				

그림 1-5 맥자의 발전

내리기에는 어려움이 많다고 주장했다.[13]

   춘추(春秋, BC 770~403) 시대에 일어난 사건들을 기록한《좌전(左傳)》성공(成公) 18년 조에는 "주자에게는 형(兄)이 있었는데 지혜롭지 못하여 콩(菽)과 맥(麥)도 구별하지 못하여 즉위할 수 없었다. 변별할 수 없기 때문에 설 수 없다[周子有兄而無慧, 不能辨菽麥, 故不可立]."고 쓰여 있다. 사리를 분별하지 못하는 사람을 말하는 '쑥맥'이라는 단어가 여기서 만들어진 것이다. 하지만 이런 기록이 중국 북방 지역에서 밀농사가 이뤄졌다는 완전한 근거는 되지 못한다. 맥(麥)이라는 글자는 보리와 밀 모두에 쓰였기 때문이다. 소맥(小麥: 밀)과 대맥(大麥: 보리)이 문자상으로 처음 구분되는 것은 서한(西漢, BC 206~AD 24) 말기인 1세기경에 범승지(氾勝之)가 쓴《범승지서(氾勝之書)》다.

---

* 갑골을 사용하여 점을 친 후 그 위에 점을 친 내용을 기록한 것으로, 오늘날 갑골문자라 부른다.

위진(魏晉時代, 220~420) 시대의 학자 두예(杜預, 222~284)는
《좌전》을 정리한 《춘추좌씨경전집해(春秋左氏經傳集解)》에서 4월
과 5월에 익는 밀을 기록했는데[今五月, 周之秋. 平地出水, 飄殺熟麥
及五稼之苗], 봄에 익는 밀은 당연히 가을에 파종한 겨울밀이다.
《예기》 월령에도 밀이 등장하고 전국 시대에서 한대(漢代)에 걸
쳐서 성립한 《관자(管子)》 '경중 을(經重乙)' 편에도 "9월에 밀을
파종하고 익으면 거둔다[使九月种麦, 日至日获]."라는 구절이 있는
등 위진 시대에는 밀에 대한 기록이 많이 있다. 한마오리(韓茂莉)
베이징대 교수는 〈역사시기 겨울밀의 재배 공간의 확장의 토대
와 사회환경(论历史时期冬小麦种植空间扩展的地理基础与社会环境)〉
이라는 논문에서 밀의 중국 내 확산을 분석해 당시의 밀은 파
종 시기와 수확기로 미뤄 겨울밀에 속하는 게 분명하다고 주장
한다. 그는 이어, 진나라 때의 《좌전》, 전국 시대에서 서한까지를
기록한 《관자》 '경중 을' 편, 서한 때의 저술인 《예기》와 《회남자
(淮南子)》 등, 《범승지서》에 이르기 전에 밀농사에 관한 기록은 모
두 겨울밀에 관한 것인데, 중국에 겨울밀이 먼저 등장한 것은 중
국에 전해진 밀이 겨울밀이었기 때문이라고 주장한다.[14] 중국에
겨울밀이 전해진 것은 중국에 밀이 정착하게 되는 중요한 요인
이 된다. 북방에서는 조를 수확한 이후 밭을 놀리는 시기인 겨울
에 심는 작물로, 남방에서는 쌀과의 이모작으로 곡물의 증대에
커다란 역할을 할 수 있었기 때문이다.

하지만 쩡시웅셩(曾雄生) 교수는 봄밀도 오래전부터 있었고 춘
추전국 시대 이전에는 봄밀 재배가 주를 이뤘고 춘추 전국 초기

가 되면 겨울밀이 비로소 두각을 나타냈다고 하면서 한대는 겨울밀을 '숙맥(宿麥)'《한서(漢書)》 무제본기(武帝本紀), 식화지(食貨志),《회남자》)이라고 했고, 이른 봄에 파종해 그해 여름 가을에 수확하는 봄밀을 '선맥(旋麥)'《범승지서》)이라고 했다고 주장한다.[15]

겨울밀이 유입된 초기에는 황허 중하류 지역에 기본 분포지가 형성되었고 하·은·주(夏殷周) 시대부터 춘추 시대까지는 각지의 겨울밀이 산발적으로 재배되었다. 전국 시대에서 진한기에는 겨울밀의 지리적 분포 범위가 전체적으로 동쪽으로 이동하여 오늘날 허난성, 산둥성이 주산지가 된다.[16]

진나라 이전에서 서한 시대에 쓰인《급총주서(汲冢周書)》에는 "밀이 동방에 있다[麥居東方]"라는 기록이 나타나고, 서한의 류안(劉安, BC 179~122)이 기록한《회남자》 '지형훈(墜形訓)'에는 "제수(濟水)는 밀이 적합하며 청주(靑州)는 제수 유역에 있다. … 지금의 동방이다[雲, 濟水宜麥. 靑州爲濟水流域, 春秋使爲齊地, 與萊, 牟接壤. 萊, 牟地瀕東海, 齊國地表東海, 同爲東方]."라고 나오는데 동방과 제수 지역은 지금의 산둥반도와 그 일대다.[17]

한마오리 교수는 겨울밀이 서쪽에서 들어와 동쪽으로 이동한데는 자연환경, 농작물, 인간 활동의 세 가지 요소의 복합적인 작용이 있었다고 분석했다. 첫째로 자연환경에서는 기온과 강수량이 결정적인데 겨울밀 재배의 최저온도는 -22℃ 이내이고, 발아 온도는 15~20℃, 최고온도는 30~35℃다. 밀의 재배기 강수량은 400~600mm다.[18] 산둥 지역은 이 조건의 상한선이다. 위로 동북 지역은 겨울 온도가 더 낮다.

둘째로 농작물의 경우는 북쪽에는 조와 밀의 윤작을, 남쪽에서는 벼와 밀의 윤작을 한다. 한마오리 교수는《관자》'경중 을' 편에 나오는 "한 해가 끝나 저장한 것이 두 개의 큰 저수지를 만든 것에 해당한다[一收之积中方都二]."라는 구절이나《관자》'치국(治国)' 편의 "상산의 동쪽과 황하와 여수 사이는 작물의 성장이 빠르고 오곡이 번성하고 잘 익는다. 사계절에 걸쳐 심고 연간 다섯 번에 걸쳐 수확한다[常山之东, 河汝之间, 蚕生而晚杀, 五谷之所蕃熟也, 四种而五获]."라는 문장 중에서 '두 개의 저수지에 저장할 만한 양'과 '연간 다섯 번에 걸쳐 수확하는 것'은 다 조와 밀의 '2년 삼모작'의 결과라 주장한다.

셋째로 인간 활동은 기계화가 안 된 고대의 농업에서는 인구가 중요했다는 의미다. 밀은 한대에 들어서면서 재배가 어느 정도 이루어진다.[19] 서한의 대표적 유학자 동중서(董仲舒, BC 179~104)는《한서》식화지(食貨志)에서 "성인은 오곡 중에서 밀과 조를 가장 중히 여긴다[以此见圣人於五谷最重麦與禾也]."*고 했다. 토지가 좁은 중원 지역의 인구가 늘어나면서 이모작이 필요했기 때문에 밀 경작이 정책적으로 시행된 것인데, 이를 동중서 등이 기존 북방 작물의 기준인 조와 함께 거론한 것이다.

밀은 한대에 들어서 변곡점을 맞는다. 맷돌과 면류 가공 기술은 모두 동한(東漢, 25~220) 시기에 처음 나타난다. 곡물로서 밀

* 화(禾)는 고대에는 조를 가리켰다.

이 다른 작물과 차별되는 특징은 죽이나 밥처럼 통곡물로 섭취하는 것이 아니라 가루를 내 '분식'으로 섭취한다는 것이다. 이처럼 밀이 분식으로 전환되기 위해서는 가공 도구가 핵심적인 역할을 하는데, 당나라 때에 본격적으로 개발되기 시작했다.[20] 겨울밀은 추위를 견디기 위해 껍질이 두껍고 낟알의 속껍질도 잘 벗겨지지 않아 밥으로 먹으면 까칠하다. 그래서 중국의 남방에서는 밀밥이나 보리밥은 오랫동안 악식(惡食)으로 평가받았다.《후한서(後漢書)》에는 광무제(光武帝, 재위 25~57)가 전쟁 때 먹은 밀밥이 등장하는데, 동한 초까지 북방 황허 유역에서 밀밥을 먹는 방식이 계속되었다는 것을 말해준다. 한대에서 당대까지는 밀은 분식과 입식이 동시에 존재했다.

겨울밀이 관중(關中) 지역*으로 확장되는 데는 200~300년이 걸렸다. 한나라 무제 때 동중서가 농지의 효과적 사용을 위해 밀 경작을 장려했고, 성제(成帝, 재위 BC 32~7) 때 백성들에게 밀농사를 가르쳐 관중 지역에서는 점차 밀을 재배하게 되었다. 그러나 재배량이 많지 않아 서한 시대에는 밀 경작에 관한 기록이 거의 남아 있지 않았다.[21]

삼국 시대(220~280)에서 서진(西晉, 265~316) 시기까지 겨울밀은 황허 유역으로 널리 퍼졌다. 이때부터 밀은 서에서 동으로 확산되면서 전 황허 유역에 보급되었다.[22]

---

* 현재의 중국 산시성 중부와 허난성 서단을 포함하는데 시안이 중심지다.

중국의 기존 작물과 밀의 관계

중국에 2년 삼모작 농사 체계가 도입된 시기에 대해서 중국에서 치열한 논쟁이 진행 중이다. 서한설(西漢說), 전국 시대설(戰國時代說), 북위설(北魏說), 당 중기설(唐中期說), 명나라 중기설(明代中期說) 등이 있다.[23]

당나라 초기까지 중국 북방의 주요 작물은 조(粟)였다. 당나라 초까지는 관원에 대한 녹봉도 조로 규정되어 있었을 정도로, 조는 북방을 대표하는 작물이었다.[24] 밀과 보리가 경제적으로 중요해지는 것은 당나라 초기 이후다.[25]

관중 지역에서의 변화가 특히 두드러졌다. 그 중요 원인은, 첫째 밀 제분 사업이 관중 지역에서 매우 성행했고, 둘째 좁은 관

그림 1-6 대맥(보리)과 소맥(밀), 《본초강목》

중 지역의 인구 증가에 따른 밀의 수요 증가로 겨울밀을 핵심으로 하는 2년 삼모작이 적극 추진된 것이었다.[26] 북송의 《책부원귀(冊府元龜)》(1013)에는 관료들에게 주는 직전(職田)의 세금으로 여름에 밀 80석, 가을에 조 120석을 바쳤다는 기록이 나온다. 당시 직전 수입은 밀과 조 두 가지였는데, 그중 밀이 약 40%를 차지했다. 밀 재배의 이와 같은 급증은 세금법의 변

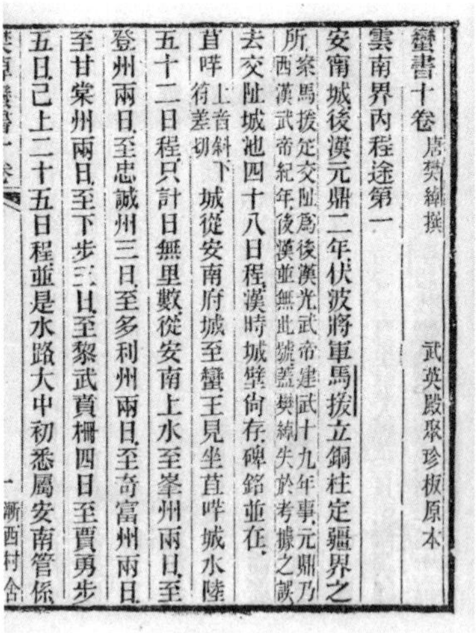
蠻書十卷 唐樊綽撰 武英殿聚珍板原本
雲南界內程途第一
安甯城後漢元鼎二年伏波將軍馬援立銅柱定疆界之所 案馬援定交阯爲後漢光武帝建武十九年事元鼎乃西漢武帝紀年後漢並無此號蓋樊綽失於考據之誤
去交阯城池四十八日程漢時城壘尚存碑銘並在
苴咩 上音斜下彌差切 城從安南府城至蠻王見坐苴咩城水陸
五十二日程只計日無里數從安南上水至峯州兩日至
登州兩日至忠誠州三日至多利州兩日至奇富州兩日
至甘棠州兩日至下步三日至黎武賁柵四日至賈勇步
五日已上二十五日程並是水路大中初悉屬安南管係

그림 1-7 밀과 벼 윤작을 처음 기록한《만서》

경이 중요한 배경이 되었다. 당 덕종(德宗) 원년(780)에 조와 밀을 기반으로 세금을 내는 양세법(兩稅法)이 실행된 것이다. 밀에 매기는 세금인 하세(夏稅)는 6월, 조에 매기는 세금인 추세(秋稅)는 11월로 정해졌다.[27] 벼가 주곡인 남방에서는 벼와 밀의 이모작이 이루어진다. 남방에서 밀과 벼를 교대로 심는 윤작이 등장하는 최초의 기록은 당나라 번작(樊綽)이 쓴《만서(蠻書)》(863)다.*

* 從曲靖州已南滇池已西土俗唯業水田種麻豆黍稷 不過町疃水田每年一熟從八月穫稻至十一月十二 月之交便於稻田種大麥三月四月即熟收大麥後還 種粳稻小麥即於岡陵種之十二月下旬已抽節如三 月小麥與大麥同時收刈其小麥麪軟泥少味大麥多 (《欽定四庫全書》蠻書卷七 樊綽 〈雲南管內物産第七〉

밀은 북송 멸망 후 남쪽으로 이주한 사람들과 함께 본격적으로 남방으로 전해진다. 남방으로 이주한 북방인들의 밀에 대한 수요를 바탕으로 밀과 벼의 윤작은 이익이 많이 남아 매우 성행했다. 벼와 밀의 이모작은 북송 후기에 나타나 남송 시대에 절정을 이룬다.[28] 남방의 벼와 밀 윤작제는 벼의 파종 기술이 직파에서 모내기로 바뀌면서 본격화된다. 윤작을 위해서는 겨울밀을 8월 하순이나 9월 상순에 심고, 수확은 다음 해 4, 5월에 해야 한다. 그런데 4월 말, 5월 초에 벼를 직파로 심으면 가을에 수확할 수 없기 때문에 모판에서 기른 뒤 논에 옮겨 심는 이앙법(移秧法: 모내기)이 필요해진 것이다.[29] 송나라 시인 육유(陸游)는 〈5월 1일작(五月一日作)〉이라는 시에서 밀 수확과 벼 모내기의 모습을 생동감 있게 그려냈다. "도처에서 벼를 모내기 시작하고, 집집마다 밀을 탈곡장으로 옮긴다[處處稻分秧, 家家麥上場]." 벼를 모판에서 키운 후 옮겨 심는 이앙법은 북쪽 사람들이 남쪽에 가져간 생산 기술 중 가장 중요한 것이었다. 이와 같은 벼 모종 기술의 유입으로 남측은 전해에 경작하지 않은 땅의 잡초를 태운 후에 물을 대고 볍씨를 뿌려서 농사를 짓는 화경수작(火耕水耨)의 전통적인 경작 방식에서 벗어날 수 있었고, 논 생산효율과 토지 생산력을 근본적으로 바꿨다.[30]

북송 말기에 장계유(莊季裕)는 《계륵편(雞肋編)》에서 이런 내용을 상세히 적고 있다.

북송 멸망 후 서북부로부터 다수의 난민이 양자강 절강(浙江), 호주(湖州), 호남(湖南), 복건(福建)나 동남 연안에 이르렀고, 소흥*(紹興, 1131~63) 초에 밀 1곡(斛)의 가격은 1만 2,000전에 달했다. 이익은 벼 농사의 2배나 되어 농민은 큰돈을 벌었다. 게다가 소작인은 가을 작물로 돌려주면 되었으므로 밀 재배의 이익은 모두 소작인의 몫이 되었으니 너도나도 다투어 봄에 수확하는 작물을 재배하여 회하(淮河)의 북쪽 못지않게 널리 퍼졌다.**

금의 침략을 피해 양쯔강 남쪽으로 내려온 수백만의 북방 사람들이 자신들의 주곡인 밀에 대한 식습관을 그대로 가지고 있었기 때문에 밀의 재배와 음식 문화는 남방에 급속도로 보급된다. 남송대에 밀농사가 적극적으로 진행된 지역은 모두 북방 이민자 거주지였다. 특히 북방 사람들이 모여들었던 수도 임안(臨安: 지금의 항저우)에서 면식(麵食)이 북송의 수도 변량(汴梁)에서 만큼 성행했음은 남송의 수도의 모습을 묘사한 《무림구사(武林旧事)》에 잘 나와 있다. 《무림구사》에는 밀로 만든 음식만 50여 종이 등장한다. 중국 남송의 수도 임안에 관한 지리·풍속을 기술한 《몽량록(夢梁錄)》 권16 혈(卷一六 頁)에는 "남북의 음식이 섞여 구분이 없다[飲食混淆, 無南北之分]."고 나오는데, 송대의 음식 문

---

* 남송 고종 황제의 연호.
** 원문은 다음과 같다. "建炎之後, 江, 浙, 湖, 湘, 閩, 廣西北流寓之人偏滿, 紹興初, 麥一解至萬二千錢, 農獲其利, 倍於種稻, 而個戶輸租, 只有秋課, 而種麥之利, 獨歸客戶, 於是競種春稼, 極目不減淮北."

화가 중국 최고로 성장한 데는 남북의 다양한 음식 문화의 결합이 큰 역할을 했음을 알 수 있다.

밀밥과 죽의 시대

밀이 보급되었다 해서 처음부터 밀을 갈아 분식으로 먹은 것은 아니었다. 밀이 중국에 전래되기 전에는 중국의 남방과 북방 모두 BC 6000년경부터 시작된 농경문명 단계에 들어섰는데, 남쪽은 벼농사[水稻]가, 북쪽은 조, 기장(黍) 등 밭작물 재배가 주를 이뤘다. 중국과학원 자연과학사연구소(自然科學史研究所) 쩡시옹성(曾雄生) 교수는 기후와 환경의 영향보다 "밀의 현지화에 영향을 주는 더 큰 저항은 사람들이 오랫동안 형성해온 식습관에서 온다."[31]고 했다. 밀은 알곡이 단단해서 갈아 먹기가 쉽지 않다. 하지만 쌀이나 조, 수수처럼 찌거나 삶았을 때 상대적으로 거친 것이 최대 단점이었다. 밀과 사촌인 보리는 낱알 형태로 많이 먹는데, 쌀에 비해 거친 식감과 딱딱함으로 인해 여전히 큰 인기를 얻지 못한다. 게다가 토기를 주로 이용했던 한대 이전에는 끓여 먹기가 현실적으로 어려운 방법이었다. 부산대 사학과 최덕경 교수는 〈전국·진한(戰國秦漢)시대 음식물의 재료(材料)〉라는 논문에서 식사 도구와 먹는 방법의 상관관계를 이야기한다.

밀을 분식으로 먹기 전에는 조나 쌀 등과 마찬가지로 찌거나 끓여서 죽이나 맥반(麥飯)으로 먹었을 것이다. 대개 한대 이전에는 끓여서 밥을 짓는 煮食(자식)보다 鼎(정) 위에 시루를 올려서 찌는 烝食(증식)이 유행했다. 그것은 불의 조절이 어렵고, 또 점성이 함유된 곡물의 경우 고루 익히기가 어려웠기 때문이다. 특히 한대 이전 서민들의 취사용구는 주로 토기로 제작되어 煮食하게 되면 곡물이 鼎의 바닥에 눌러붙어 열의 전달이 어렵고, 또 찌꺼기를 제거하는 과정에 손상되기 쉬우며, 지은 밥도 흙냄새가 배어난다. 이러한 이유 때문에 아직 철제 鍋(과)의 보급이 늦은 소농가에서는 蒸食이 일반적일 수밖에 없었다. 게다가 大麥(보리)의 경우 種皮(종피)가 얇고 부드러워 직접 粒食(입식)이 가능하지만 麥粉(보릿가루)은 점성이 적어 가공하여 麵食(면식)으로 하기에는 부적합하다.[32]

서한 중기는 밀의 가공이 아직 발달하지 않았기 때문에 먹는 방법은 주로 낱알로 먹는 밀밥을 주로 먹었다. 당시 밀밥은 식감이 거친 대신 가격이 저렴해 서민들이 먹던 음식이었다. 한나라 때 사유(史游, BC 48~AD 33)가 쓴 《급취편(急就篇)》에는 "맥밥은 간 껍질과 함께 짓는다. 시골 사람과 농부의 음식이다[磨麦合皮而炊之也 野人農夫之食耳]."라고 했는데, 밀밥은 껍질이 잘 분리되지 않고 딱딱했기에 가난한 사람들의 음식이었다. 때문에 관리들이 밀밥을 먹는 것은 청렴한 것으로 간주되었다. 《위서(魏書)》 '노의정전(盧義僖傳)'에서는 명문 귀족 출신의 노의정이 "청렴하고 재산의 이익을 추구하지 않고 비록 지위가 높더라도 항상 모자라게 산다. 맥반과 채소를 기분 좋게 먹는다[盧義禧 性清儉,不營財利,雖居顯位,

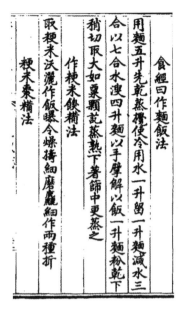

그림 1-8 《제민요술》에 실린 《식경》의
면반법

每至眠乏. 麥飯蔬食, 忻然甘之]."며 그
의 청렴함을 표현했다.

옛 중국어에서는 맥반(麥飯)이
라는 말로 삶의 고단함과 소박함
을 표현했다. 송대 강서(江西) 무주
(撫州)에서 보리밥은 식용으로 보면
돼지나 개에게 먹이는 쇄미(碎米:
부서진 쌀알)만도 못한 취급을 받
았다. 서한 시대에 이미 밀을 가루
로 만들어 먹는 면식이 있었기 때
문에 밀의 식용 품질이 크게 개선
되었지만, 밀가루 가공업의 발전이
더뎌 밀가루는 황족이나 귀족의
전유물이었고 대다수는 밀밥을 먹

을 수밖에 없었다.[33] 《후한서》의 '풍이전(馮異傳)'에는 "광무(光武,
25~56)가 전쟁 때 아궁이에 옷을 말리고 풍이는 다시 맥반과 새
삼(菟肩)을 유수에게 올렸다[光武對竈燎衣, 異復進麥飯, 菟肩]."라고
나오는데, 어려운 상황에서 어쩔 수 없이 황제도 맥반을 먹은 적
이 있었음을 말한다. 이는 서민들이 맥반을 주로 먹었음을 방증
하는 예다. 《제민요술(齊民要術)》에는 수나라(581~618) 때의 의사
인 마완(馬琬)이 저술한 의서인 《식경(食經)》의 면반법(麵飯法)을
소개하는 대목이 나온다. 당시 맥반의 모습을 알 수 있다.

식경의 면반법: 밀가루 5되를 사용한다. 먼저 말려서 찌고[乾蒸] 저어서 식힌다. 물은 1되를 사용한다. 밀가루 1되는 남겨두고 물 3홉을 덜어놓는다. 7홉의 물로 4되의 밀가루를 섞어 비벼 손으로 주물러 푼다. 밥을 짓고, 남겨 놓은 밀가루 1되를 넣는다. 조그맣게 밤톨만큼씩 뜯어낸다. 다 뜯어내면 쪄서 익힌 다음 체에 내려서 다시 찐다.*

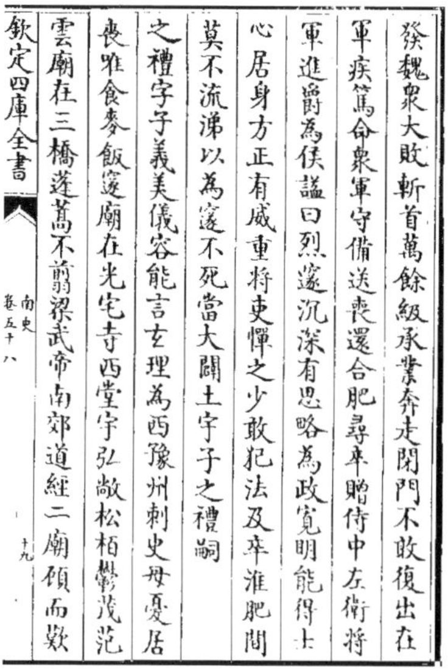
發魏衆大敗斬首萬餘級承業奔走閉門不敢復出在
軍疾篤命衆軍守備送喪還合肥尋卒贈侍中左衛將
軍進爵為侯謚曰烈邃沉深有思略為政寛明能得士
心居身方正有威重將吏憚之少敢犯法及卒淮肥間
莫不流涕以為邃不死當大闢土宇子之禮嗣
之禮字子義美儀容能言玄理為西豫州刺史母憂居
喪唯食麥飯邃廟在光宅寺西堂宇弘敞松柏鬱茂范
雲廟在三橋蓬蒿不翦梁武帝南郊道經二廟顧而歎
欽定四庫全書 南史 卷五十八 十九

그림 1-9 "배지례가 어머니 상중에 맥반만 먹었다."《남사》'배지례전'

쌀 문화권인 남방에서는 밀밥은 굶주림을 구제하는 것이었지, '맛으로 먹는[嗜食]' 음식이 아니었다. 동진 남조 시기에는 적절한 가공 도구와 맥식 가공 기술이 없었기 때문에, 사람들이 밀을 입식하게 되었다는 많은 문헌 기록이 있다. 그 결과 끼니를 때우기는 하지만 입에 맞지 않아 밀밥을 비정상적인 음식으로 보는 경향이 있다. 게다가 상중에 먹는 거친 음식으로 먹은 기록도

* 원문은 다음과 같다. "《食經》曰 作麵飯法: 用麵五升, 先乾蒸, 攪使冷. 用水一升. 留一升麵, 減水三合; 以七合水, 溲四升麵, 以手擘解, 以飯, 一升麵粉粉乾下, 稍切取, 大如栗顆, 訖, 蒸熟, 下著節中, 更蒸之."

있다. 남송의 역사책 《남사(南史)》 '배지례전(裵之禮傳)'에는 "배지례가 어머니 상중에 맥반만 먹었다[母憂居喪, 唯食麥飯]."고 나온다. 고대의 부모상 규칙에 따르면, 효자는 부모의 양육을 기리기 위해 상중에 편한 옷을 입지 못하고 입에 맞는 음식을 먹지 못하던 규율에 따라 맥죽을 먹었다.[34] 맥반이나 맥죽을 먹는 전통은 청대 말을 거쳐 오늘날까지도 남아 있다. 《향언해이(鄉言解頤)》(19세기 초중반)에는 하북 농촌에서는 맥류를 익히고 갈아서 고기와 박을 섞어 상추와 같이 싸 먹는, 입식과 분식 사이의 과도 형태로 볼 수 있는 중국식 요리가 나온다. 또 분식이 발달해 면을 주로 먹을 때에도 밀의 알곡을 먹는 몐판(面饭)이라는 음식이 아직도 남아 있다.

2장
만터우와 자오쯔 탄생의
전제조건들

　우리가 '만두'라 부르는 음식은 밀가루 피를 발효하느냐 그러지 않느냐에 따라 만터우(만두)와 자오쯔(교자)로 달리 분류한다. 어찌 되었든 소를 넣은 밀가루 음식이 가능하려면 몇 가지 전제조건이 갖추어져야 한다. 첫째, 밀의 대중적 보급, 둘째 제분 기술, 셋째는 쪄서 먹는 조리법이다. 만터우는 여기에 발효 기술이 더해진다.

밀가루 이전의 분식

2005년 《네이처(nature)》(10월 13일자)지에는 〈중국 후기 신석기 시대의 밀례(Millet: 조나 기장의 총칭) 국수(Millet noodles in Late Neolithic China)〉라는 기사가 실렸다. 중국 황허 상류의 칭하이(靑海)성 민허(民和)현 라자(喇家) 유적에서 발견된 4,000년 전의 기장과 조로 만든 국수에 대한 내용이었다. 밀가루가 아닌 기장과 조로 만든 국수라는 점에서 중국의 비상한 관심을 모았다. 국수는 라자 유적 20호에서 출토된 붉은 도기 그릇 안에서 발견되었는데, 당시 이 지역을 휩쓴 홍수로 인해 갑자기 묻힌 것으로 추정

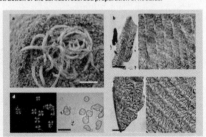

Vol 437|13 October 2005

BRIEF COMMUNICATIONS

Millet noodles in Late Neolithic China

A remarkable find allows the reconstruction of the earliest recorded preparation of noodles.

Noodles have been a popular staple food in many parts of the world for at least 2,000 years[1], although it is debatable whether the Chinese, the Italians or the Arabs invented them first. Here we analyse a prehistoric sample of noodles contained in a well preserved, sealed earthenware bowl discovered in the Late Neolithic[3][4] archaeological site of Lajia in northwestern China. We identify millet as the source of the abundant seed-husk phytoliths and starch grains present in the vessel. This shows that the conversion of ground millet flour into dough that could be repeatedly stretched into long, thin strands for the preparation of boiled noodles was firmly established in this region 4,000 years ago.

The Lajia archaeological site (35° 49′ 40″ N, 102° 51′ 15″ E) is located on a terrace on the upper reaches of the Yellow River in northwestern China, and has been excavated since 1999 (refs 2, 3). The Neolithic cultural settlement[2] containing the prehistoric bowl of noodles was found beneath a floodplain sediment layer that was about 3 metres thick. Radiocarbon (^{14}C) measurements date its occupation to around 4,000 yr BP (ref. 4) (see supplementary information). A very large earthquake and catastrophic flooding proba-

Figure 1 | Late Neolithic noodles from China. a, Noodles dating to 4,000 years ago, shown here on top of an in-filled sediment cone and revealed after the inverted earthenware bowl containing them was removed. Scale bar, 1 cm. **b,** Dendriform-1 husk phytoliths (left) from the noodle sample compared with husks from the modern millet *Panicum miliaceum* (right). **c,** Dendriform-2 husk phytoliths from the noodles (left) compared with husks from the modern millet *Setaria italica* (right); the dendriform-2 type mostly occurred at the lemma end of *S. italica*. **d,** Polarized-light (left) and light micrographs (right) of starch grains from the prehistoric noodles. Although the lamellae characteristics of noodle starch were mostly lost as a result of gelatinization during cooking, their size and cross-shaped birefringence under polarized light are similar to those of starch from the millets

그림 1-10 4,000년 전의 기장과 조로 만든 국수에 대한 《네이처》 기사.

된다. 이 때문에 유적지에 남아 있는 생활용품은 라자의 생활상을 반영하고 있는데, 따라서 라자의 조와 수수 국수는 일상적 음식이었던 것으로 추정할 수 있다.[35]

3,000년 전의 신장 하미오보(哈密뭇宝) 묘지에서도 '좁쌀가루로 만든 음식[粟餠]'이 발견되었다. 밀과 달리 조나 수수나 벼는 껍질이 잘 벗겨지고 절구로도 충분히 가루로 만들 수 있어 맷돌 없이도 분식으로 조리할 수 있다. 라자 유적지의 국수는 신석기 말기에 중국 내 일부 지역 주민들의 음식 중 오늘날 우리가 국수라고 부르는 것과 유사한 것이 있다는 확실한 정보다.[36] 조/기장은 발해만 주변에서 BC 5800년경 처음 재배되었고,* 중국 북부에서 조/기장에 기반한 농업의 전파가 BC 6000년에서 BC 2000년까지의 급격한 인구 증가를 가능케 했다.[37]

조나 수수 국수의 고고학적 발견과 더불어 전국 시대와 진·한 문헌에는 벼나 조로 만든 분식인 이(餌)가 기록돼 있다. "조는 신석기 시대의 중국인들의 주식이었던 것으로 보이고 상나라의 화(禾)나 직(稷)도 조를 지칭하는 단어로 알려져 있다. 직은 서주 시기의 주식이었다. 주나라의 시조는 후직(后稷)인데 곡식의 신이다. 조와 더불어 기장도 비슷한 시기에 등장하는데 조와 기장은 고대 중국인들의 전분 식품이었다. 문헌에서 곡물 또는 곡

---

* 동아시아(황허 유역, 만주, 연해주, 한반도, 일본열도)에서 보고된 조/기장 낟알의 직접적 탄소연대를 종합하여 베이지안 모델링을 적용한 결과다(안승모, 〈동아시아 조/기장 재배의 확산〉, http://blog.naver.com/somabba 2020. 9. 10).

그림 1-11 곡식의 신 후직

식이라고 언급한 것은 대체로 이러한 종류를 지칭하는 것이었다."[38]

한마오리 교수는 묵자(墨子, BC 479?~381?)가 지은 《묵자》 '경주(耕柱) 편'의 "남의 병 만드는 것을 보고 은근 슬쩍 훔치다[見人之作餠, 則還然竊之]."라는 구절에 등장하는 병(餠)은 벼, 조 등의 가루를 가공한 식품일 뿐 밀가루와는 무관하다[39]고 주장하는데 제분 기술의 부재를 근거로 들었다. 하지만 당시에도 가공비가 비싸 일반인들은 밀가루로 만든 음식은 먹기 힘들었지만 왕족이나 귀족들은 귀한 밀가루를 먹었다는 게 정설이다. 무덤 부장품에 맷돌 등이 출토되었기 때문이다.

전국 시대(BC 403~221)에 성립된 《주례(周禮)》에는 후이분자(糗餌粉餈)*라는 말이 나오는데, 이(餌)는 쌀을 찧어 가루로 만든 다음에 반죽을 해 만드는 것이고 자(餈)는 쌀을 쪄서 매에 문드러지게 쳐서 떡을 만드는 것이다. 즉, 이는 쌀로 만든 분식인 것이다. 정현(鄭玄, 127~200)은 《주례》에 주석을 단 《주례정주(周禮鄭註)》에서 "두 개 모두 가루로 만드는데 멥쌀과 좁쌀로 만든다[此二物皆粉, 稻米黍米所爲也]."라고 설명했다.

기록과 고고학 자료에서 보듯, 기장이나 조, 쌀로 만든 분식의 전통이 밀가루로 만든 분식 이전에 중국에 있었고 조리 방식은 주로 쪄 먹는 것이었다. 그 중심에 시루가 있다.

시루에 쪄서 먹는 문화

토기는 곡물의 재배 이전부터 있었다. 토기는 음식을 보관하

---

* 《주례(周禮)》에, '후이분자(糗餌粉餈)'라 했는데, 그 주에, "합쳐 찌는 것이 이(餌), 떡으로 만드는 것이 자(餈)이다. 그리고 후(糗)라는 것은 볶은 콩이고 분(粉)이라는 것은 콩가루이므로, 이(餌)에 후(糗)를 붙여 후이(糗餌)라 하고, 자(餈)에 분(粉)을 붙여 분자(粉餈)라 한 것은 서로 관련성이 있기 때문이다." 하였으니, 대개 이(餌)는 쌀을 찧어 가루로 만든 다음에 반죽을 하므로 "떡으로 만든다."고 하였으며, 자(餈)는 쌀을 쪄서 매에 문드러지게 치는 까닭에, "합쳐서 찐다."고 한 것이리라.

찹쌀과 기장쌀로써 혹은 먼저 가루를 만들어 떡을 만들기도 하고, 혹은 쌀을 먼저 쪄 쳐서 만들기도 하는데, 그 위에 콩을 볶아 가루를 만들어 떡에 붙이니, 지금 세속에서 이르는 인절미[印切餠]라는 것이다. 후세에는 풍속이 차츰 사치하여 이것을 제향(祭享)에 쓰지 않고, 저자에서 파는 장사치도 줄어들었다.

지금 흔히 쓰는 것은 미고(米糕)로서, 《가례(家禮)》에서 말한 자고(粢糕)가 그것이다. 혹은 쌀가루를 축축하게 해서 시루에 넣고 익히면 제대로 떡이 되는데 이는 설병(雪餠)이고, 혹은 껍질을 벗긴 팥을 중간에 드문드문 넣어 만드는데 이는 두고(豆糕)이다. 그리고 떡 속에 콩가루 소를 넣고 솔잎으로 쪄서 만드는데 이는 송병(松餠)이라는 것이다.

혹은 솔잎으로 찌지 않고 무늬가 있게 얇게 만들어 익히기도 하는데 이는 산병(散餠)이라 한다. 또 안에다 소를 넣어 찐 다음, 겉에 콩가루를 입히기도 하는데 이는 단자(團子)이고, 혹은 푸른 쑥을 섞어서 만들기도 한다. 《문헌통고(文獻通考)》에 상고하니, 이런 것이 모두 한 시대의 풍속이었다.
　　　　　　　　　—《성호사설(星湖僿說)》 제4권 〈만물문(萬物門)〉 후이분자(糗餌粉餈)

거나 끓여 먹는 데 사용하는 도구였고, 깨지기 쉬워 정착 농경과
밀접한 관련이 있는 식사 도구다.

선사 시대 연구가인 헤르만 파르칭거(Hermann Parzinger)는 중
국에서 도기의 출현을 곡물 재배 이전으로 보았다. 허베이(河北)
성 난좡터우(南庄头)와 산시성과 허베이성 경계에 있는 후터우량
(虎头梁)과 같은 유적지는 홀로세(Holocene世)* 초기 북중국에서
이미 최초의 토기가 생산되었음을 증명해준다. 이 토기들은 매
우 단순한 그릇으로 표면은 민무늬로 매끄럽게 처리되어 있거나
얕은 새김무늬로 장식되어 있었고 비교적 낮은 온도에서 구워
만든 것이었다. 제작 시기는 BC 9000년에서 BC 8000년 사이다.
이는 북중국에서 곡물이 재배되기 전에 이미 토기가 생산되었다
는 것을 분명히 보여준다.[40]

그는 토기의 존재는 "식량을 조리하기 위해 불에 견디는 용기
를 필요로 했음을 뜻한다. 가죽같이 유기 물질로 만들어진 용기
는 식량의 보관을 위해서는 사용할 수 있었지만 조리 용기로는
부적합했다."[41]고 했다. 유기물은 불에 견디지 못하기 때문이다.
식량 재배 이전의 토기는 자연 상태의 채집 식물이나 곡물, 수렵
한 동물을 끓여 먹는 데 사용되었다. 파르칭거는 동아시아 문화
권이 인간이 가장 일찍 토기를 생산한 지역임도 밝혔다. 2012년
6월 중국 베이징대와 미국 하버드대·보스턴대 연구팀은 과학전

* 신생대 제4기의 마지막 시기. 약 1만 년 전부터 현재까지를 이른다.

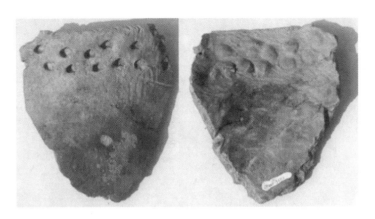

그림 1-12 중국 장시성 셰런둥에서 출토된 토기 파편

문지《사이언스》를 통해 중국 장시성 셰런둥(仙人洞) 동굴에서 2만 년 전 제작된 토기 파편을 발견했다고 밝혔다.[42]

이는 '곡물 재배 1만 년 전'이라든가 '토기 사용=곡물 재배'라는 공식에 중대한 의문을 던졌다. 이 발견으로 토기가 2만 년 전에 이미 있었음이 밝혀졌지만, 토기의 잔여물, 전분, 기타 생리화학 분석은 보고되지 않아 이 초기 토기의 정확한 기능은 아직 밝혀지지 않았다. 최초의 재배 벼 발상지인 저장성 허무두 문화(河姆渡文化, BC 5000~3300) 유적에서 다량의 유물이 발견되었는데 그중에 토기 솥 등 취사도구가 가장 많았다. 토기 솥에는 누룽지가 눌어붙어 있었다. 이는 토기의 한계를 보여준다. 토기 솥은 밥이 눌어붙기 쉽고, 곡물이 눌어붙으면 토기를 상하게 한다. 즉, 토기로는 죽으로밖에 곡물을 조리할 수 없다. 허무두 문화 초기에는 솥으로 죽을 주로 끓여 먹었고,[43] 허무두 3기(BC

그림 1-13 왼쪽은 허무두 시대의 시루(중국국가박물관中国国家博物馆 소장), 오른쪽은 양사오 시대의 시루(상하이박물관 소장)

5000~4000)에 밥을 짓기 위한 새로운 취사 도구인 시루[甑]가 비로소 등장한다.[44]

시루는 물을 증기로 만들고 증기로 밥을 찌는 조리 도구다. 곡물은 구워 먹기에 불편하고 잘 구워지지도 않는다. 시루를 이용해 곡물을 찌는 것은 곡물의 손실과 옹기의 파손을 막는 혁신 기술이었고, 구워 먹거나 죽으로 먹던 곡물 조리법이 획기적으로 변화하는 일대 사건이었다. 취사 도구 안의 끓는 물과 거리가 있기 때문에 음식을 태우지 않아 음식의 낭비를 피하고, 동시에 익힌 음식은 소화하기 쉽다.[45] 시루가 조리 수단으로 사용되면서 인간은 최소한 삶거나 끓여 먹을 때에 비해 두 배가 넘는 음식을 얼을 수 있게 되었다.[46] 양사오 문화(仰韶文化, BC 5000~3000)와 다원커우 문화(大汶口文化, BC 4000~2600)에서 시루는 보편화 됐다.[67]

강수량이 적어 밭작물 위주의 농업이 발달한 황허 유역의 농업 체계에서 일찍부터 광범위하게 재배된 전통 작물은 조와 기장으로, 이 두 작물은 모두 곡물 낟알 그대로 통째로 취사기에 넣고 쪄서 먹는다. 왕런샹(王仁湘) 교수는《중국음식문화사(中国饮食文化史)》에서 다음과 같이 주장했다.

시루가 출현한 가장 빠른 시기는 대략 BC 3800년경이다. 창장 하류 지역의 삼각주, 마자빈(马嘉宾) 문화, 그리고 쑹쩌(崧澤) 문화 유적지에 살았던 주민들은 모두 시루를 사용하여 음식을 쪄 먹었다. 유명한 허무두 문화 유적지에서는 가장 빠른 시기의 도기 시루가 발견되었는데, 그 연대는 대략 BC 4000년 전후다. 현재까지 알려진 고고학 발굴 보고서를 보면, 시루가 출토된 지점은 대부분 황허 중류와 창장 중류 지역에 집중되어 있다. 이것은 밥을 위주로 한 주식이 황허와 창장 중류 지역에서 주로 행해졌고, 다른 지역에서는 죽을 위주로 하여 주식이 소비되는 비중이 월등히 높았다는 사실을 알려준다.

찌는 조리법은 동양과 서양의 식생활을 구분하는 중요한 조리법이다. 이러한 전통은 이미 6,000년이 넘는 역사를 지니고 있다. 현재에도 유럽인들은 찌는 조리법을 거의 사용하지 않는다. 가령, 프랑스와 같이 조리법이 세계에서 최고의 명성을 날리는 나라에서조차도 주방장들이 찌는 조리법에 대한 개념도 모른다고 알려져 있다. 서양에서

스팀기계를 발명한 이후 인류는 증기 시대에 진입할 수 있었다. 그러나 동양에서 증기의 힘을 이용한 역사는 오히려 서양과 비교할 수 없을 정도로 오래되었다. 동양에서는 이미 역사 이전에 증기 시대에 진입해 있었다.[48]

맷돌의 발명과 발전

영국의 대영박물관 온라인 사이트 소개에 의하면, 가장 오래된 밀 가공 공구인 '확돌(Quern stone)'은 재배 밀이 최초로 발견된 시리아 텔 아부 후레이라에서 발견되었고 추정 연대는 BC 9500~9000년 사이다. 이 확돌은 현재 대영박물관에 보관 중이다.

하지만 중국에서는 회전 맷돌은 중국인이 발명한 것으로 생각한다. 허난성 문물고고연구원(文物考古研究院)의 장펑(张凤) 교

수는 〈고대 원형 맷돌에 관한 문제 연구(古代圓形石磨相关问题研究)〉라는 논문에서 밀의 대중화의 가장 중요한 요소로 원형 맷돌의 발명을 꼽고 있는데, 이에 대해서는 학자들 사이에서 이견이 거의 없다.

그림 1-14 시리아 텔 아부 후레이라에서 발견된 최초의 확돌

밀은 단단한 구조 때문에 가루로 만들기가 쉽지 않은 작물이다. 때문에 중국 보급 초기에는 쪄 먹거나 껍질째 갈아 먹었다. 밀을 가는 도구로 확돌 같은 원시 도구가 있었지만 원형 맷돌이 등장하면서 밀가루 음식은 대중화된다. 원형 맷돌은 춘추전국 시대에 이미 나타났으며, 문헌의 기록은 고고학적 발견과 거의 일치한다. 한대에는 이미 널리 사용되었고 한대 이후 근대에 이르기까지 원형 맷돌은 식량 가공의 중요한 도구였다.[49]

곡물을 가공하는 도구는 곡물의 껍질을 벗기는 방아류와 알갱이를 갈아 가루로 만드는 맷돌류, 두 갈래로 나뉘어 발달했다. 곡물의 껍질을 벗기는 도구는 절구에서 디딜방아를 거쳐 동물의 힘을 빌린 축력방아나 물의 힘을 빌린 물레방아로 발전한다. 곡물을 가는 방법은 확돌에서 원형 맷돌을 거쳐 축력맷돌과 수력맷돌로 발전한다.

초기에는 절구가 곡물을 찧는 것은 물론이고 가는 역할도 했다. 곡물을 찧는 도구를 확(碓)이나 구(臼)라 한다. 중국 북쪽에서는 양사오 문화 시대에 이미 돌절구[石臼]와 나무절구[木臼]가 널리 사용됐다. 룽산 문화 시대에 절구는 석마반(石磨盤: 곡물을 인간의 힘으로 가는 확돌)을 대신하여 곡물을 가공

그림 1-15 중국의 갈돌

하는 가장 주요한 도구가 되었다.[50] 하지만 절구류는 곡물을 가는 데는 효율이 떨어졌다. 곡물을 가는 도구는 석마반을 거쳐 회전하는 애(磑: 맷돌)로 발전한다. 갈판의 분쇄 기능을 계승한 회전형 맷돌은 전국 시대에 출현하여 한대에 크게 발전한다. 맷돌의 출현으로 곡물이나 밀을 갈아 가루로 만들 수 있게 되었고 콩도 갈아 된장[豆醬]을 만들게 되었다. 맷돌로 인해 중국의 곡물 식용 방식이 입식(粒食)에서 면식(麵食, 분식)으로 전환되고, 더불어 밀과 콩 농사의 확산을 촉진했다. 회전형 맷돌은 중국 농촌에서 가장 중요한 가공 농구로 오랫동안 사용되었다.[51]

맷돌의 중국식 발전

원형 맷돌은 춘추전국 시대부터 있었지만 서한 중기나 말기에 이르러서야 보편적으로 사용되었다. 이는 그저 조리 도구가 발명된 것에서 그치는 것이 아니라 농업 생산의 진보 및 생활방식의 개선에도 영향을 미쳤다.[52] 전국 시대에는 맷돌[石轉磨]과 더불어 지렛대 원리를 이용한 디딜방아[踏]가 등장해 껍질이 단단한 소맥을 분식으로 이용하는 데 중요한 작용을 했다. 디딜방아는 주로 곡물의 껍질을 벗기는 도구다. 당연히 곡물을 갈기 위해서는 껍질을 벗기는 일이 선행돼야 하기 때문이다.

서한 중기 이후 황허 지역의 사람들은 밀을 주식으로 삼았는데, 밀에 관한 기록이 체계적으로 보이기 시작한 것은 서한 이후로서 1세기경의 농서인 《범승지서》나 최식(崔寔, ?~ 170?)이 연중

그림 1-16 한대 묘지석에 묘사된 한대의 디딜방아

행사를 기록한 《사민월령(四民月令)》에 기록이 나온다. 부산대 사학과 최덕경 교수는 제분 기구의 발달과 면식의 관계를 이렇게 정리했다.

이는 바로 신석기나 은주 시대에 출토된 石磨捧(석마봉)이나 杵臼(저구: 절굿공이와 절구), 石磨盤(석마반), 碾棒(연봉: 맷돌과 막대)보다 효율성이 한 단계 발전한 제분기인 石轉磨(맷돌)이 전국 후기에 출현하여 전한(서한) 때 널리 보급되면서 맥의 粒食(입식)이 小麥粉(밀가루)에 의한 麵食(면식)으로 발전하였으며, 麥(밀)의 보급이 북에서 남으로 확대되는 데 큰 영향을 끼쳤다. 그리고 麵食(면식)의 출현은 바로 새로운 식생활의 변화를 의미한다.[53]

맷돌의 고고학적 발견

고고학 발굴에서 밝혀진 바에 의하면, 맷돌의 제작이 어렵고 밀가루에 맷돌 부스러기가 들어가지 않도록 하기 위해 경도가 충분한 석재를 선택해 맷돌을 만들어야 했다. 이것은 가공의 어려움을 가중시켰고 그만큼 귀한 물건이 되게 만들었다. 만청한묘(滿城汉墓)라는 한대의 귀족묘에서 돌맷돌[石磨]이 나왔는데, 부장품으로 사용될 정도로 맷돌이 희귀한 물건이었던 것이다. 때문에 맷돌의 사용 초기에는 일반 백성들까지는 사용할 수 없었고, 따라서 백성 대다수는 밀을 전통적인 입식 방식으로 먹었다.[54]

1956년 허난성 뤄양에서 전국 시대의 돌맷돌이 발견되었다. 1965년에는 진나라 수도 역양(栎阳) 유적에서 맷돌 유적이 출토되었다.[55] 전국 시대 말기 것인 뤄양이나 산시성 린퉁(临潼)에서 발견된 맷돌을 제외하고는, 고고학에서 발견된 맷돌의 실물은 대부분 한대 것이었다. 서한 때의 맷돌 실물은 산둥성 지난(济南), 산시성 샹펀(襄汾) 등지에서 발견되었고, 돌이나 도기로 만든 이 맷돌들은 모두 무덤의 부장품이었다. 이 외 맷돌의 발굴지는 황허 중하류 지역에 거의 분포돼 있고 시대는 동한(25~220) 때가 주를 이룬다.[56]

하지만 서한 시대에는 이미 동물의 힘으로 맷돌을 돌리는 축력맷돌[畜力磨]이 있었다. 허베이성 만청(滿城)의 중산왕릉(中山王陵)에서 출토된 대형 맷돌은 서한 시대 축력맷돌의 수준을 보여준다. 맷돌 옆에는 가축 유해 1구가 같이 발견되어 축력으로 끄

는 대형 맷돌임을 설명하고 있다.[57]

맷돌에 관한 기록들

위진 시대에는 맷돌 사용의 증가와 더불어 맷돌에 관한 기록이 많아졌다. 《위서》 '최량전(崔亮傳)'에는 북위(北魏, 315~376)의 최량이 "백성에게 연자맷돌(사용법)을 가르쳤"으며 "장방교(張方橋) 동쪽 하구 언덕에 물로 돌리는 연자매(水碾磨) 수십 구역에서 맷돌을 돌렸는데, 그 이익이 10배였다. 나라에서 일반적으로 사용했다."고 나온다. 연자매는 둥글고 넓적한 돌판 위에 그보다 작고 둥근 돌을 세로로 세워서 이를 수력이나 말과 소 등으로 하여금 끌어 돌리게 하기 때문에 인간이 돌리는 맷돌보다 막대한 양의 곡식을 찧을 수 있다.

연자맷돌의 출현은 늦어도 위진(220~420) 때였음을 여러 사료를 통해서 알 수 있다.[58] 한대(BC 200~AD 220)에서 육조(六朝, 221~589) 시대 내내 밀가루와 쌀가루 가공은 대부분 인력으로 했다. 하지만 한나라 때부터 축력이나 수력을 이용한 가공이 일부 진행되면서 가공 생산 효율은 크게 높아졌다.[59]

한나라 환담(桓譚)은 《신론(新論)》 '이사(離事)'에서 "방아를 찧고 기관을 설치하여 나귀와 소나 말, 그리고 물을 이용해 찧는 것이 백 배의 이익이 된다[杵舂又, 復設機關, 用驢, 騾, 牛, 馬, 及役水而舂, 其利乃且百倍]."고 했다. 위진남북조 시대에는 사회가 혼란하고 백성들이 떠돌게 되어 노동력이 줄어들고 말, 소 등의 축력이

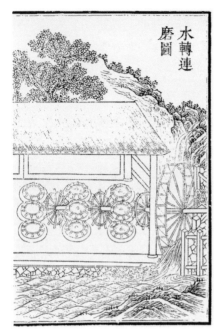
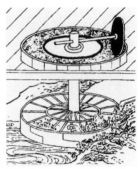

그림 1-17 《흠정수지통고(欽定授時通考)》의 수전연마도(왼쪽), 당송 시대에 확대된
연자맷돌(오른쪽)

매우 부족했기 때문에 인력과 축력을 대신한 물레방아[水碓]와
물레연자맷돌[水磨]이 널리 보급되었다. 또 서진 시대에는 축력과
기계의 원리가 결합된 연전마(連轉磨)가 만들어졌는데, 소 한 마
리가 여덟 개의 맷돌을 돌렸다.

북위 시대에는 차를 면사에 걸러내는 것을 라(羅)라고 했는
데, 밀가루를 비단이나 명주에 걸러내는 것을 견라지(絹羅之), 세
견사(細絹篩)라고 했다. 진나라 사람 속석(束晳)의 《병부(餅賦)》에
"가는 체의 가루가 마치 하얀 눈가루처럼 날린다[重羅之面, 塵飛

雪白]."라고 했는데, 이처럼 4세기에 들어서면 밀가루를 곱게 가공하는 새로운 단계의 기술 진보가 있었다.《제민요술》에는 곡물 가루를 곱게 거른다는 뜻의 라(羅), 견(絹), 체(篩)라는 단어가 자주 등장한다.[60]

전후 일본의 중국 고대사 연구의 권위자였던 니시지마 사다오(西嶋定生, 1919~98)는 "당대 화북(華北) 지역의 장원(莊園)은 수력을 이용한 물레맷돌[水磑] 경영을 통해 소맥분을 제분하여 대도시에 내다팔아 수익을 올리면서 기존의 조 재배[粟作] 중심의 생산방식이 소맥 중심의 2년 삼모작의 작부 체계로 전환되었다."고 파악했다.[61] 연자맷돌[碾磑] 기술의 진보를 통해 당송 시대에는 밀이 화북 최대의 농작물로 자리 잡게 되었으며, 중국의 식생활도 전통적인 입식을 분식으로 바꾸게 된 계기를 마련했던 것이다. 남북조 시대에 연자맷돌을 이용한 제분업이 주된 수입원이 될 수 있었던 것은 바로 분식이 확대되면서 소맥 제분의 필요성을 느꼈기 때문이다.[62]

술에서 시작된 발효 기술, 밀가루 반죽으로

발효 기술은 술을 만드는 데에서 시작된다. 동아시아의 양조는 주로 곡물을 이용한다. 술은 하(夏)나라 때 의적(儀狄)이 만들었다고 BC 2세기의 백과사전인 《여씨춘추(呂氏春秋)》*와 한대의 《세본(世本)》*에 나와 있지만, 술이 누구 한 명에 의해 만들어

졌다고 볼 수는 없다. 최근의 고고학적 성과가 이어지면서 동아
시아의 술 역사는 7,000년 전으로까지 확장되고 있다. 술과 발효
음식 연구자인 이상훈 선생은 중국의 양조의 기원에 대해 아래
와 같이 주장했다.

　　동아시아에서 양조의 기원을 찾는 문제는 지금도 풀리지 않는 숙제
로, 20세기 후반 이후 그 기원이 더 거슬러 올라가고 있다. 양조를 위
해서는 사회적으로 주기(酒器)와 계급 분화에 의한 잉여 농산물의 축
적을 전제로 하는데, 이를 근거로 5천 년 전 대문구 문화(大汶口文化)
만기(晚期)와 용산 문화(龍山文化)에서 양조가 이루어졌다는 견해가
주류이지만, 계급 분화가 이루어지지 않았던 앙소 문화(仰韶文化)에서
발굴된 소구첨저옹(小口尖低甕)과 다량의 곡아(穀芽) 등을 통해 이 시
대부터 술의 제조가 이루어졌다는 주장도 힘을 얻고 있다. 또 미국 펜
실베이니아 대학의 연구팀은 가호(賈湖) 유적(지하후 유적)의 도자기 파
편에 남아 있던 술지게미에서 약 7천 년 전에 만들어진 혼성주(쌀, 꿀,
과실 등을 섞어 발효)의 흔적을 발견했다.[63]

　면 반죽을 발효하는 데에도 술을 빚는 데서 유래한 발효 기술
이 적용됐다.
　중국 음식사의 권위자인 왕런샹 교수는《중국음식담고(中国飮

* (앞쪽) 儀狄造酒, 另一部
** (앞쪽) 儀狄造酒, 另一部

그림 1-18 한대 묘지석에 새겨진 한대 술을 빚는 모습

食談古)》에서 중국의 면 발효 기술을 5단계로 구분했다.[64]

첫째, 주효 발면법(酒酵发面法)이다. 대략 AD 2세기에 이 제법이 유행했다.《제민요술》에는 흰쌀로 죽을 쑤어 발효시키는 방법이 기록되어 있는데, 이것을 밀가루 반죽에 섞어 만두류를 만드는 방식이다.

한편, 537년에 소자현(蕭子顯, 489~537)이 편찬한《남제서(南齊書)》'예지 상(禮志上)'에는 "선황제*"에게 면기병을 올리다[薦宣

* 중국 남북조 시대 북주의 제4대 황제 선제(宣帝, 578~579) 우문현(宇文贇)

皇帝麵起餅]."라는 구절과 함께 일종의 주효법(酒酵法)이 기록되어 있다. 하지만 이 발효법은 발효력이 약하기 때문에 면을 발효시킬 때 주효의 양이 많이 들어가는 단점이 있다.

둘째, 산장효 발면법(酸浆酵发面法)이다. AD 6세기 전후에 이 법이 유행되었다. 《제민요술》은 이런 발효 방법의 구체적인 내용을 담고 있다.

백병법(白餅法): 밀가루 1선을 사용한다. 백미 7~8되로 죽을 쑤고 백주(白酒) 6~7되를 넣어서 효(酵: 술밑)를 만들어 불 위에 얹는다. 술이 물고기 눈처럼 괴어오르면 찌꺼기를 걸러내고 밀가루와 섞는다. 밀가루가 부풀어 오르면 병을 만들 수 있다[麵一石. 白米七八升, 作粥, 以白酒六七升酵中, 著火上. 酒魚眼沸, 絞去滓, 以和麵. 麵起可作].

밀가루로 죽을 쑤어서 유산 발효시키는 산장(酸浆) 발효는 면기병(麵起餅)으로 부르기도 하고 주죽 발효(酒粥發酵)를 이용한 주수병(酒溲餅)으로도 부른다. 중국에서 일반적으로 장수(浆水)라는 용어는 "산장(酸浆), 산장수(酸浆水), 미장수(米浆水)"라고도 하고, "좁쌀[栗米]을 가공하여 발효시킨 백색의 장액(浆液)"이라고 정의된다. 이 발효법의 문제는 밥이나 미음 등 곡물을 젖산 발효시키는 것이므로, 장수 발효한 음식에서는 신맛이 난다는 것이었다.

셋째, 효면 발면법(酵面发面法)이다. 송나라 때인 12세기 전후에 이 법이 유행되었다. 이런 '교(효)면[教(酵)面]'이 바로 지금의 면비 발면법(面肥发面法)이다. 면비(面肥, 몐페이) 발면법은 노면

(老面, 라오몐)으로도 부르는데, 밀가루를 발효시킬 때 작은 반죽을 남겨 다음 반죽의 발효에 사용하는 방법이다. 남겨진 반죽에는 효모균이 많아 다음 밀가루를 발효시킬 때 균종으로 사용하게 된다. 그런데 몐페이에는 효모균 외에도 초산균, 유산균 등의 잡균이 들어 있기 때문에 발효 후 신맛이 나므로 알칼리 성분을 섞어 신맛을 없애야 한다.

넷째, 감효자 발면법(碱酵子发面法)이다. 13세기 전후에 이 법이 유행되었다. 이런 방법은 효자(酵子)와 소금, 알칼리를 온수에 넣고 골고루 섞은 후에 밀가루와 섞어 반죽을 만드는 것이다. 효자는 말린 면비와 비슷하다

다섯째, 효즙 발면법(酵汁发面法)이다. 15세기 전후에 이 법이 유행되었다. 밀가루 반죽에 발효즙[酵汁]을 넣는 방식이다. 이 방법은 송대의 효면 발면법을 개선한 것이다.

만터우는 이런 발효법의 발전으로 만들 수 있게 되었다. 발효한 덕분에 좋은 향이 나서 먹기 좋고 속이 꽉 차서 포만감을 주기에 적합한 음식이 되었고, 명대 이후 북방인의 주식으로 자리잡게 된다.

중국식 밀가루 음식의 시작, 병의 탄생

밀이 본격적인 중국식 분식이 되는 과정에서 중국식 음식 문화와의 결합이 자연스럽게 이루어진다. 서양 분식과의 가장 중요

한 차이는 밀가루 음식 문화가 탄생한 중동과 이를 꽃피운 서양이 구워 먹는 것에 비해 중국에서는 면식을 찌거나 삶아 먹는다는 점이다. 이는 밀이 전해지기 전에 오랫동안 중국인의 주식이던 조와 쌀의 조리법 때문이다. 중국에서 밀가루 분식이 생기면서 병(餅)이라는 단어가 생겼다.

왕런샹 교수는 〈밀의 전파를 통해 본 한나라식 병식 기술의 유래(由汉式饼食技术传统的建立看小麦的传播)〉라는 논문에서 밀의 중국화 과정을 구분했는데,[65] 1단계는 입식(粒食), 2단계는 반입식(半粒食), 3단계는 면식(麵食), 즉 병식(餅食) 단계다.

그 마지막 단계, 즉 밀이 중국화한 완성 단계에 있는 것이 병식인데, 여기서 병(餅)은 고대에는 밀가루로 만든 음식의 통칭이다. 餅이라는 글자는 《묵자》 '경주(耕柱) 편'의 "남의 병 만드는 것을 보고 은근 슬쩍 훔치다[見人之作餅, 則還然竊之]."라는 구절에 처음 등장한다. 당나라와 오대 이전에 餅은 원료로 밀가루를 사용한 것만을 말했다.[66] 한비자(韓非子, BC 280?~233)의 《한비자》 '외저설좌 하(外儲說左下)' 편에는 려병(糲餅: 껍질째 갈아 만든 병)이 등장한다.*

그러나 餅은 서한 말기까지도 북방의 지역 음식으로 한정된다. 서한 말의 학자인 양웅(揚雄, BC 53~AD 18)이 각 지방의 언어를 집성한 《방언(方言)》에는 "餅은 탁이나 장혼으로 부른다[餅,

---

* 孫叔敖相楚, 棧車牝馬, 糲餅菜羹, 枯魚之膳, 冬羔裘, 夏葛衣, 麵有飢色, 則良大夫也.

谓之飥, 或谓之 餢飳]."라고만 간단히 나온다. 언어 연구자 류샤페이(刘霞飞)는 〈병의 의미 변천과 고대 문화(饼的词义演变与古代文化)〉라는 논문에서 "병에 대한 정의도 이 두 개(飥, 餢飳)에 불과할 정도로 당시 '병'은 국부적이고 지방적인 방언이고, 형태는 장(餦)과 비슷하고 장돈(餦餛)의 변형이다."라고 주장한다.[67] 탁(飥), 장돈(餦餛)은 餅의 방언으로, 의미는 餅과 다를 바 없고 밀가루 면을 통칭했다. 학자들에 의하면, 박탁(餺飥), 장돈(餦餛)은 후에 나온 것이며 모두 물에 넣어 삶고 소가 있는 면류의 통칭이다.[68] 밀가루 가공 음식인 餅은 전국 시대 후기에 등장해 위진 시대에는 평민들의 주식이 된다. 동한 시대, 특히 동한 중기 이후에는 餅이 문헌 기록에 자주 등장한다.[69]

중국 고전 검색 사이트 '중국기본고적고(中国基本古籍库)'의 검색 결과를 보면, 한대에 기재된 '병'은 총 184개, 후대 주석류에 약 150개가 나온다. 병이 한대에 일반적인 음식이 되었음을 의미한다. 이후 서진 시대에 간행된《병부》에는 13종의 병이 나오고, 북조 시대의 북방의 음식 문화를 집대성한 6세기 전반에 간행된《제민요술》의 '병법(餅法)'에는 15종의 병이 등장한다. 송나라 때 황조영(黃朝英)은《상소잡기(緗素雜記)》'탕병(湯餅)' 편에서 "면(麵)으로 만든 음식은 모두 병(餅)으로 부른다[凡以面爲食者, 皆謂之餅]."라고 했다. 하지만 병의 종류가 많아지면서 송대 이후에는 그 의미가 변한다.

송대에 들어 '병'이라는 말이 분화하면서,《동경몽화록(東京夢華錄)》(1147)에서 보듯 국수류의 '병식'은 더 이상 '병'으로만 부르지 않았다. 밀가루를 지칭하던 면(麪)이 국수의 대명사가 된다. 병과 면의 구분은 주로 음식의 모양과 조리 방식에 근거하며, 삶아낸 긴 것은 면으로, 찌거나 구운 편평한 원형의 면식은 병으로 구분된다. 지금도 일부 지방에서는 찌거나 굽고 편평한 원형의 면식은 삥(饼)으로 부른다.[70]

송대에는 병의 원료가 확장되면서 밀가루 외에 쌀가루, 콩가루 등으로 만든 평면형 식품도 병으로 불리기 시작했다. 지금도 그 흔적이 남아 있는데, 허난성 푸양(濮阳)의 또우장삥(豆酱饼)은 말린 콩을 지져 만든 것이다. 현대의 삥은 평면형(특히 둥근) 식품의 별칭이 되었다.[71]

병이라는 말의 기원에 대해서는 '외래어라는 설'과 '밀가루를 합쳐 만드는 음식이라는 설'이 있다. 까오치안(高启安) 교수는 〈병의 기원은 호에서 왔다(饼源胡说)〉라는 논문에서 고대 밀가루 음식의 총칭인 병(餠)도 호(胡)에서 온 말이라고 주장한다.

> 밀가루는 고대 페르시아어에서 페스트(peste) 혹은 피스트(pist)로 읽히는데, 중국 고대의 일부 밀가루류 음식 품종의 발음은 대부분 [p] 또는 [p]이거나, 첫 음이 [p]나 [t]다. '병'이 대량으로 출현했던 시대는 서한 이후인데 중국과 서역의 교류가 빈번했다. 병은 '합하는 것이다'라는 말에서 온 게 아니다. 병은 페스트(peste)나 피스트(pist) 같은 호어(胡语)의 음역이다.[72]

음식을 중심으로 둔황과 고대 서역과의 교류를 연구하는 까오치안 교수는, 병은 물론이고 만두와 고대 밀가루로 만든 음식의 상당수가 서역의 단어를 한자로 음역한 것이라는 주장을 펴고 있다. 음식의 명칭이 기원과 전래를 수반하는 경우가 일반적이라 병의 서역설은 상당한 설득력을 지닌다.

2부

중국에서의 만터우, 자오쯔류 발전

3장

만터우와 자오쯔란
무엇일까

밀가루로 만든 면식 중에서 소를 넣는 자오쯔(餃子)와 쪄서 부풀어 오른 만터우(饅頭)는 중국식 면 요리 중에서 가장 특이한 위치를 지닌다. 오랫동안 만터우와 자오쯔는 귀한 음식이었고, 사람들은 자신의 소망을 다양한 형태로 두 음식에 투영했다. 한국과 달리, 중국에서 만터우와 자오쯔는 완전히 구별되는 음식이고 상징 의미도 다르다.

자오쯔는 주로 돼지고기 소를 넣고 반달 모양으로 빚어 찌거나 삶아 먹는다. 최근까지 자오쯔는 설날에 먹던 세시 음식이었다. 만터우는 발효한 피를 특징으로 하기 때문에 반드시 쪄서 익힌다. 만터우는 고대에서 청대까지 소를 넣은 음식이었지만 청나라 말기부터는 거의 소가 없는 것으로 변하며 북방에서는 주식이 된다. 소가 없기 때문에 반찬을 곁들여 먹는다. 소가 있는 발효 음식의 자리는 빠오쯔(包子)가 대신한다.

중국인들은 왜 만터우나 자오쯔를 즐겨 먹을까

자오쯔를 먹는 이유

중국인들에게 자오쯔(饺子, 餃子, 교자)는 가장 맛있고 특별한 의미를 지닌 음식이다. 중국 민속 연구자 자오지엔민(赵建民)은 〈중국 자오쯔 음식 풍습의 문화 투시(中国饺子饮食习俗的文化透视)〉라는 논문에서 중국인이 자오쯔를 좋아하는 이유를 네 가지로 설명했다.[1]

첫째, 미식과 경건과 정성을 중시하는 민족적 성향이다. "미식적인 측면에서 보면 자오쯔는 피와 소를 함께 먹는 음식의 전형으로, 주식과 부식을 융합하고, 부식을 일체화하며, 주식과 부식을 겸비한 이중 스타일이다. 얇은 피 안에 신선하고 맛있는 소를 싸서, 따끈따끈할 때 먹는다. 피는 부드럽거나 쫄깃하며 소는 신선하고 즙이 많아 먹으면 먹을수록 맛이 좋다. 어찌 호감을 사지 않을 수 있을까?" 중국인들은 치엔청(虔诚)이라는 단어를 사용해 맛있고 정교하게 만든 음식은 정성을 다하는 마음의 외적인 표현이라고 하면서, 자신이 최고라고 생각하는 음식을 바쳐야 경건함을 나타낼 수 있다고 믿었다. 자오쯔는 치엔청을 대표하는 음식이다.

둘째, 자오쯔는 너그럽게 감싸는 심리를 반영한다. 자오쯔는 중국인들의 미적 기준을 충족시켜주는 아름다운 음식인 동시에 길하고 경사스러운 의미를 지닌 음식이다.

셋째, 중국인들의 사회적·공리적 정신을 보여준다. 자오쯔를 신과 조상께 올리는 것은 결국 제사 드리는 자신들에게 복이 돌아올 것이라는 굳은 믿음에 근거한 것이다.

넷째, 사람 사이 교류의 매개체 역할을 한다. 대부분의 중국인은 직설적인 언어로 서로의 감정을 표현하는 것을 싫어하기 때문에 함축적인 방식을 사용한다. 자오쯔의 무엇을 싸는 모양은 심리세계를 은밀하고 은유적으로 나타낸다. 그래서 자오쯔는 가장 이상적인 감정 교류의 운반체다.

나는 여기에 실용성이라는 면을 추가하고자 한다. 자오쯔는 명절에 여러 사람이 모여 먹는 음식의 특성을 갖고 있다. 많은 사람들이 모여서 먹을 음식은 미리 만들 수 있어야 하고 재조리 과정이 편해야 한다. 국수나 만터우, 자오쯔가 대표적이다. 밀가루로 피를 만들어 다양한 재료를 싸서 만든 만터우나 자오쯔는 손으로 먹을 수 있을 만큼 실용성이 강하다. 속 재료도 다양하게 넣을 수 있고, 심지어 먹고 남은 자투리 음식을 이용해도 잘게 다져 넣기 때문에 아무런 문제가 없다.

고기와 채소 같은 음식들이 모두 들어 있어 영양학적으로도 우수하다. 현대의 햄버거 같은 패스트푸드의 기본 요소인 탄수화물, 단백질, 지방, 채소가 모두 함께 들어 있다는 특징이 자오쯔에도 있어 영양과 유혹의 간편식으로도 사람들을 매혹한다. 식어도 먹는 데 불편함이 없고 다시 찌거나 국에 넣어서 먹어도 되는 등 장점이 많은 음식이다.

상하이교통대학(上海交通大学)의 예슈셴(叶舒宪) 교수는 〈자오쯔를 먹는 철학적 배경(吃饺子的哲学背景)〉이라는 논문에서 "중국인이 정월 초하루에 '훈뚠(餛飩, 혼돈)'을 먹는 것은 바로 혼돈(混沌) 상태로 되돌아가 새로운 시공간의 개척과 행동을 재개하는 무의식적인 행위"라면서 "구멍이나 면이 없는 아주 둥근 것은 신화 속의 것을 본뜬 것이다."라고 주장했다.[2] 이는 종교사 권위자 엘리아데(M. Eliade)의 주장과도 일맥상통한다. 엘리아데는 "원시사회에서의 신년 인사는 예외 없이 창세신화에 대한 상징적인 퍼포먼스다. 사람들은 세상이 예의 행사를 통해 1년에 한 번 자기 갱신을 받아야 한다고 믿는다."고 했다.

자오쯔는 나이를 한 살 먹는 음식이다. 그래서 경세교자(更歲交子)라는 표현을 쓴다. '해가 바뀌고 자시가 교차하여 새해가 밝았음'을 의미하는 말이다. 비슷한 음을 이용해 표현하는 중국 특유의 시에인(谐音, 해음) 문화에서, 발음이 같은 자오쯔의 자오(餃)와 시간이 교차하여 바뀐다는 의미의 자오(交)는 '하나로 뭉침'

그림 2-1 중국인에게 자오쯔는 새해, 자손, 결합을 상징하는 음식이다.

을 상징한다. 신년에 자오쯔를 먹는 것은 새롭게 다시 시작한다는 것을 상징하고, 자손 번성을 의미한다. 자손 번성은 중국인들이 가장 중요시하는 생활 가치관이다. 아이를 갖는다는 의미의 자오쯔(交子)라는 단어는 음식 자오쯔(餃子)와 발음이 같다. 민간에서는 각지마다 결혼할 때 자오쯔를 먹는 풍습이 있는데, 남녀가 결합해 음양의 조화를 통해 아이를 얻는다는 상징이다. 자오쯔의 자오(餃)와 교합한다는 자오(交)의 발음이 같기 때문이다. 새해에 자오쯔를 먹는 이유는 다양하지만 가족이 모두 모여 새로운 날을 함께 한다는 의미가 가장 크다.

자오지엔민 교수는 산둥 음식 문화의 권위자이기도 한데, 〈중국 자오쯔 음식 풍습의 문화 투시(中国饺子饮食习俗的文化透视)〉에서 중국의 자오쯔 문화를 크게 '세시명절 식속(食俗)'과 '예절활

표 2-1 중국의 연중행사와 자오쯔[3]

	행사	시기	특징
1	꾸워녠(过年)	1월 1일	하늘에 제사하고 조상을 모신 후 문신(門神)* 그림을 붙인다. 쉐이자오(水餃)를 먹는다.
2	쑹녠(送年)	1월 2일	재물신을 모신다. 만터우를 먹는다.
3	우마리(五马日)	1월 5일	만터우, 면류를 먹는다.
4	주안루리(转入日)	1월 8일	면류를 먹고 곡물 수확을 기원한다.
5	시터우성리(石头生日)	1월 10일	석제 기물(石製器物)을 움직이는 것을 금지한다.
6	위안샤오지에 (元宵节)	1월 15일	위안샤오(元宵)를 먹는다. 농작물의 풍요를 기원한다.
7	티엔창리(填仓日)	1월 25일	곡물 수확을 기원하는 면류, 치리우(起馏)**를 먹는다.
8	룽타이터우(龙抬头)	2월 2일	부를 기원한다. 지역에 따라 첸빙(煎饼), 면류, 만터우를 먹는다.
9	칭밍지에(清明节)	3월 3일	무덤에 쉐이자오를 바친다. 쉐이자오, 만터우, 달걀을 먹는다.
10	뚜안우(端五)	5월 5일	문전에 창포와 쑥을 꽂고 쫑쯔(粽子)를 먹는다.
11	구오샤오녠(过小年)	6월 1일	안전, 건강을 기원한다. 만터우, 쉐이자오를 먹는다
12	샤이이지에(晒衣节)	6월 6일	조의, 의복의 벌레, 만터우, 쉐이자오를 먹는다.
13	시야치(夏至)	6월 15일	면류를 먹는다.
14	리치우(立秋)	6월 30일	쉐이자오, 면류를 먹는다.
15	치시(七夕)	7월 7일	걸교절. 바느질의 잘하고 못함을 점치고, 쉐이자오, 면류, 만터우, 교과(巧菓)***를 먹는다.
16	구이지에(鬼节)	7월 15일	중원절. 조상을 모시며 쉐이자오를 올리고 먹는다.
17	쭝치우지에(中秋节)	8월 15일	중추절. 월병, 쉐이자오, 고기만터우, 만터우를 먹는다.
18	총지우(重九)	9월 9일	중양절. 꽃 모양 떡 화가오(花糕)를 먹는다.
19	시유에이(十月一)	10월 1일	송한절(送寒節). 성묘하고 쉐이자오를 올린다.
20	똥치(冬至)	11월 15일	동지. 조상을 모시며 쉐이자오를 올리고 먹는다.
21	라빠(腊八)	12월 8일	납팔죽[臘八粥]을 먹는다. 술과 식초를 담근다.
22	구오샤오녠(过小年)	12월 23일	쉐이자오를 바치고, 부뚜막신을 보낸다.
23	츄리(除日)	12월 30일	제야에 쉐이자오를 올리고 밤중에 제신을 맞이한다.

동 식속'으로 구분했다.[4] 음력 섣달그믐, 춘절, 청명절, 구오반녠지에(过节: 음력 6월 1일), 치차오지에(七巧节: 음력 7월 7일), 동지 같은 세시명절 및 왕래하고, 친구를 대접하고, 공양하고, 제사를 드리며, 결혼하고, 결혼하고, 출산하고, 생신을 축하하는 예절활동 대부분에 자오쯔가 빠지지 않는다.

자오쯔는 만물이 생겨나기 전의 모체, 혼돈을 상징한다. 따라서 자오쯔는 1년을 정리하고 새로운 세상을 다시 시작한다는 중국인의 우주론적 철학을 담고 있는 맛있는 소우주다.

만터우를 먹는 이유

만터우는 하얗고 탐스럽게 부풀어 오른 모습과 둥근 모양 때문에 정결함과 풍성, 풍요의 상징으로 자주 쓰인다. 복숭아는 오랫동안 중국에서 장생을 의미하는 귀한 과일이었기 때문에 생일 축하용으로 많이 쓰였는데,**** 복숭아 모양으로 빚거나 복숭아를 상징하는 분홍색 점을 찍은 만터우는 장수를 기원하거나 생일 축하 선물로 사용되었다(그림 2-2 아래 참고). 보통 생일용으로 10개의 만터우가 사용되는데, 1은 남자를 0은 여자를 상징하며

* 대문으로 잡귀가 들어오는 것을 막아주는 신.
** 옥수수와 밀가루 반죽을 발효시켜서 찐 빵류.
*** 밀가루를 발효시켜서 다양한 동물, 또는 꽃 모양의 형태로 빚어 구운 것.
**** 그에 관한 기록은 다음과 같다.《신농본초(神農本草)》"玉桃服之, 長生不死",《신이경(神異經)》"東方樹名曰桃, 令人益壽",《왕정농서(王貞農書)》"五木之精".

표 2-2 행사식에서 자오쯔의 위상[5]

No	분류	행사	시기	자오쯔	%	면류	훈뚠	고기 만터우	만터우	쌀밥
1	전통 행사	신년	1월 1일	521	100	0	0	0	0	0
2		정월 15일	1월 15일	285	55	0	0	0	210	26
3		룽타이터우 (龙抬头)	2월 2일	274	53	0	93	0	131	33
4		춘분 (春分)	2월 30일	151	29	219	13	0	172	38
5		하지 (夏至)	5월 4일	336	64	0	197	10	0	0
6		추분 (秋分)	8월 10일	167	32	136	144	51	17	0
7		중추절(仲秋節)	8월 15일	386	74	0	98	17	6	0
8		동지(冬至)	11월 10일	521	100	0	0	0	0	0
9		소정월(小正月)	12월23일	213	41	16	0	89	191	13
10	통과 의례	출산		0	0	120	0	0	401	0
11		백일		0	0	521	0	0	0	0
12		결납(結納, 결혼 예물 교환)		17	3	364	0	0	140	0
13		결혼식		113	22	161	0	0	203	47
14		생일		0	0	521	0	0	0	0
15		환갑		0	0	521	0	0	0	0
16		희수(喜壽) 77세연		0	0	521	0	0	0	0
17		신축(新築)		0	0	13	0	0	508	0
18	현대 행사	입학		224	43	102	13	39	21	72
19		졸업		367	70	82	0	0	64	8
20		송별회		521	100	0	0	0	0	0
21		환영회		0	0	521	0	0	0	0
22		취직		403	77	6	14	21	74	3
23	기타	노동절	5월 1일	341	65	121	4	11	19	25
24		국경절	10월 1일	248	48	0	3	28	180	68

번식을 상징한다.[6] 결혼 피로연에는 신랑과 신부가 '커다란 만터우[大口饅头]'를 먹는데, 이는 '말하는 것은 모두 복이 있으라[满口福].'는 뜻이다.[7]

산둥성 자오둥(胶东) 지역에서는 팥소를 넣고 닭, 고슴도치 등 다양한 모양으로 만들어 미리 쪄놓은 보보(만터우)나 빠오즈를 춘절에 먹는다. 평상시에는 금이 간 만터우를 '샤오러(笑了: 웃다)'라고 하여 좋은 것으로 여기지만, 조상에게 바치는 것은 다르다. 조상 앞에서 웃는 것은 불경스러운 일이라 금이 가지 않은 온전한 모양의 것을 올린다. 중국 돈 원보(위안바오元寶) 형상의 만터우는 재물신에게 바치고, 천신에게는 셍지(圣鸡: 닭) 모양, 곡물의 신에게는 고슴도치 모양의 만터우를 바친다.

예전에 베이징에서는 정월 첫날에는 만터우, 2일째엔 자오쯔, 3일엔 훈뚠, 4일째는 면, 5일째에는 미펀(米飯: 쌀밥)을 먹었지만, 최근에는 자오쯔나 만터우만을 먹는다. 정월 첫날 만터우를 먹는 것은 만터우의 둥근 모양처럼 하는 일이 원만하게 이루어지길 바라는 기원이 들어 있다. 중국인들은 원형을 하늘의 상징으로 여긴다.

중국인들은 만물의 시작을 태극의 상태, 즉 음과 양이 갈라지지 않은 상태로 보고, 이를 혼돈의 상태라 했다. 태극은 둥근 모양이다. 만터우가 둥근 것의 형상을 딴 것은 우연이 아니라 둥근 것을 하늘, 태양 같은 근원으로 생각한 중국인의 생각이 반영된 것이다. 옛 중국인은 태양에 대한 숭배, 그리고 '땅은 모나고 하늘은 둥글다[天圜地方].'라는 생각 때문에 둥근 것에 각별한 애착

그림 2-2 풍요를 상징하는 만터우

을 느꼈다. 생활 속에서 둥근 단지, 동전, 물레, 바퀴 등과 같은 물건들을 널리 사용했을 뿐 아니라 둥근 것을 숭배하기도 했다. 신령의 머리 위 둥근 광채나 불상의 머리 위의 불광, 둥근 것으로 가족의 단란함을 상징한 것이 그 예다. 이에 점차 명절에 둥근 모양의 음식을 먹는 풍속이 생겨나게 되었다. 예를 들면 정월 대보름에 모양과 발음이 모두 둥근 위안바오(元寶)를 먹는다거나, 중추절에 달처럼 둥근 월병을 먹는 것 등이다. 이렇게 하여 가정의 단란함과 행복에 대한 바람을 나타낸 것이다.[8]

익힐 때 부풀어 오르는 것도 정월 초하루에 만터우를 먹는 이유다. 부풀어 오른다는 뜻의 단어 파(發)가 재산이 늘어난다는 뜻의 단어 파차이(發財)와 발음이 비슷하기 때문이다. 만터우는 중국 철학의 근간인 음양의 조화와 둥근 것으로 표현되는 하늘의 이치를 닮은 풍성함의 상징이자 '먹는 것을 하늘로 삼는 사람들[民以食爲天]'에게는 배부름을 구현하는 철학의 상징체다.

만터우와 자오쯔라는 이름이 생기기까지

만터우라는 말의 기원

만터우, 즉 만두라는 음식 이름의 기원을 흔히 《삼국지연의》에 나온 제갈량의 일화와 관련해 '만인의 머리[蠻頭]'라고 아는 사람이 많다. 그런데 만터우는 북방에서 만들어지고 발전한 음식으로, 만터우라는 말의 기원도 어원학적으로 만인(蠻人)의 머리[頭]를 뜻하는 만두와는 관계가 없다(4장 참고). 내몽고사범대학(内蒙古师范大学)의 얀얀(闫艳) 교수는 〈고대 '만터우'의 변증(古代'馒头'义辩证)〉이라는 논문에서 만터우의 특징으로 첫째 소가 있다, 둘째 불룩 솟은 원형이다, 셋째 칼집이나 구멍이 없다고 정의했다.[9] 또한 만터우라는 단어는 '~을 싼 음식'이라는 의미에서 나온 것임을 밝히고 있다. 얀얀 교수에 의하면 만두의 두(頭)자는 머리를 뜻하는 게 아니라 육조 시대(229~589) 이래 사용되어온 접미사의 일종이다. 만(饅)자는 식(食)과 만(曼)이 합쳐진 형성문자다. 만(饅)자의 뜻부 식(食)은 음식을 나타내고, 소리부인 만(曼)은 '~을 싸다'라는 뜻의 몽복(蒙覆)이다. 만(曼)과 만(墁), 만(鏝)은 모두 같은 뜻을 가진 글자로, 벽을 바르는 도구인 흙손을 뜻한다. 흙손으로 벽돌을 바르면 벽돌의 모습이 숨겨진다. 따라서 고대의 만두는 속을 싼 식품을 말한다. 위나라(魏, 220~265) 학자 장읍(張揖)이 편찬한 훈고서인 《광아(廣雅)》 '석화이(釋話二)'에는 "(장막)만(幔)자는 (숨길)복(覆)이다. (흙손)만(槾)은 (만두)만(饅)이다.'라고 나온다. (속일)만(謾)이나 (찰)만(漫)도 같은 의미다."[10]라고 나온다. 이 단어들은 다 '~을 숨기다'라는 의미임을 알 수 있는데, 만두의 만(饅)자가 피로 감싸 소가 보이지 않게 한다는 뜻으로 쓰인 것을 알 수 있다.

하지만 까오치안 교수는 만두(饅頭, mán·tou, 만터우)는 외래어이며, 불경에 기재된 음식인 만제라(曼提羅, mántíluó, 만지라)의 음역이라고 주장한다.

만제라가 중국에 전해진 이후, 사람들은 자신의 생활과 발음 습관에 맞는 글을 썼으며, 초기 기록에서는 曼頭(만두)라고 쓰다가 나중에야 점차 饅頭(만두)로 통일되었다. 당나라 서견(徐堅, 659~729) 등이 편찬한 유서(類書: 일종의 백과사전)인 《초학기(初學記)》에는 "《병부》에 나오는 만두의 한자는 曼頭(만두)다. 음식을 뜻하는 뜻부가 들어간 饅頭(만두)라는 글자는 송나라 때부터 사용된다."[11]

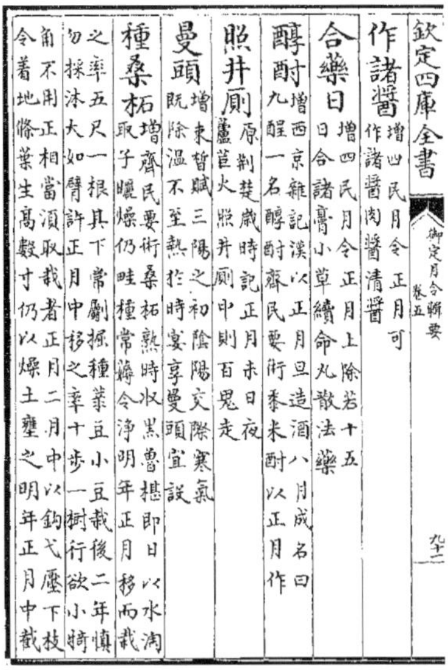
欽定四庫全書　御定月令輯要 卷五　九十二

作諸醬 增四民月令 正月可作諸醬肉醬清醬

合藥日 增四民月令 正月上除若十五日合諸膏小草續命丸散法藥

醇酎 增西京雜記 漢以正月旦造酒八月成名曰九醖一名醇酎 齊民要術 黍米酎以正月作

照井廁 原荊楚歲時記 正月未日夜蘆苣火照井廁中則百鬼走

曼頭 增束皙賦 三陽之初陰陽交際寒氣既除溫不至熱於時宴享曼頭宜設

種桑柘 增齊民要術 桑柘熟時收黑魯椹即日以水淘取子曬燥仍畦種常薅令淨明年正月移而栽之率五尺一根其下常劚掘種菉豆小豆栽後二年慎勿採沐大如臂許正月中移之率十步一樹行欲小犄角不用正相當須取栽者正月二月中以鉤弋壓下枝令著地條葉生高數寸仍以燥土壅之明年正月中截

그림 2-3 曼頭. 《병부》에 나오는 만두(曼頭)는 지금과 글자가 다르다.

까오치안 교수는 만제라는 원래 구운 빵의 일종이었으나 중국에서 쪄 먹는 음식으로 변했으며, 구운 만제라와 찌는 만두의 이름이 같은 것은 음역으로 인한 것이라고 주장한다.[12] 그는 만두 같은 발효 면식인 바라문경고면(婆羅門輕高麵)이나 《병부》에 실린 한문으로 해석하기 어려운 음식은 대개 외래 음식의 음역이라고 하면서 박장(薄壯), 박야(薄夜), 박지(薄持), 박한(薄扞), 박탁(餺飥), 부투(餢飳), 만두(饅頭)가 모두 외래어라고 주장한다.[13] 그는 또 외래 음식의 경우 중국어로 번역하면서 식(食)이나 맥(麥)자를 뜻부로 붙여 성질을 나타내고, 완전히 중국화되면 중국식 표기를 사용한다고 했다.

자오쯔와 훈뚠이라는 말의 기원과 발달

자오쯔와 훈뚠은 발효하지 않은 얇은 피에 소를 넣고 물에 삶거나 쪄낸 음식이라는 점에서 비슷하다. 가장 큰 차이는 자오쯔는 찌거나 삶아 먹고 훈뚠은 탕에 넣어 끓여 먹는다는 점이다.

1) 훈뚠, 자오쯔의 창세기

자오쯔는 고대부터 있었지만 이름이 달랐다. 현대의 자오쯔는 소를 넣고 발효하지 않은 피를 반달이나 동전(위안바오元寶) 모양으로 만들어 먹는 음식이다. 음식의 형태는 크게 변한 적이 없는데 이름이 달라 헷갈리는 음식이다. 현대 자오쯔류의 표준어가 된 교자(餃子)는 청나라 말기에 정착된 단어다. 자오쯔류 음식의 처음은 혼돈(餛飩)으로 시작되는데, 음식 훈뚠 이전에 혼돈(混沌) 같은 단어가 먼저 쓰였다.

음식 훈뚠의 시작과 관련한 가장 유명한 이야기는 중국 전국시대의 사상가 장자(莊子, BC 369~BC 289?)의 《장자》 제7편인 '응제왕(應帝王)' 끝부분에 중앙의 신인 '혼돈(混沌)'과 관련된 글에 나온다.

남해의 신인 숙(鯈)과 북해의 신인 홀(忽)이 어느 날 혼돈(混沌)의 땅에서 혼돈에게 융숭한 대접을 받았다. 두 신은 혼돈에게 고마운 마음을 표시하고 싶었다. 마침 혼돈의 몸에 구멍이 하나도 없다는 걸 그들은 알아챘다. 사람들은 일곱 구멍이 있어 보고 듣고 먹고 숨 쉬는데 혼돈만은 이 구멍들이 없으니 엄청 힘들 거라고 그들은 생각했다. 그리하여 숙과 홀은 날마다 하나씩 혼돈의 몸에 일곱 개의 구멍을 뚫어 주기로 결정했다. 정성을 들여 구멍을 내다보니 어느덧 이레째가 되었다. 혼돈에게도 다른 이들처럼 일곱 구멍이 생겼다. 혼돈은 어떻게 되었을까? 이레째가 되는 바로 그날, 그러니까 몸에 일곱 번째 구멍이 뚫린 날 혼돈은 그만 죽고 말았다.[14]

《장자》에 등장하는 혼돈(混沌)과 음식 혼돈(餛飩)이 같은 뜻이라는 문헌이 많다. 당나라 연구자 양명심(杨荫深)은 "혼돈(餛飩)의 뜻은 혼돈(混沌)이다. 나중에 식자 부가 붙었다."[15]고 했다. 명나라 장자열(張自烈, 1564~1650)이 펴낸 《정자통(正字通)》(1670)에는 "돈(飩)은 지금의 혼돈(餛飩)이다. 즉 교이(餃餌)의 별명이다. 쌀이나 밀로 가루를 만들어 소를 싸고 탄환형으로 만드는데 크기는 일정치 않다[飩, 今餛飩, 即餃餌別名. 俗屑米麪爲末, 空中裹餡, 類彈丸形大小不一]."라고 나온다. 《식물지(食物志)》에는 "혼돈(餛飩)은 혼돈(渾沌)으로 쓰기도 하는데 형상은 원형이다[餛飩, 或作渾沌. 餛飩像其圓形]."라고 나오며, 청대 말기의 《연경세시기(燕京歲時記)》(1906)에는 천지의 원초적 모습을 "무릇 혼돈(餛飩)은 계란의 형상이다. 천지 혼돈(混沌)의 형상과 상당히 비슷하다[夫, 形有如雞卵, 頗似天地混沌之象]."고 나온다.

중국인민대학(中国人民大学)의 청옌(程艳) 교수는 〈자오쯔를 해

석하다(釋餃子)〉라는 논문에서 혼돈이 음식 이름으로 변하는 과정을 설명하고 있다.[16]

　밀가루 속을 채운 음식의 시작은 훈뚠(餛飩)이다. 훈뚠은 혼돈(渾沌)의 형상에서 이름을 가져온 것으로 추정된다. 당나라 이광문(李匡文)의 《자하집(資暇集)》 하권에 "혼돈(餛飩)은 혼돈(渾沌)의 형상을 따랐다. 혼돈(渾沌)이라고 직접 쓴 것을 먹는 것을 꺼린다[餛飩, 以其象渾沌之形, 不能直书渾沌而食. 避之从食, 可矣]."라고 했고, 《중경음의(衆經音義)》 12권에는 "크고 형상이 없는 것을 혼돈이라 한다[大而無形曰倱伅]", 《정장잡기(貞丈雜記)》 6권에는 "혼돈으로 말하면 변두리나 끝이 없다는 말이 동그랗다는 말로 변한 것이다. 원형은 끝이 없기 때문이다. 혼돈이란 말이 먹는 것에 관한 말이기 때문에 삼수변(氵=水)이 식(食)변으로 바뀌었다[云混沌者, 言团团翻转而无边无端之词也. 因圆形无端之故, 以混沌之词名之也因是食物, 故改三水旁为食字旁]."라고 나온다.

　혼돈의 형상은 보통 달걀을 닮은 타원형으로 많이 비유되는데, 원형은 모서리에 각이 없어서 어디가 끝인지 알 수 없기 때문이다. 중국의 문화언어학자 허신(何新, 1949~)은 혼돈(渾沌)이라는 말과 둥근 형태는 달, 달의 여신 여와, 악어, 도마뱀과 같은 의미를 지닌 것으로, 모두 '둥글고 부드럽게 휘어진 것'이라는 공통의 뜻을 가진 단어라고 이야기한다.[17] 그는 또 동그란 것은 흠이 없고, 따라서 완전하고, 한 덩어리라 가를 수 없다는 뜻이라고 이야기한다. 허신은 〈달, 혼돈, 악어와 천지개벽의 신화(嬋娟, 混沌,

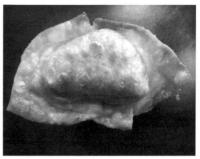

그림 2-4 제강(왼쪽)과 제강을 닮은 튀긴 자오쯔(오른쪽)

鳄鱼及开天辟地的神话)〉라는 논문에서 혼돈이 다양한 형태로 나타난 것을 지적하고 있다.[18]

《속서간오(俗書刊誤)》*에는 "사물이 완전한 것을 홀윤(圀圈)이라 한다[物完曰圀圈, 与浑沦同义]."라고 나오는데, 여기서 홀윤은 혼륜(渾淪)과 같은 뜻이다. 이실(李實, 1597~1674)은 《독어(蜀語)》에서 "하나의 완전한 것을 홀윤이라 한다[渾全曰圀圖]."고 썼는데, 혼륜(混淪)은 속어로 호륜(胡淪)이다. 또 혼돈(渾敦), 혼돈(混沌), 골돌(鶻突), 골동(骨董), 혼탈(渾脫)이 되었다. 《열자(列子)》 '천서(天瑞)'에 "혼륜한 것은 사물이 섞여 있어 서로 떨어져 있지 않은 것을 말한다[浑沦者, 言万物相浑沦而未相离也]."고 했다. 종합하면, 渾, 混, 雲, 滾, 葫芦, 軲轆, 骨碌, 圀圖, 渾淪, 鶻淪, 渾沌, 渾敦, 鶻突, 骨董, 渾脫, 罐兜 등은 비록 자형이 여러 번 변했

* 초횡(焦竑, 1520~1620)이 문자학과 고증학을 다룬 책.

지만 음과 뜻은 시종 비슷하다.

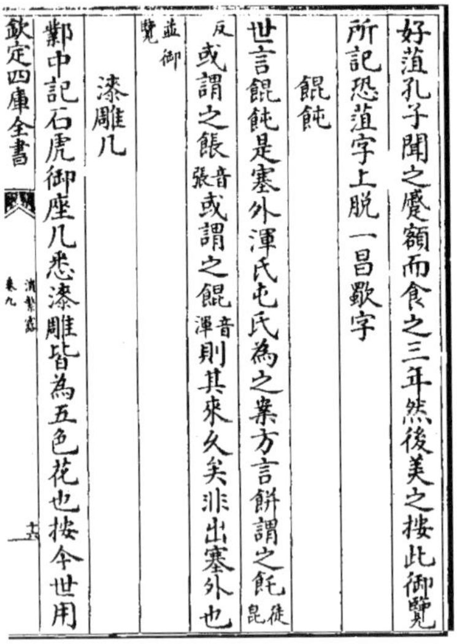

허신은 혼돈(混沌)을 공간의 상징으로 여겼는데, 혼돈에 시간 개념이 들어오면서 시간과 공간이 결합하여 우주가 생겨났고 공간만 있던 혼돈은 죽었다고 주장한다. 앞에 인용한 《장자》 '응제왕' 편에서 혼돈이 7일 만에 죽는 것은 기독교 성경의 창세기, 인도의 고대 신화에도 나오는 이야기인데, 중국

欽定四庫全書

鄴中記石虎御座几悲漆雕皆為五色花也按今世用

漆雕几

蓋御　覺御

反或謂之餛張音或謂之餛渾音則其來久矣非出塞外也

世言餛飩是塞外渾氏屯氏為之喿方言餅謂之飩昆徒

餛飩

所記恐飪字上脫一昌歇字

好飪孔子聞之慶顙而食之三年然後美之按此御覽

그림 2-5 정대창의《연번로》에 기록된 혼돈

에서는 이와 비슷한 반고(盤古)의 창조설*이 동한·삼국 시기 이후(4세기)에 유행한다. 이는 고대 인도의 범천(梵天, Brahma) 창조 이야기의 중국 번역본[19]이라는 것이다.

허신의 이야기를 정리해보면, 혼돈은 둥근 형상을 한 부드러

---

* 원래 하늘과 땅은 달걀처럼 생긴 혼돈(渾沌)이었는데, 반고는 그 속에서 태어났다. 일만 칠팔천 년이 지난 다음에 천지개벽이 있었는데 양청(陽淸: 알의 흰 부분)은 하늘이 되고 음탁(陰濁: 알의 누런 부분)은 땅이 되었다. 반고는 하루하루 몸이 길어지고 커졌다. 그의 머리와 팔다리는 오악(五岳)으로 변했고, 피와 눈물은 강과 하천이 되었으며, 눈은 해와 달이 되었고, 털은 풀과 나무로 변했다. 그의 입김은 비바람으로 변했고, 음성은 천둥이 되었다. 눈빛은 번개와 벼락이 되었다. 눈을 뜨고 있으면 낮이었고, 눈을 감으면 밤이 되었다. 입을 열면 봄, 여름이 되었고, 입을 다물면 가을, 겨울이었다.

운 것을 의미하며, 달과 달의 여신 여와, 달을 닮은 전병, 둥근 모양의 탕원(湯圓) 등 둥근 모양을 한 음식들이 같은 어원을 가졌다는 것이다. 허신은 광둥(廣東) 사람들이 혼돈(餛飩, 훈뚠)을 윈툰(雲呑/云呑, wonton)으로 부르는 것은 윈툰이 유안투안(圓團)의 전음이기 때문이라고 주장한다.

한편, 송대의 정대창(程大昌, 1123~95)은《연번로(演繁露)》9권 '혼돈(餛飩)'조에서 "혼돈은 오랑캐 혼씨(渾氏)와 둔씨(屯氏) 때문에 생겼다[世言餛飩是虜中渾氏, 屯氏为之]."라고 말했다. 음식의 창조설에 이름이 등장하는 것은 흔한 일인데, 주로 민간 속설로 많이 유행한다.

2) 자오쯔라는 단어의 시작이 각(角)자인 이유

훈뚠으로 불리던 자오쯔류 음식은 초기에는 각아(角兒)라고 불렸다. 왜 '각지다'라는 의미의 한자 각(角)이 음식 이름으로 쓰였을까? 중국인민대학의 청옌 교수는 〈자오쯔를 해석하다〉에서 이를 설명한다.

각아(角兒)와 교자(餃子)라는 이름은 각자(角子)나 조각자(皂角子)의 모양에서 따온 것이다. 고대 약학 서적에는 조각자나 각자라는 말이 약환(藥丸: 알약)이라는 단어보다 자주 쓰였다. 당나라의 의학자 손사막(孫思邈)이 쓴《가해정미(假海精微)》하권에는 "위의 약재들을 가루 내 모아 조각자처럼 큰 환을 만든다[右为末, 搜匀为丸, 如皂角子大]."고 했고, 송나라 유방(劉昉)이 쓴《유유신서(幼幼新書)》18권에는 "꿀한 냥, 술 반잔, 자초를 넣고 달이고 끓여 조각자처럼 크게 약환을 만든다[末蜜一兩, 酒半盞, 入紫草煎数沸, 和药丸, 皂角子大].”고 나온다. 당나라 왕도(王燾, 670~755)의 《외태비요(外台秘要)》 2권에는 “고기를 얇게 썰고, 대파, 산초, 생강 등을 넣고 매우 작게 혼돈을 만든다[取肉細切, 和葱, 椒, 姜等, 絕小作餛飩予].”라고 적혀 있다. 또 《외태비요》 37권에는 “혼돈을 만들 때 밀가루에 소금을 넣어서는 안 된다[右一味以面如作餛飩法, 其面勿着鹽].”고 했으며, 송나라 오자목(吳自牧)의 《몽량록》 18권에는 “연한 어린 마름은 사각(沙角)*이라 부른다. 단단한 것은 혼돈이라 한다[菱初生嫩者名沙角, 硬者名餛飩].”고 했다. 송대 혼돈의 형태는 식물 각아와 유사한 것임을 알 수 있다. 교자는 혼돈에서 갈라져 나온 것이다. 두 개의 원래 모습은 비슷하다. 그래서 찌는 음식이라고 할 수 있는 혼돈형 식품을 ‘각아(角兒)’라 부른다. 금나라 장종정(張從正)은 《유문시친(儒門視親)》 15권 이질·설사병(下痢泄瀉) 조에서 “위의 것들을 곱게 가루 내 매일 35전씩 복용한다. 양의 간을 잘게 잘라 섞어서 면각아(麵角兒)를 만들어 구워서 식전에 끓인 물과 함께 먹는다[右为细末, 每服三五钱, 细切羊肝拌之, 作面角儿烧服之, 后用白汤送下, 食前].” 면각아는 구워 익힌 것이지 삶아 익힌 게 아니다. 의약학의 기록은 혼돈에서 각아(角兒)로 분화되는 과정을 보여준다. 혼돈과 조각과 능각(菱角) 등은 각아와 형상이 비슷하다. 찌는 혼돈을 ‘각아’라 부른다. 가장 이른 시기의 교자다.

* 능상(菱狀)은 산조팝나무로, 잎은 삼각형이며 약명은 능각(菱角) 또는 사각(沙角)이다.

청옌은 이어서 자오쯔와 훈뚠의 공존 상황을 역사적으로 설명했다.

교자는 혼돈에서 갈라져 나왔다고 생각한다. 최초의 것은 물에 삶는 대신에 쪄냈기 때문이다. 송대부터 지금까지의 음식에는 줄곧 수각(水角)이나 수교(水餃)가 있었는데, 혼돈과도 달랐다. 수교는 먹을 때 국물이 없다. 혼돈을 먹을 때는 국물과 함께 먹는다. 탕에는 일반적으로 조미료를 넣는다. 두 가지 음식이 끊임없이 분화되어 자신의 특색을 형성하고 있다. 지금 교자와 혼돈의 구분이 이미 당송 시대에 나타나는데 혼돈병(渾沌餠)은 맑은탕[湯淸]을 상품으로 여겼을 것이다. 당나라 때 은성식(段成式)은《유양잡조(酉陽雜俎)》7권 주식(酒食) 편에서 "지금 벼슬아치 집안의 소문난 음식으로는 소씨 집안의 혼돈이 있다. 끓여서 지방분을 걸러내고 차에다 적셔 먹는다[今衣冠家名食有蕭家餛飩, 漉去湯肥, 可以瀹茗]."고 했고, 송나라 때 도곡(陶谷)은《청이록(淸異錄)》에서 "혼돈병은 벼루에 쓸 만큼 맑다[餛飩湯, 可注硯]."고 설명했다. 명나라 때 송후(宋詡)는《죽섬산방잡부(竹嶼山房雜部)》하권에서 '물에 삶거나'(水煮), '기름에 지진 것'(油煎), '찌는 것'(蒸) 등 3종류의 교자 요리법을 열거하고 있는 동시에, 또 혼돈 만드는 법 2가지를 소개하고 있다. 하나는 물에 삶는 것이고 두 번째는 물에 삶은 후에 기름으로 매끄럽고 윤이 나게 한 후 다시 찌는 것이다. 명나라 때 혼돈의 조리법이다. 혼돈은 줄곧 교자의 별칭으로 여겨져 왔으며, 양자의 연원과 차이점에 앞에서 대해 설명한 것처럼 교자는 혼돈에서 갈라져 나왔고, 나중에는 수많은 변화와 발전이 있었다. 점차 혼돈과 구별이 명확해졌다.[20]

새로운 명칭과 조리법이 생겼다고 이전의 음식이 바로 사라지는 않는다. 자오쯔는 혼돈에서 유래했지만, 혼돈을 완전히 대체하지 못했고 두 가지 음식의 공존은 오늘날까지 이어지고 있다.[21] 하지만 2,500년 전 자오쯔 모양의 실물이 발견되면서 훈뚠이 먼저 생긴 건지 자오쯔가 먼저 시작된 것인지는 명확히 정하기 어렵게 되었다.

산시성사회과학원(山西省社会科学院)의 궈리샤(郭利霞) 교수는 〈비엔스와 자오쯔(说'扁食'和'饺子')〉라는 논문에서 청대 말기 이전에 교자류의 대명사였던 비엔스가 자오쯔로 대체되는 과정을 자세히 설명하고 있다.

19세기 말까지도 비엔스는 가장 많이 쓰인 단어였다.《현대한어사전(現代漢語事典)》7판(2016)에서 비엔스는 방언으로 자오쯔(餃子)나 훈뚠(馄饨)을 가리킨다. 자오쯔는 반원형으로 싼 소가 있는 분식으로 삶거나 달이거나 쪄서 먹는다. 청나라 말기를 거치면서 비엔스(扁食)는 자오쯔(饺子)를 대표하는 명사에서 산둥(山東)의 방언으로 내려앉고 대명사의 자리는 자오쯔로 대체됐다.《한어방언지도집(漢語方言地圖集)》에 의하면 현재 중국의 629개 지역에서 자오쯔라는 단어를 사용하며 비엔스는 77곳에서 사용한다. 비엔스의 주 사용 지역은 화베이과 시베이(西北) 지역이다. 장쑤(江苏)성, 안후이(安徽)성에서도 산발적으로 나타난다. 쉐이자오(水餃)는 90군데에서 나타나는데, 주로 저장성과 쓰촨 지역이다. 이외에, 주자오쯔(煮餃子)(산시陝西 황룽黃龍), 주자오쯔(煮角子)(신장新疆 보러博樂, 깐수甘肅 후아팅華亭), 주자오(煮角)(산시화팅大荔) 등이 사용된다. 비엔스는 동북 사투리(東北官話), 기로 사투리(冀魯官話), 중원 사투리(中原官話), 진어(晋语), 난은 사투리(蘭銀官話), 장화이 사투리(江淮官話)에 분포하는데, 중국어·방언대사전에는 베이징어와 톈진어는 모두 '비엔스'라고 한다. 자오쯔는 남북에서 공통으로 사용되고, 비엔스는 북방에서, 쉐이자오는 남방과 동남방에서 주로 사용한다.[22]

귀리샤 교수에 의하면, 원대부터 명나라를 거쳐 청나라까지 자오쯔류를 가리키는 단어 중에서 가장 많이 쓰인 것은 편식(扁食, 비엔스)이었다. 그러나 19세기 말에 자오쯔가 동북은 물론 전국적인 명칭으로 자리 잡으며 오늘날까지 이어지고 있다.

3) 자오쯔와 훈뚠의 차이

훈뚠은 현재 중국 남방의 쑤저우(苏州), 상하이(上海), 우시(无锡), 상저우(常州) 일대 사람들이 가장 즐겨 먹는 대중 음식이다. 청옌 교수는 〈자오쯔를 해석하다〉에서 자오쯔와 훈뚠의 특징을 다음과 같이 구분했다.

1. 자오쯔는 소가 있다. 소로 만터우와 비슷하게 생선과 육류, 채소, 단 것 등을 사용한다. 훈뚠은 일반적으로 단 소를 쓰지 않는다.
2. 자오쯔의 피는 통상 밀가루를 사용하거나 다른 곡물을 섞어서 만든다. 훈뚠은 거의 밀가루를 사용한다. 단, 극히 드물게 콩가루를 사용한다.
3. 자오쯔는 소를 넣은 후 틈을 막아 완성한다. 이 점은 훈뚠과 동일

그림 2-6 성싱뎬신디엔의 네 가지 훈뚠

하다.

4. 자오쯔의 조리법은 삶고 찌고 지지고 굽는 등 다양하다. 훈뚠의 조
리법은 물에 삶은 것이 유일하다.[23]

자오룽광(赵荣光) 중국음식문화연구소(中国饮食文化研究所) 소
장은 《중국음식문화사(中国饮食文化史)》에서 훈뚠과 자오쯔의 차
이를 다음과 같이 정리했다.

훈뚠은 피가 얇고 상대적으로 자오쯔는 두껍다. 훈뚠은 사각형의
피를 다양한 형태로 말고 자오쯔는 원형의 피를 사용하는 것도 다
르다. 훈뚠은 소가 자오쯔보다 적고 고기 중심이다. 그래서 훈뚠을 로
우훈뚠(肉馄饨: 고기훈뚠)으로 부른다. 훈뚠은 육수로 닭이나 돼지 국
물을 사용하고 자오쯔는 맑은 물로 끓인다. 먹을 때 자오쯔는 물에서
건져 다진 마늘이나 마늘쪽, 고추기름이나 겨자기름, 겨자 반죽 등 맵
고 얼얼한 소스를 곁들이고 훈뚠은 양념(고수풀, 후춧가루, MSG, 정제염
등)을 넣은 육수와 함께 숟가락으로 떠먹는다.[24]

자오쯔와 훈뚠의 가장 큰 차이는 훈뚠은 국에 넣어 먹고 자
오쯔는 국물 없이 먹는다는 것이다.

4장

중국 북방인의 주식,
만터우

만터우(饅頭, 만두)는 중국 북방인의 주식이다. 소가 없는 만 터우를 반찬과 함께 먹는다. 남방에서 반찬을 곁들여 쌀밥을 먹 는 것과 같다. 만터우는 고대에는 소가 있는 음식이었다. 당시 귀 한 밀가루를 반죽해 발효시키고 고기를 소로 넣은 비싼 음식이 었다. 만터우는 제사 음식으로 제일 먼저 등장한다.

만터우의 기원

만터우의 제갈량 기원설은 사실일까, 소설일까

만터우의 기원 하면 성경의 창세기처럼 등장하는 이야기가 있다. 《삼국지》의 영웅 제갈량(諸葛亮, 181~234)이 만터우를 만들 었다는 설이다. 하지만 이는 소설이다. 제갈량 만터우설은 북송 사람 고승(高承)이 11세기에 지은 《사물기원(事物起原)》에 자세하 게 나온다.

《소설(小說)》에 옛날에 (촉나라) 무후 제갈량이 맹획을 정벌할 때 누 군가 "만족(蠻族: 야만인) 땅은 사술이 많으니 모름지기 신에게 신병을 빌려달라고 기원해야 필시 도움을 받을 수 있을 것입니다. 그러나 만 족의 풍속에 의하면 필시 사람을 죽여 그 머리로 제사를 지내야 신이 흠향하고 출병할 수 있습니다."라고 말했다. 제갈량은 그의 말을 따르 지 않고 그 참에 양과 돼지의 고기를 섞어서 밀가루로 싼 뒤 사람의 머리 모양으로 만들어 제사를 지냈는데 신도 흠향하였기에 출병할 수 있었다고 하였다. 진나라 노심의 《제법(祭法)》에 "봄 제사 때 만두를 사 용하여 처음으로 제사 용품에 나열하였다."고 하였고 속석의 《병부》에 도 그러한 얘기가 있는 것으로 보아 만두는 아마도 제갈량으로부터 비 롯되었을 것이다.[25]

여기에 나오는 소설은 제갈량 만터우설을 유명하게 만든 나

그림 2-7 제갈공명의 만두 제사에 관한《삼국지연의》(新刊校正古本大字音釈 三国志通俗演義, 일본 國立公文書館 소장)

관중(羅貫中, 1330?~1400?)의 소설《삼국지연의(三國志演義)》가 아니라 남조 양나라 운운(殷芸, 471~529)이 지은《소설(小說)》이다. 하지만 현재 전하는 운운의《소설》에는 제갈량의 만터우 이야기는 없다. 만터우 이야기는 제갈량 사후 1,000년이 훌쩍 지난 후에 쓰인 나관중의 소설《삼국지연의》에 등장하면서 유명해졌다. 중국인들이 가장 사랑하는 제갈량의 캐릭터에 더해진 흥미진진한 이야기 때문에 이 내용을 정설로 여기는 사람들이 많다. 제갈량 만터우 제작설은 당나라 조린(趙璘, ?~844?)의 필기소설(筆記小說)《인화록(因話錄)》에 처음 등장한다. "만두는 촉나라에서 만들어졌다. 제갈량이 남쪽 정벌 때 고기소를 넣은 면을 사람 머리 모양으로 만든 것이 세상에 전해졌다[饅頭本是蜀饌, 世傳以爲諸葛亮徵南時以肉面像人頭而爲之]."

명대가 되면 제갈량의 남만인 제사 만터우설은 일반적으로 널리 퍼진 속설이 된다. 명나라 낭영(郎瑛)의《칠수유고(七修類稿)》에는 다음과 같이 나온다.

> 만두는 원래 이름이 만인(蠻人: 옛날 중국의 남방 민족에 대한 호칭)의 머리다. 만인의 땅에서는 사람 머리로 제사를 지낸다. 제갈공명이 맹획을 정벌할 때 고기를 면에 싸서 제사를 지내서 만두(灣頭)라 불렸고 지금은 변하여 만두(饅頭)가 되었다[饅頭本名蠻頭, 蠻地以人頭祭神, 諸葛之徵孟獲, 命以麴包肉爲人頭以祭, 謂之, 蠻頭, 今訛而饅頭].

정작 제갈량이 살았던 위진남북조(魏晉南北朝, 220~589) 시대의 공식적인 기록에는 이 내용이 없어 많은 학자들은 사실무근으로 받아들인다. 그런데 과연 제갈량 만터우설은 재미로 지어낸 소설이자 민간의 속설에 불과할까?

제갈량의 남만 정벌과 머리사냥 풍속

제갈량의 만터우 이야기의 무대인 남만(南蠻), 즉 남중(南中: 현재의 윈난성 일대) 지역에서 실제 반란이 일어난 것은 223년이었다. 제갈량이 진압에 나선 것은 225년 3월이었고, 반란을 평정하고 귀환한 것은 같은 해 12월이었다. 제갈량과 맹획(孟獲)의 칠종칠금(七縱七擒: 일곱 번 잡았다가 일곱 번 풀어줌) 이야기가 처음으로 등장하는 것은 《화양국지(華陽國志)》(355)*다. 하지만 《화양국지》에 만터우는 나오지 않는다.

14세기의 소설 《삼국지연의》에서 제갈량은 남중 정벌을 마치고 촉의 수도 성도(成都)로 귀환하던 중 노수(瀘水)의 험한 물살에 길이 막힌다. 칠종칠금의 주인공 맹획은 사람 머리 49개와 염소와 소를 바치면 무사히 강을 건널 수 있을 것이라 권하지만, 제갈량은 이를 거절했다. 당시의 남만은 지금의 윈난(雲南)성 일대다. 윈난성 일대는 공교롭게도 1957년까지 외지인을 잡아 머리를 잘라 신에게 바치는 '머리사냥'을 하던 와족(佤族)의 주거지다.

와족은 제갈량 시대에도 그곳에 살고 있었다. 와족은 주로 산간을 개간하여 화전 경작을 통한 밭벼농사를 짓고 살아가기 때문에 주식은 밭벼이고, 그 외에도 옥수수, 수수, 소홍미(小紅米)라고 하는 붉고 가느다란 쌀, 메밀 등을 먹는다.[26] 홍윤희 연세대학교 중어중문학과 교수는 와족의 머리사냥의 유래를 네 가지로 구분했는데, 그중에 홍수를 피하고 농사가 잘 되기를 비는 제사에 사람의 머리를 바치는 의식이 있다.[27] 이는 제갈공명의 만터우 고사와 상당한 유사성을 보여준다.

중국사회과학원 민족연구소(民族研究所)의 루어지지(罗之基)

* 중국 동진(東晉) 영화(永和) 11년(355)에 상거(常璩)가 편찬한 화양(華陽), 즉 파(巴), 촉(蜀), 한중(漢中)의 지리지다.

연구원은 〈와족 사회 역사와 문화(何族社会历史与文化)〉에서 제갈공명이 와족에게 사람 머리로 제사를 지내야 풍작이 온다고 속였다는 이야기*를 제시한다.[28] 그러나 제갈공명이 사람 머리 바치기 풍속을 와족에게 알려줬다는 루어지지의 주장을 그대로 믿기는 어렵다. 미얀마에 거주하는 와족에게는 인류 기원 신화에서부터 머리사냥과 관련된 내용이 등장하며, 와족을 비롯한 동남아시아 여러 부족에게 오래전부터 머리사냥 습속이 있었음을 고려할 때, 이것이 외부에서 전해진 습속이라고 보기는 어려울 듯하다. 또한 3세기경에 사람의 머리를 자르는 제사 풍습이 특수한 예에 속하는 것을 감안하면, 만터우 사람 머리 대체설이 와족 지역에서 생겨난 것을 우연으로 보기에는 어렵다.

만터우에 관한 초기 기록들에 의하면, 만터우는 제사용으로 사용되었다. 만터우에 관한 기록이 처음 등장하는 것은 서진 때 속석의 《병부》로, "설날 음양이 교차할 때 … 만두로 제사를 지낸다[三春之初, 陰陽交際, 寒氣既消, 溫不至熱, 於時享宴, 則曼頭宜設]."라고 나온다. 동진 때 노심(盧諶, 284~350)이 쓴 《제법(祭法)》에는 '봄 제사용으로 만두를 바친[春祠用曼頭]' 기록이 등장한다. 초기 만두에 관한 내용이 모두 제사와 관련된 것임을 감안하면, 제

---

* 공명이 지역에 왔는데, 카인(卡人: 와족)들이 곡물의 신을 찾았다. 공명이 곡식 씨앗을 쪄서 그들에게 주어 심어도 싹이 나지 않았다. 계속해서 거듭 청하니 공명이 인간의 머리로 제사 지내지 않으면 안 된다고 속여서 말했다. 이에 그 말을 따라 제사를 지내니, 그들에게 찌지 않은 곡물 씨앗을 주었고, 해가 지나자 풍작이었다. 이후 오래도록 이 의례를 지내게 되었다.

갈량의 만터우설을 소설로만 무시할 수는 없다. 기록들을 종합해보면, 대략 3세기경인 동한 말에서 삼국 시대에 걸쳐 만터우가 제사용 음식으로 시작되었음을 추정할 수 있다. 당시의 만터우는 비싼 밀가루로 피를 만들고, 고기소로 넣고, 최고의 기술인 발효 기술이 더해진 비싸고 귀한 음식이었다. 이런 음식을 제사에 올리는 것은 자연스러운 일이다.

제갈량의 남만 이민족 정복에 얽힌 이야기 속에서 사람 머리 대신 만터우를 올리는 것은 문명사회인 한족의 우월성을 암시한다. 사람 머리를 강에 던지는 자연을 믿는 토템 신앙의 원시적, 야만적, 비문명적 이민족인 와족과는 달리 조상과 중국의 신들에게 고하는 제사를 지내고 당시로서는 제분과 발효라는 최첨단 기술이 구현된 인간 머리를 대신한 만두 공양은 문명과 과학의 한족이라는 상징 체계로 쉽게 읽혀진다.

만터우 이전의 음식들

만터우는 중국식 분식의 정점이자 특징을 고스란히 간직한 음식이다. 중국식 조리법인 찌는 법과 발효 방식이 밀가루와 결합된 것이다. 따라서 만터우 이전에도 밀가루를 이용한 발효 음식이 있었다. 최초의 술 발효법을 적용한 이사와 주효면, 발기면 등이다.

발효 면식의 시작, 이사

만터우의 기원과 관련된 발효식품을 시대별로 꼽아보면, 서주(西周) 시대의 이사(酏食), 진·한 때의 주수병(酒溲餅), 증병(蒸餅), 오대(五代)의 면충(麵繭), 양송(兩宋) 시대의 취병(炊餅)을 들 수 있다.[29]

중국의 학자들은 발효시킨 만터우류의 시작으로 이(酏)나 이사(酏食)을 언급하는 경우가 많다. 하지만 고대의 음식은 문헌이 적고 조리법이 귀한 탓에 논란이 많은데, 이나 이사도 예외가 아니다. 초기에 이나 이사는 주로 죽을 의미했다. 주나라(BC 1046~771) 말기에서 진·한(秦漢, BC 221~AD 220) 시대까지 예에 관한 기록을 모은《예기(禮記)》'내칙(內則)' 편에는 이(酏)에 관한 기록이 5번 등장하는데 여기서는 '죽(粥)'을 가리키는 단어로 사용되었다. 내칙에 등장하는 전이(饘酏)는 푹 삶아 곡물의 형태가 사라진 된 죽을 말한다. 제사용품으로 "쌀가루를 쌀뜨물에 반죽해 이(酏)를 만든다[為稻粉糔溲之以為酏]."거나 "이사(酏食)는 쌀가루를 준

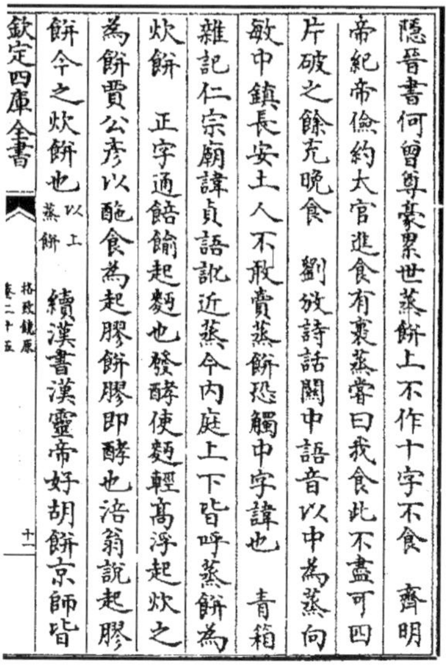
隱晉書何曾尊豪累世蒸餅上不作十字不食 齊明
帝紀帝儉約太官進食有裹蒸帝曰我食此不盡可四
片破之餘充晚食 劉攽詩話關中語音以中為蒸向
敏中鎮長安土人不敢賣蒸餅恐觸中字諱也 青箱
雜記仁宗廟諱貞語訛近蒸今內庭上下皆呼蒸餅為
炊餅 正字通餢飳起麪也發酵使麪輕高浮起炊之
為餅賈公彥以酏食為起膠餅膠即酵也浯翁說起膠
餅今之炊餅也 以上蒸餅 續漢書漢靈帝好胡餅京師皆
欽定四庫全書 格致鏡原 卷二十五 十二

그림 2-8《정자통》의 "이사(酏食)는 기교병(起膠餅)"

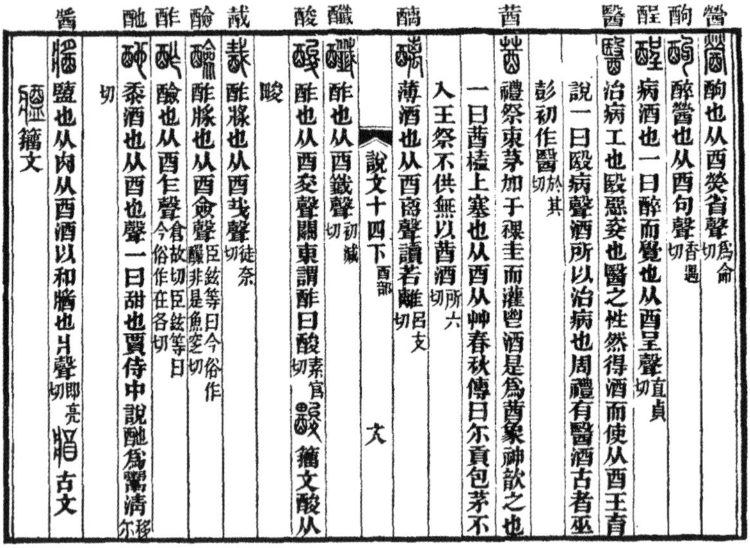
醟 酌也从酉熒省聲 為命切
酗 醉醟也从酉句聲 香遇切
酲 病酒也一曰醉而覺也从酉呈聲 直貞切
醫 治病工也殹惡姿也醫之性然得酒而使从酉王育說一曰殹病聲酒所以治病也周禮有醫酒古者巫彭初作醫 於其切
莤 禮祭束茅加于裸圭而灌鬯酒是為莤象神歆之也一曰莤榼上塞也从酉从艸春秋傳曰尔貢包茅不入王祭不供無以莤酒 所六切
醨 薄酒也从酉离聲讀若離 呂支切
說文十四下 酉部 文
䤘 酢也从酉韱聲 初減切
酸 酢也从酉夋聲關東謂酢曰酸 素官切 籀文酸从畯
酨 酢漿也从酉𢦏聲 徒奈切
醶 酢漿也从酉僉聲 臣鉉等曰今俗作釅非是魚窆切
酢 醶也从酉乍聲 倉故切 臣鉉等曰今俗作在各切
酏 黍酒也从酉也聲一曰甜也賈侍中說酏為䣼清 移尔切
醬 醢也从肉从酉酒以和醬也爿聲 即亮切 古文 籀文

그림 2-9《설문해자》 속의 이(酏)

비하여 반죽을 하고, '이리의 가슴속 비계'를 잘게 썰어서 쌀가루와 함께 넣어 죽을 만든 것이다[取稻米, 擧糔溲之, 小切狼臅膏, 以與稻米爲酏]."라고 나온다.

2세기 초엽에 허진(許愼)이 쓴《설문해자(說文解字)》에는 "이는 기장술이다. 음은 유(酉)를 따른다. 혹자는 첨(甜, 달다)이라 한다. 가시중(賈侍中)은 이로 맑은 죽을 만든다고 했다[酏: 黍酒也. 从酉也聲. 一曰甜也. 賈侍中說: 酏為鬻清]."면서, 이(酏)가 기장으로 쑨 죽임을 밝히고 있다.

당시 죽으로 쓰인 이(酏)가 만터우와 연결되는 것은, 이가 중국 발효 기술의 발달 과정에서 술에서 발효병으로 넘어오는 중간 과정의 역할을 하기 때문이다. 중국사회과학원의 음식학자 왕런샹 교수는 〈밀 전파에 의한 중국식 병식 기술의 유래(由汉式饼食技术传统的建立看小麦的传播)〉에서 술의 양조법이 면 요리의 발효에 적용되었다고 주장한다.[30]

고대 발효 기술은 처음에는 양조에 쓰였는데, 발효 기술이 증병에 사용된 이후에 이 방식은 증병 스타일의 면식 제작에 환영받았고 면류의 보급도 더 잘됐다. 정사농(鄭司農)이 주(注)를 단 《주례》 해인(醢人) 편에 나오는 이사(酏食)는 술죽으로 만든 병(餅)이다. 당대의 가공언(賈公彦)은 "주이[술죽]로 병을 만드는데 오늘날의 기교병이다[以酒酏为饼, 若今之起胶饼]."라고 했다. 기교병(起胶餅)의 교(胶)자는 교(教)로도 쓰는데, 발효라는 뜻이다. 이사는 죽을 뜻하기도 했지만 동시에 죽의 효모를 이용한 발면병(發麪餅)의 일종으로, 이는 아마도 발효 기술이 밀가루 음식에 최초로 응용된 것일 것이다.

이사는 발효된 효소가 가득한 상태의 진득한 액체로, 밀반죽에 넣어 발효의 촉진제로 사용되었다. 이사와 발효병, 면기병은 다 발효된 상태를 가리키는 이름이다. 이사라는 단어는 앞에서 이야기한 대로 죽이나 알코올 발효가 처음 일어난 밑술 형태를 가리키는 경우가 많았지만, 드물게 발효병의 의미로 쓰인 경우도 있었다. 청나라(1710~16) 때의 《강희자전(康熙字典)》에는 "정사농(鄭司農)*이 말하길 이사는 밑술로 만든 병이다."**라고 나온다.

서방에서 온 분식

밀과 밀가루로 만든 음식은 서방에서 들어온 것이다. 서방의 다양한 분식들은 중국에 전해지면서 밀가루를 이용한 분식인 만터우 탄생의 중요한 바탕이 된다. 서방에서 전해진 호병과 소를 넣은 필라 같은 음식이 그 예다. 중국식 밀가루 분식을 칭하는 병(餠)이라는 말은 중국식 분식의 완전한 탄생을 알리는 상징이다.

서역의 면식, 중국의 호병이 되다

1) 호병의 중국 전래

밀가루의 전래와 함께 서방의 빵 문화가 유입된 것은 너무나 당연한 일이다. 한나라 때 서역 각 종족의 음식 풍습이 중원에 전해졌는데, 이를 호식(胡食)이라고 한다. 호(胡)는 멀거나[遠], 크다[大]는 뜻이다. 정현은 《의례》의 '사관례(士冠禮)'에서 "호는 멀다는 뜻이다[胡, 猶遐也, 遠也]."라고 했다.[31] 원래 호(胡)란 북방의 이민족을 지칭했지만 한나라 때는 서역의 이민족으로 의미가

---

* (앞쪽) 동한(東漢) 시대의 유학자인 정중(鄭衆)을 가리킨다. 대사농(大司農) 벼슬을 하였으므로 정사농(鄭司農)이라 한다.
** (앞쪽) 鄭司農云: 酏食, 以酒酏爲餠. [註] 酏, 當讀如餈. 餈, 稻餠也. 炊米擣之, 以豆爲粉, 糁餈上也.

변했다. 동한의 제12대 황제 영
제(靈帝, 재위 168~189)는 서역
의 문화를 좋아했다. 서진(西晉)
때 사마표(司馬彪, ?~306?)가 동
한의 역사를 기록한 《속한서(續
漢書)》 오행지(五行志)에는 "영제
는 호복, 호장, 호상, 호좌, 호반,
호공후[하프와 비슷한 중국 현악

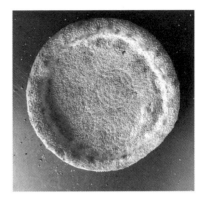

그림 2-10 우루무치의 낭은 고대 호병이다.

기], 호적, 호무를 좋아해 수도
의 귀족들이 다투어 이것들을
즐겼다[好胡服, 胡帳, 胡床, 胡坐, 胡飯, 胡箜篌, 胡笛, 胡舞, 京都貴戚皆
競爲之]."라고 나온다. 이것은 호병에 관한 최초의 기록이다.

호병은 서역이나 더 먼 중앙아시아에서 전래되는 일종의 불
에 구운 편평류 면식(扁平類麵食)에 대한 한족의 호칭이다. 호병
은 한대에 중원으로 전해진 이후 사람들이 좋아하는 음식이 되
었다. 호병은 "두 장의 병을 합쳐서 크게 만들어 굽고 그 위에
호마(胡麻: 깨)를 위에 뿌린 것이다[胡饼, 作之大漫沍, 亦以胡麻著上
也]." '가장자리를 합쳐서 크게 만든다'는 뜻의 대만와(大漫沍)는
호병에 대한 설명인데, 이에 대해 정현은 《주례정주》 '천관(天官)'
에서 "와물(互物)은 딱딱한 껍데기를 가지고 있는 물고기와 자
라다. 바깥 가장자리를 합친 모양인데, 호병이 이와 유사하기 때
문에 이름으로 지었다[互物谓有甲满胡龟鳖之属, 则荫胡乃外甲两面周
围蒙合之状, 胡饼之形似之, 故取名也]."라고 풀었다. 만와 앞에 붙은

대(大)는 큰 원형의 병인 호병의 성격을 규명하는 데 중요한 의미를 가지는데, 호병이 중동의 난, 인도의 난, 우루무치의 낭과 같은 둥근 빵 형태의 커다란 음식임을 알려준다. 자오룽광 교수는 《제민요술》에 나오는 수병(髓餠)이 호병을 이름만 다르게 부르는 것이라고 주장한다.[32] 송(宋)나라 태종(太宗)의 칙명으로 977년에 편집된 설화집 《태평광기(太平廣記)》 장한광(張閑光) 조에 "만두는 사발과 같고, 호병은 삿갓과 같다[饅頭似碗, 胡餠如笠]."라고 했는데, 만두보다 호병이 월등히 큰 것임을 알 수 있다.

호병을 마병(麻餠)으로 부르기도 했다. 진나라(266~420) 육홰(陸翽)가 지은 《업중기(鄴中記)》에는 "5호16국 시대 후조(後趙)의 황제 석륵(石勒)*이 호(胡)자를 싫어해 호자가 들어간 이름을 모두 바꿨는데 호병은 마병(麻餠)이라 했다[石勒 諱胡, 胡物皆改名, 名胡餠曰麻餠, 胡荽曰香荽]."고 되어 있다. 석륵은 자신이 호인이었기 때문에 호병이라는 이름을 싫어한 것이다. 호병을 마병이라고 한 이유는 또 있다. 당시 호병의 특징으로 병 위에 깨[麻]를 뿌려 먹는 경우가 많았기 때문이다. 지금도 신장 지역 우루무치나 투르판(吐鲁番)의 위구르족은 깨를 뿌린 낭(饟)을 주식으로 먹는다.

2) 서역과 중국의 경계, 둔황의 호병
둔황(敦煌)은 중국의 끝이자 서역의 문화가 중국으로 들어

---

* 후조 고조(高祖), 274~333. 흉노족의 하나인 갈종(羯種)의 추장 아들로 태어나 후조를 세웠다.

오는 시작점이다. 둔황은 한무제 때 중국에 편입되었다. 둔황에서 발견된 〈둔황문서(敦煌文書)〉는 당시의 역사·문화를 생생하게 전해주는 내용들로 가득하다. 음식에 관한 내용도 많은데, 당연히 호병에 관한 기록도 있다. 〈둔황문서〉 p4693호에 의하면 밀가루 4두(斗)로 호병 80매를 만들었다. 이렇게 하면 호병 하나의 무게가 1승(升: 190그램)이 되므로, 당시의 호병이 상당히 큰 것임을 알 수

그림 2-11 둔황 막고굴 236굴의 벽화. 절에서의 공양에 호병과 증병이 나온다.

있다.* 실제로 당나라 때의 호병은 지금 신장에서 유행하는 낭과 비슷하다. 1969년 신장 투르판 지역 당나라 묘에서 지름 19.5cm의 낭과 유사한 식품이 출토되었다. 이것이 당대 호병의 실물이다.

호병은 만드는 방식에 따라서 굽는 것뿐만 아니라 찐 것[蒸胡餅], 기름에 지진 것[油煎胡餅], 솥에 구운 것[鍋烙胡餅], 화로에 구

---

* 〈둔황문서〉 p4693호 《付面造饼等物名册》 1.頭陰住奴 張殘兒 張保定 李阡口 付面五斗造胡餅一百枚, 2.又頭張保住 宋善子 陰再定 付面四門造胡餅八十枚. 頭는 단두(團頭), 餅은 병(餅)이다.

운 것[炉烤胡餅] 등으로 나누고[33] 크기에 따라 대호병(大胡餅), 보통호병(普通胡餅), 소호병(小胡餅)으로 구분하기도 한다. 호병은 실크로드 동서 교역의 길목인 둔황의 사원장부에 나오는데, 대호병은 1매에 6합(合: 약 115그램) 이상의 면을 사용하고, 보통호병은 5합의 면을, 소호병은 2.5합의 면을 이용해 만들었다. 둔황의 기록에 가장 많이 등장하는 호병의 무게는 개당 반승(半升: 약 95그램)이다.[34]

당시 사원 주변에서 호병을 파는 가게에 관한 기록들이 몇 개 남아 있을 정도로 둔황에서는 호병이 일반적인 음식이었다.[35] 호병은 만들기 쉽고 휴대하기 편리하며, 오래 지나도 상하지 않아 상업 여행자에게 최적의 음식이었다. 장건(張騫, ?~BC 114)에 의해 서역이 열린 후 상업 무역 활동이 빈번해졌고, 호병은 중원에 점점 보급되어 흔히 볼 수 있는 음식의 하나가 되었다. 호병이라는 명칭은 한대부터 5대를 거쳐 송대까지 중원에서 유행했다.

3) 호병의 풍경

왕런샹은 《중국음식문화사》에서 호병이 인기를 누렸던 주요 이유를 그 맛이 전통적인 증병보다 좋았기 때문이라고 설명한다. 특히 발효를 거치지 않은 증병은 호병의 독특한 맛을 이길 수 없었다는 것이다. 발효를 거치지 않은 증병은 납작하며 호병과 달리 굽지도 깨를 치지도 않는다. 이스라엘의 발효되지 않은 무교병과 같은 음식으로, 자체로는 큰 맛을 내지 못하고 고기나 채소, 소스를 곁들여야 한다.

동한에서 위진남북조까지, 호병은 줄곧 대중적인 분식이었다. 당나라 때 쓰인 《입당구법순례행기(入唐求法巡禮行記)》 841년 1월 6일(음력)자에는 "입춘이다. 천자가 호병을 절에 하사하였다. 죽을 먹을 때 호병을 나누어 주었다. 민가에서도 모두 그렇게 한다[立春節, 賜胡餅寺, 粥時行胡餅, 俗家皆然]."라고 나와, 당시에 민가에서 죽과 호병을 같이 먹었음을 알 수 있다.

이 때문에 당시 문헌에는 호병 제조와 판매에 관한 기록이 많다.[36] 당나라 기전소설집 《원화기(原化記)》에는 "과거에 급제한 사람은 수도에 있고 이웃에는 병을 파는 호인이 있다[有擧人在京城成, 鄰居有鬻餅胡]."라고 나온다. 당나라 수도 장안(長安)에서는 제과점에서 만든 호병이 매우 유명하여 수도에 거주하는 사람들이 즐겨 먹었을 뿐만 아니라 많은 외지인들도 즐겨 먹었으며, 심지어 외지인들이 연 호병 가게도 있었고 장안의 호병 만드는 방법을 모방하기도 했다는 것이다.[37] 당나라 시인 백거이(白居易, 772~846)도 〈만주에서 양씨에게 호병을 주다[寄胡餅与楊萬州]〉라는 시에서 "호마병을 경도(京都: 장안)에서 배워, 고소하고 기름 향기로운 빵이 화로에서 방금 나오네[胡麻餅样学 京都, 面脆油香新出炉]"라고 했는데, 이 정도로 장안성에 호병이 크게 유행했다.

제작 방식이 바뀐 것인지, 증병의 이름을 잘못 붙인 것인지 확실하지는 않지만, 호병을 만두처럼 증기에 쪄 먹었다는 기록도 있다. 당나라 사람 위현(韋絢, 796~?)이 쓴 필기소설집 《빈객가화록(賓客嘉話錄)》에는 "유복사(劉僕射)가 새벽에 다섯 번 북이 울리자 궁에 들어가는데 도중에 찐 호병을 파는 곳을 보았고, 뜨

거운 김이 하늘로 올라가는 호병을 사람을 시켜 샀다[劉僕射晏, 五
鼓入朝, 時寒, 中路見買蒸胡餅之處, 熱氣騰上, 使人買之, 以袍袖包裙帽底
啖之].”라는 문장이 있다. 당대 시인 피일휴(皮日休, 838?~883?)도
〈초여름에 일을 보고 노망에게 부치다(初夏即事寄魯望)〉이라는 시
에서 “호병은 쪄서 익었고 맥족의 쟁반은 들어보니 가볍네.”라고
했다.

당대에 성행하던 호병은 북방 민족의 침입에 계속 시달린 송
대에 이름이 급속히 사라졌다. 특히 금에 의해 북송이 멸망한 뒤
에 세워진 남송대에는 노병(爐餅: 화로에 굽는 병), 소병(燒餅: 굽는
병)이 호병의 조리법을 계승한다.[38]

소가 있는 서방 음식의 대표 주자, 필라

호병 외에도 호식이 있었는데, 필라(饆饠)와 부투(餢飳)가 대
표적이다. 이 중 필라는 소가 들어간 대표적인 서역 전래 음식
이다. ‘필라’라는 말은 페르시아어의 음역이라는 것이 학계의 정
설이다. 필라는 속 재료를 넣은 일종의 함병(餡餅), 즉 소를 넣은
음식이다.[39] 필라에 관한 기록은 남조 양나라 학자 고야왕(顧野
王, 519~581)이 쓴 《옥편(玉篇)》 ‘식부(食部)’에 “라는 필라다. 병에
속한다[饠, 饆饠, 餅属].”라고 한 것이 최초다. 명나라 장자열이 펴
낸 《정자통》 ‘주해(注解)’에는 “필라는 밀가루로 만든다. 안에 소
가 있다[饆饠, 用麵爲之, 中有餡].”라고 나온다.

그런데 필라가 밥이냐 분식이냐를 놓고 중국 학계에서 논쟁이

있다. 둔황 전문가 씨앙다(向达, 1900~66)는《당대 장안과 서역 문명(唐代長安與西域文明)》(1956)이라는 저서에서 "필라는 파파(波波), 마마(磨磨)가 아니다. 중앙아시아, 인도, 신장의 이슬람교도들이 먹는 밥인 즈판(抓飯)이다."라고 주장했다. 씨앙다는 그 근거로 인도어로 고기 넣은 밥을 뜻하는 pilau, piro, pilaf와 필라의 발음이 비슷하며 영국의 율(H. Yule)과 부르넬(A. C. Burnell)이 지은 영국 식민지 용어 사전인《홉슨-좁슨(Hobson-Jobson)》에서 "필라(饆饠)는 아랍어 필래프(pilaf)의 역음이다."라고 정의한 것을 들었다. 중국사회과학원 언어연구소(语言研究所) 저우레이(周磊)는 〈필라와 기타 해석(释饆饠及其他)〉이라는 논문에서 필라는 위구르어 polo의 음역인데 지금의 신장 중국어 방언으로 즈판(抓饭)을 말한다고 주장했다.[40] 이런 주장의 근거는 발음이 같은 계통이기 것이다.

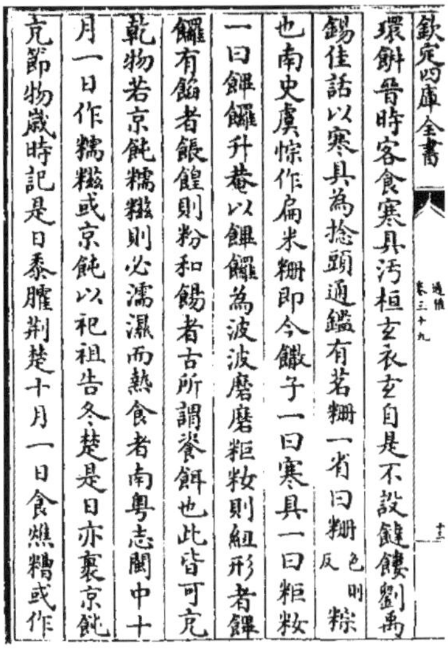
欽定四庫全書

通雅 卷三十九

十三

環餅晉時客食寒具汚桓玄衣玄自是不設餲餿劉禹

錫佳話以寒具為捻頭通鑑有茗糊一省曰糊色叫反糉

也南史虞悰作扁米糊即今饊子一曰寒具一曰粔籹

一曰饆饠升菴以饆饠為波波磨磨粔籹則細形者饆

饠有餡者餦餭則粉和餳者古所謂餈餅也此皆可充

乾物若京飩糯糍則必濡濕而熱食者南粵志閩中十

月一日作糯糍或京飩以祀祖告冬楚是日亦裹京飩

充節物歲時記是日黍臛荊楚十月一日食燋糟或作

그림 2-12《통아(通雅)》에 나오는 필라(饆饠)에 관한 기록

하지만 언어학적 공통성만을 가지고 필라가 밥이라고 결론을 내는 데는 무리가 있어 보인다. 상하이사범대학 고적연구소의 주루이씨(朱瑞熙) 교수는 〈중국 고대의 필라(中国古代的饆饠)〉라는 논문에서 역사 자료를 제시하면서, 필라는 즈판 같은 밥이 아닌

일종의 면식(麵食)이라고 주장한다.[41] 그 근거 자료의 하나가 당나라 유순(劉恂)의 《영표록이(嶺表錄異)》인데, 거기에 면으로 음식을 싼 교자 형태의 필라 조리법이 나온다.

붉은 암게의 껍데기 안에 있는 황적색의 내장기름은 닭과 오리의 내장과 같아 보이고 하얀 살은 돼지비계와 비슷하다. 껍데기 중에 있는 노란 게의 내장을 뿌려 오미를 내고 섬세한 면으로 싼 것을 필라라 한다. 진기한 맛이 뛰어나다[赤蟹, 母殼內黃赤膏如雞鴨子黃, 肉白如豕膏, 實其殼中, 以蟹黃淋以五味, 蒙以細麥, 爲饆饠, 珍美可尙].

송대에 편찬된 《태평광기》는 당나라 문종(文宗, 재위 826~840) 때의 기록인 《노씨잡설(盧氏雜說)》을 인용해 "한림학사가 매번 음식을 대접받을 때마다 필라가 있다. 굵고 맛과 향이 좋다[翰林學士每遇賜食, 有物若畢羅, 形粗大, 滋味香美]."라고 했다. 원대의 《거가필용사류전집(居家必用事類全集)》에는 수정필라(水晶饆饠), 필라각아(饆饠角兒)가 나오는데, 여러 종류의 필라의 제조에서 밀가루는 필수품이며 모두 피를 얇게 밀어 소를 감싸고 있어 쌀과는 연관이 없으며, 만터우처럼 소가 있는 음식이다.

여러 가지 복잡한 이견들이 존재하지만, 필라는 이슬람교도의 음식인 필래프가 중국에서 음차되면서 필라(饆饠)로 기록된 것이다. 필라는 오랫동안 중국인이 사랑한, 소가 있는 구운 음식이었다. 필라는 만주족에게 전해지면서 보보(餑餑 bōbō), 모모(饝饝 mómó)로 이어진다. 중국 학계의 첨예한 논쟁이 있었지만 필라는

'여러 가지 소를 넣은 비교적 큰 음식'이라는 데 대체적인 합의를 보고 있다.[42]

당대 단성식(段成式)의 《유양잡조》 주식(酒食) 편에는 앵두필라(櫻桃饆饠)가 나오고, 역시 당대 위거원(韋巨源)이 쓴 《소미연식단(燒尾宴食單)》에는 천화채(天花菜)를 넣은 천화필라(天花饆饠)가 나온다. 남송대 오자목의 《몽량록》에는 태평필라(太平饆饠), 북송대의 《태평성혜방(太平聖惠方)》 식치(食治) 편에는 밀가루로 피를 만들고 여러 재료를 넣어 구운 저간필라(猪肝饆饠), 양신필라(羊腎饆饠), 양간필라(羊肝饆饠) 등이 나오지만 근대 이후에는 필라의 이름은 사라져 나오지 않는다.[43] 청나라 사람 도원지(姚元之, 1776~1852)가 쓴 《죽엽정잡기(竹葉亭雜記)》에는 "발발(餑餑, 중국어 발음 보보bōbō)은 옛날의 필라(饆饠)다. 지금 수도에서는 발발이라 한다. 신년에 물에 끓인 것을 남쪽 사람들은 교자(餃子)라 하는데 (북방 사람들은) 자발발(煮餑餑)이라 부른다."[44]고 하여 그 흔적이 남아 있다.

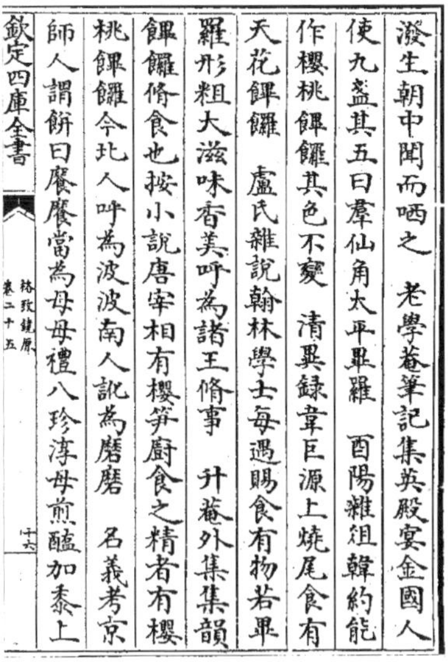
潑生朝中聞而哂之 老學菴筆記集英殿宴金國人
使九盞其五曰羣仙角太平畢羅 酉陽雜俎韓約能
作櫻桃饆饠其色不變 清異録韋巨源上燒尾食有
天花饆饠 盧氏雜說翰林學士每遇賜食有物若畢
羅形粗大滋味香美呼為諸王修事 升菴外集集韻
饆饠脩食也按小說唐宰相有櫻笋廚食之精者有櫻
桃饆饠今北人呼為波波南人訛為磨磨 名義考京
師人謂餅曰餥餥當為毋毋禮八珍淳毋煎醢加黍上
欽定四庫全書 格致鏡原 卷二十五

그림 2-13 《유양잡조》 주식 편에 나오는 앵두필라(櫻桃饆饠)

필라는 밀가루에 다양한 소를 넣고 구워 먹는 서역의 음식으로, 중국에 들어와 중국의 소가 들어간 면식인 자오쯔나 빠오즈,

만터우에 영향을 주었다. 송대 이후 중국의 면식이 구워 먹는 것에서 찌거나 물에 삶는 것으로 발달하면서 필라의 제작 방식이 바뀌고 분식의 총칭인 발발(餺餺, 보보)에 흡수되면서 이름이 사라진 것을 알 수 있다.

또 다른 발효병들

북제(北齊, 591~619)때 사풍(謝諷)이 쓴 《식경(食經)》에 기록된 50여 종의 요리 중 만두와 증병은 없다. 하지만 《식경》에는 발효병인 바라문경고면(婆羅門輕高麵)이 나온다. 당나라 위거원의 《식보(食譜)》에도 경고면(輕高麵)이 등장한다. 바라문경고면은 농병(籠餅), 만두와 같이 발효로 부풀어 오른 음식이다. 명말청초의 학자 장자열이 쓴 《정자통》에는 "기면(起麵)은 발효시켜 면을 높게 부풀어 오르게 한다[起麵也, 發酵使麵輕高浮起, 炊之爲餅]."고 나온다. 경고면이나 기면 모두 이름에서 알 수 있듯이 부풀거나[起], 높이 솟아오른[高] 발효병을 의미한다. 바라문경고면이 정확히 어떤 면인지에 관해서는 의견이 분분하지만, 바라문(婆羅門)은 인도의 최상위 계급인 브라만(brāhmaṇa)의 음차가 분명하므로 인도에서 불교와 함께 건너온 음식으로 추정할 수 있다. 또 뒤의 경고면의 경(輕)자와 고(高)자에서 부풀어 올라 높게 솟고 가벼운 만터우류의 음식으로 추측할 수 있다.

북송 때 관리인 도곡(陶谷, 903~970)이 지은 《청이록》 찬수문(饌羞門) 편에는 당나라 덕종(德宗, 재위 779~805) 때 "조종(趙宗)

이 한림학자로 있을 때 소문을 들었다. '오늘 아침은 옥첨면(玉尖麵)을 올렸다. 곰(발바닥)을 삭이고 사슴고기를 많이 넣어 소를 만들었는데 황제가 매우 즐긴 후 만드는 방법을 물었다. 그래서 출첨만두(出尖饅頭)라고 한다'고 했다[趙宗儒在翰林時, 聞中使言: '今日早饌玉尖面, 用消熊, 棧鹿爲內餡, 上甚嗜之.' 問其形制, 蓋人間出尖饅頭也]."고 나온다. 첨(尖)자에서 알 수 있듯, 옥첨면은 발효로 부풀어 오른 만터우

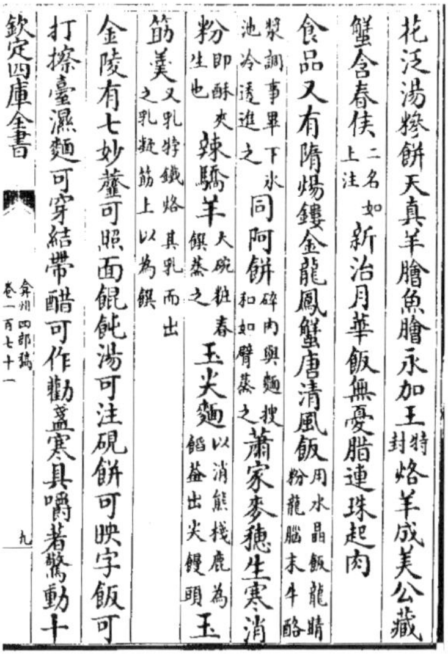
花泛湯糝餅天真羊膾魚膾永加王特封烙羊成美公藏
蟹含春侯二名如上注新治月華飯無憂腊連珠起肉
食品又有隋煬鏤金龍鳳蟹唐清風飯用水晶飯龍睛粉龍腦末牛酪
漿調事畢下水池冷透進之同阿餅碎肉與麵搜和如臂蒸之蕭家麥穗生寒消
粉即酥夾生也辣驕羊大碗粗春餜蒸之玉尖麵以消熊棧鹿為餡蒸出尖饅頭玉
筋羹又乳犍鐵烙其乳而出之乳凝筋上以為餜
金陵有七妙虀可照面餛飩湯可注硯餅可映字飯可
打擦臺濕麵可穿結帶醋可作勸盞寒具嚼著驚動十
欽定四庫全書 弇州四部稿 卷一百七十一 九

그림 2-14 《감주사부고(弇州四部稿)》에 기록된 옥첨면(玉尖麵)

류이고, 출첨만두 또한 발효로 솟아 오른 형태다. 당시의 만터우류는 제작 방식[증蒸, 농籠]이나 모양[기起, 고高, 첨尖]에 따라 이름을 붙였음을 알 수 있다.

오대 최후의 왕조 후주(後周, 951~960) 시대 이후 나타난 발효병 중에 면견(麵繭)이라는 것도 있었다. 왕인유(王仁裕, 880~956)는 《개원천보유사(開元天寶遺事)》 탐관(探官) 편에서 "수도에서는 정월 대보름날마다 면견을 만들고 관리들에게 초대장을 보낸다. 지위고하를 막론하고 점을 치고 혹은 술자리에서 내기를 하고 웃으며 즐긴다[都中每至正月十五日, 造麪繭, 以官位帖子, 卜官位高下, 或賭筵宴, 以为戲笑]."라고 했다. 송나라 진원정(陳元靚)의 《세시광기(歲

時廣記)》'인일 조면견(人日 造麵䴇)' 조에는 "음력 정월 초이렛날. 수도의 귀한 집안에서는 면견을 만든다. 고기나 채소로 소를 만들고 두꺼운 만두나 준함(餕餡)을 만든다. 관견(官䴇)이라 부른다 [人日京都貴家造麳䴇, 以肉或素餡, 其實厚皮饅頭餕餡也. 名曰探官䴇]." 라고 나온다. 면(麵)자 뒤에 붙는 繭(고치 견), 䴇(고치 견)이라는 단어에서 알 수 있듯, 누에를 닮은 발효병임을 알 수 있다. 정월 15일이나 2월 2일(음력)에 면견을 만드는 것은 풍년과 풍요를 바라는 사람들의 기원에서 시작된 것이다.

발효병 만터우의 생성과 발전

서방에서 밀이 전래된 후 밀은 중국화 과정을 거친다. 밀과 중국의 전통적인 음식 문화의 결합은 만터우(만두)라는 중국 고유의 음식 문화를 탄생시킨다. 조나 쌀을 쪄서 먹는 중국인의 곡물 조리 방식과 술에서 시작된 발효 기술에, 소를 넣는 서역의 음식 필라를 응용하면서 소가 들어간 발효 음식 만두를 만들어낸 것이다. 그러나 만터우는 고대에는 다양한 이름으로 불렸다. 동한 시기에는 술로 발효시킨 면식이라는 의미의 주수병(酒溲餅)이나 면기병(麵起餅)으로 불렀다. 이후에는 발효 방법과 발효 후의 모습에 따라 증병(蒸餠), 농병(籠餠), 취병(炊餠), 포자(包子) 등으로 분화·발전했다. 소가 있는 것에서 소가 없는 것으로 변화하며 청나라 후기의 만두는 소가 없는 것이 되었고, 소를 중심으로 시작된 포자(包子)가 소가 있는 면식의 대명사가 된다.

발효를 이용한 병류, 면기병과 증병

동한(東漢, 25~220) 시기에 술로 발효한 병인 주수병(酒溲餠)이 있었다. 최식이 쓴 《사민월령》 '6월' 항에 기술되어 있는 주수병*은 밀가루 반죽피를 술로 발효시켜 찐 음식이다. 앞서 언급한 것처럼, 발효한 병을 가리키는 면기병(麵起餠)도 있었다. 남북조 시대(420~589)에 남조 양(梁)나라 소자현은 《남제서》에 "서진(西晋) 영명(永明) 9년(299)에 황실의 종묘 제사용 의례에 면기병을 사용했다[朝廷規定太廟祭祀時用'麵起餠']."라고 적었다.

이름에서 알 수 있듯이 면기병은 발효로 부풀어 오른 밀가루 반죽에 소가 없는 음식으로, 오늘날의 만터우다. 송대의 정대창은 《연번로》에서 면기병에 대해 "효모를 넣으면 부드러워진다[入教酵面中令松松然也]."고 설명했다. 면기병이 중국 최초의 만터우다.

진한(秦漢) 때 형성된 면식 문화는 위진남북조 때 밀가루 음식의 발효 기술이 더욱 성숙해지면서 밀가루 음식의 종류가 다양해진다.[45]

---

*《四民月令》 "五月距立秋, 無食煮餅及水溲餅. 夏月飲水時, 此二餅得水即冷堅不消, 不幸便為食作傷寒矣. 以餅置水中則滲, 惟酒溲之, 入則門東也."

증병의 등장

춘추전국 시대를 거치면서 면 요리는 보통 점심으로 먹는 일상 음식이 된다. 증병이라는 말은 동한 말기의 훈고학자 유희(劉熙)의 《석명(釋名)》 '음식(飲食)' 편에 "병은 합하는 것이다. 밀가루를 반죽해서 합치는 것이다. 증병(蒸餅), 탕병(湯餅), 갈병(滑餅), 수병(髓餅), 금병(金餅), 삭병(索餅) 모두 형태에 따라 이름을 지었다[餅, 幷也, 溲麵使合幷也蒸餅, 湯餅, 滑餅, 髓餅, 金餅, 索餅之屬皆隨形而名之也]."라는 설명으로 처음 등장한다. 다양한 병의 이름에서 알 수 있듯이, 면 요리의 형태와 조리법이 다양해졌다. 송나라 황조영은 《상소잡기》 탕병(湯餅) 편에서 "면(麵)은 병(餅)으로 부른다. 불로 굽는 것은 소병(燒餅), 물로 끓이는 것은 탕병(湯餅), 찜통에 찌는 것은 증병(蒸餅)이라 한다."고 했다. 국물이 있는 면류와 국물 없이 쪄 먹는 면식인 증병류가 이렇게 중국인들의 일상식으로 자리를 잡게 되는 것이다.

찌는 것은 중국음식 조리의 가장 오랜 방식이다. 신석기 시대의 토기 중 찜 그릇이 다수 발견될 정도로 중국에서 찌는 요리법은 매우 오랜 역사를 가지고 있다. 밀가루를 반죽해 발효시킨 후 쪄 먹는 본격적인 음식은 증병과 농병이다. 증병은 오늘날의 소 없는 중국 만터우고, 농병은 소를 넣은 빠오즈(包子)다. 리유푸우삥(刘朴兵)은 화중사범대 역사문화학원(华中师范大学历史文化学院) 박사학위논문 《당송음식문화비교연구(唐宋飲食文化比较研究)》에서 이를 명확히 밝히고 있다.[46]

당대에는 쪄서 먹는 면식에 소가 있는 것과 없는 것 두 가지가 있었다. 소가 없는 것은 증병으로 오늘날 만터우다. 증병은 모양이 높게 솟은 원형[高裝圓形]이었다. 소가 있는 것은 농병으로 불렸다. 오늘날의 두꺼운 발효 피에 고기를 소로 넣은 빠오즈(包子)다.

송나라 장사달(張師達)이 쓴 《권유잡록(倦游雜錄)》에는 "당나라 사람들은 만두를 증병으로 부른다[唐人呼饅頭爲籠餅]."고 나오는데, 증병은 만두와 오랫동안 공존했다. 이 당시 만두는 소를 넣는 음식이었다. 만두는 소를 싸서 먹는 것에, 증병과 농병은 쪄서 먹는 방식에 중점을 둔 이름이다. 당시 증병은 소가 없는 것, 농병은 소가 있는 것으로 구분했다. 당송대가 되면 증병은 서민들에서 귀족들까지 먹는 인기 음식이자 일상의 먹을거리로 발전한다. 당나라 학자 장작(張鷟, 660?~740?)이 지은 소설집 《조야첨재(朝野僉載)》 4권에는 당시 증병이 일상적으로 먹던 음식임을 알 수 있는 내용이 나온다.

주장형(周張衡)은 금사(令史: 관리) 출신이다. 품계가 4품인데 1품을 더해 3품이 되었다. 일을 마치고 퇴근하면서 길가에서 증병이 새로 익어가는 것을 보고, 하나를 시장에서 사서 말에서 먹었는데 어사가 이를 탄핵하자 황제가 받아들여 3품이 불허되었다[周張衡, 令史出生, 位至四品, 加一階, 合入三品, 已團甲, 因退朝, 路旁見蒸餅新熟, 遂市其一, 馬上食之, 被御史彈奏, 則天降敕: 流外出生, 不許入三品].

이외에도 "당나라 수도 장안에 추낙타(鄒駱駝)로 불리는 사람이 있다. 장안에서 증병을 팔아 큰돈을 벌었다[長安有一叫鄒駱駝的人, 在長安勝業坊賣蒸餅發財]."는 구절도 있다. 증병으로 큰돈을 벌 만큼 당시 증병의 대중적 인기가 대단했음을 짐작할 수 있고 추낙타(鄒駱駝)라는 이름으로 보아 서역과 관계가 있는 인물임을 추정할 수 있다.

중국 송나라의 고승이 편찬한 《사물기원》 증병(蒸餅) 조에는 다음과 같이 증병의 기원이 적혀 있다.

> 진나라·한나라로부터 오늘에 이르기까지 세간에서 먹는 음식으로는 당초 병(餅: 한족의 떡), 호병(胡餅: 호족의 떡), 증병(蒸餅: 만두 모양의 찐 떡), 탕병(湯餅: 국수)의 네 가지 제품이 있었다. 그중 오직 증병만은 진나라 하증((何曾, 199~278)*이 먹었던 것으로, 열십자를 그어서 터뜨리지 않으면 젓가락을 대지 않았다는 대목에 이르러 비로소 여기서 한 번 출현한다. 이로써 미루어보건대 (증병은) 한나라와 (삼국) 위나라 이후에 출현한 것이 분명하다[秦汉逮今, 世所食, 初有餅, 胡餅, 蒸餅, 湯餅之四品. 惟蒸饼至晋何曾所食, 非作十字坼, 则不下箸, 方一见于此. 以是推之, 当出之汉魏以来也].

《사물기원》의 증병에 관한 기록 중 "한나라와 (삼국) 위나라

* 중국 진(晉)나라 무제(武帝) 때의 재상.

이후에 출현한 것이 분명"하다는 구절은 동한 말기 기록인 《석명》의 증병(蒸餠) 기록을 보지 못한 것으로 보이는 틀린 설명이다. 고승이 설명한 증병은 "위에 십자 모양을 내지 않으면 먹지 않는다[蒸餠上不拆作十字不食]."는 것으로 보아 발효시킨 병임을 알 수 있다. 고대에는 발효 제어 기술의 부족으로 병(餠)이 부풀어 오르는 것을 제어하기 위해 위에 미리 십자로 균열을 내는 경우가 많았다. 송나라 미불(米芾, 1051~1107)의 《해악명언(海岳名言)》에는 "증병의 모양은 저울추와 같다[今有石本, 得視之, 乃是勾勒, 倒妝筆峯, 筆筆如蒸餠]."고 나오는데, 《몽량록》에서도 "저울추와 같다[即蒸餠形如秤錘]."고 나와, 송대 증병의 모습이 저울추처럼 부풀어 오른 발효병임을 말해주고 있다. 당나라 때 책인 《유양잡조》의 지낙고(支諾皋)에는 당 경종(敬宗) 2년(826)에 명경범(明經范)이 산속에서 공부하다가 주방에서 위태롭게 쌓아 올린[危累] 괴이한 모습의 증병 다섯 개를 보았다[明經範璋在山中讀書遇怪, 見廚房 地上危累蒸餠五枚]고 쓰여 있는데, 위(危)자는 증병의 모양이 둥글고 위로 높이 솟았다는 것을 말해준다.

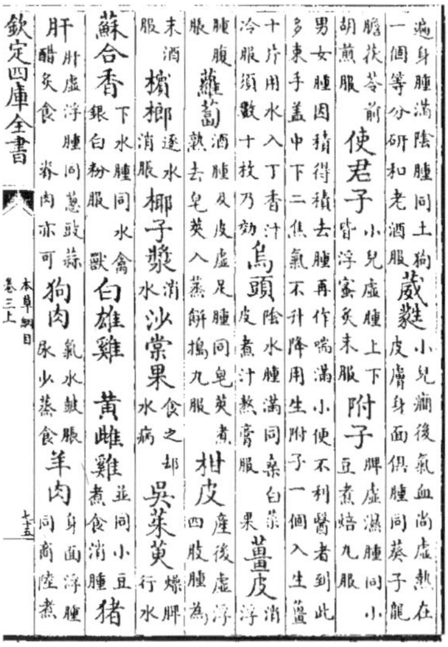
遍身腫滿陰腫同土狗一個等分研和老酒服 葳蕤 小兒癇後氣血尚虛熱在皮膚身面俱腫同葵子龍
膽茯苓前胡煎服 使君子 小兒虛腫上下皆浮蜜炙末服 附子 脾虛濕腫同小豆煮焙丸服
男女腫因積得積去腫再作喘滿小便不利醫者到此多束手蓋中下二焦氣不升降用生附子一個入生薑
十片用水入丁香汁冷服須數十枚乃効 烏頭 陰水腫滿同桑白皮煮汁熬膏服 果 薑皮 消浮
腫腹 蘿蔔 酒腫及皮虛足腫同皂莢煮熟去皂莢入蒸餅搗丸服 柑皮 產後虛浮四肢腫為
末酒服 檳榔 逐水消脹 椰子漿 消水 沙棠果 食之却水病 吳茱萸 燥脾行水
蘇合香 下水腫同水銀白粉服 水禽獸 白雄雞 黃雌雞 並同小豆煮食消腫 猪
肝 肝虛浮腫同葱豉蒜醋炙食脊肉亦可 狗肉 氣水鼓脹少蒸食 羊肉 身面浮腫同商陸煮
欽定四庫全書 本草綱目 卷三上 七十五

그림 2-15 《본초강목》의 증병 대목

그림 2-16 둔황 제159굴의 벽화. 증병이 보인다.

증병은 일반 먹을거리일 뿐만 아니라 제사용으로 많이 사용되었다. 무습(繆襲, 186~245)은《제의(祭儀)》에서 "여름 제사에 증병을 올린다[夏祠以蒸餅]."고 했다. 만두도 처음 등장할 때 제사용으로 많이 사용되었는데, 증병도 마찬가지다. 송대에 증병과 만두는 질병 치료용으로도 쓰였다. 이시진(李時珍, 1518~93)은《본초강목(本草綱目)》(1596)에 "송 영종(寧宗, 1168~1224)이 군왕(郡王)시절에 밤에 일어나는 병을 증병, 마늘, 된장으로 고쳤다[为郡王时, 病淋, 日夜凡三百起, 国医罔措, 或举孙琳治之, 琳用蒸饼, 大蒜, 淡豆豉三物捣丸, 令以温水]."고 썼다.

〈둔황문서〉와 석굴벽화에는 증병에 관한 기록이 많다. 둔황에서 벽화로 가장 유명한 막고굴(莫高窟) 제25굴, 제154굴, 제159굴, 제236굴에 증병이 그려져 있다.[47] 북송대에 쓰인 〈둔황문서〉 s6452(981~982)에는 사원에서 공양 음식을 준비하는 것에 관한 기록이 나오는데, 증병에 밀가루[麵粉] 일석오두(一碩五斗)* 와 기름 팔승(油八升)을 준비하라고 나온다.[48] 당시 둔황에서 증병은 공양이나 결혼식에서 귀한 손님 접대에 쓰인 음식이었다. 제25굴의 혼연도(婚宴圖: 혼인 잔치를 묘사한 그림)에도 증병이 등장한다. 증병이 이런 행사에 쓰인 것은 미리 만들어 대량으로 공급하기 편한 것과 귀한 밀을 사용한 비싼 음식이었기 때문이다. 그런데 만두라는 단어는 기록에 등장하지 않고 농병(籠餠)이 나오는데, 증병과 어떤 차이가 있는지는 알 수 없다.[49]

황제의 이름 때문에 농병, 취병이 되다

일반적인 면 음식은 송대에 이르러 크게 발전하는데, 조리법은 찌는 방법이 가장 유행한다. 중요한 음식으로 취병(炊餠), 만두(饅頭), 산(酸), 포자(包子), 두자(兜子) 등이 있다.[50] 이때 취병은 새로운 음식이 아니다. 증병이 이름만 바뀐 것이다. 증병은 북송대 인종(仁宗, 재위 1022~63) 이후에 이름이 취병으로 바뀐다. 이유는 황제의 이름과 '찌다'는 뜻의 글자 증(蒸)이 비슷했기 때문이었다. 북송대에 오처후(吳處厚)는 《청상잡기(青箱雜記)》 2권에서 "인종의 시호 정(禎, zhēn, 쳰)과 (증병의) 증(蒸, zhēng, 쳥)이 비

---

* 둔황에서 1석(一碩)은 1석(一石)으로, 약 19킬로그램이다.

숫해서 궁궐에서는 모든 사람이 증병(蒸餅, zhēngbǐng, 쳉빙)을 취병(炊餅, chuībǐng, 츄빙)으로 바꿔 불렀다[仁宗廟諱禎語訛近蒸, 今内庭上下皆呼蒸餅爲炊餅]."고 설명했다.

시호(諡號)는 황제가 죽은 다음에 붙이는 것이다. 따라서 시호 정(禎)은 인종 사후인 천성원년(天聖元年), 즉 1023년에 처음 쓰인다. 당연히 취병이라는 이름은 민간에서보다 황실에서 먼저 사용되었다. 송나라 황실 주방 조리사가 쓴《옥식비(玉食批)》에는 구취병(炙炊餅: 구워 만든 병)과 불구취병(不炙炊餅: 굽지 않은 병)이 나온다. 남송 사람 진달수(陳達叟)가 쓴《본심제소식보(本心斎疏食譜)》에는 "투명한 덩어리를 취병 모양으로 자르고 초염(椒盐)* 가루를 치고 원형 벽돌 모양으로 자른다. 벽돌 모양으로 다듬어 만들고 후추를 치고 소금을 얇게 뿌리면 향기가 퍼진다[玉磚, 炊餅方切, 椒鹽糝糝截彼圓壁, 琢成方磚, 有馨斯椒, 薄灑以鹽]."라고 나오는데, 이 취병은 소가 없는 발효 만두일 것이다. 발효 안 된 취병은 면이 둥그렇게 부풀어 오르지 않기 때문이다. 당시 취병은 주로 쪄 먹었지만 구워 먹는 것도 있음을 알 수 있는데, 이는 서역에서 들어온 구워 먹는 면식 문화와 이를 이어받은 당대의 전통이 송대까지 이어진 것이다.

물론 민간에서는 증병이라는 말도 계속 사용했다. 지난철도직업기술대학(济南铁道职业技术学院)의 루리닝(呂立宁) 교수는 "당시

---

* 볶은 산초와 소금을 다져 가루로 만든 조미료.

만두는 높게 솟은 원형이다. 대개 고기소를 넣었다. 소가 있느냐 없느냐에 따라서 만두와 증병으로 크게 나뉜다. 경제 조건이 좋은 사람은 만두를 먹었고 조금 부족한 사람들은 취병을 먹었다. 이것이 송인들의 주식의 특징이다."라고 했는데, 즉 소가 있는 것은 만두, 소가 없는 것은 증병 혹은 취병으로 구분했다.[51] 지금은 소가 있는 것은 빠오즈, 소가 없는 것은 만터우(만두)로 구분하는 것과 달리, 청대 이전의 만두를 이해할 때 주의가 요구되는 부분이다.

소를 넣은 또 다른 발효병, 농병

증병을 통해 밀가루 반죽을 발효시켜 찌는 기술이 진일보하고 대중화되면서 발효병 속에 고기나 채소를 넣은 음식인 농병(籠餅)도 발전한다. 농병은 이름 그대로 농(籠: 대바구니)에서 쪄낸 발효된 밀가루로 만든 만터우류로, 오늘날의 빠오즈(包子)다.

남송인 장사달은 《권유잡록》에서 "당나라 사람들은 만두를 농병(籠餅, lóngbǐng, 롱삥)이라 한다[唐人呼饅頭爲籠餅]."고 했고, 명나라 주기(周祈)는 《명의고(名義考)》(1583)에서 "밀가루를 쪄서 만든 음식을 증병 혹은 농병이라 부른다. 지금의 만두다[以麵蒸而食者曰蒸餅, 又曰籠餅, 即今饅頭]."라고 적었다.

농병은 고기소가 있어서 당나라 사람들의 환영을 받았고, 제왕과 대신조차 먹을 정도로 좋아했다.[52] 송의 육우(陸游)는 〈소원잡영(蔬園雜詠)〉이라는 시의 주석에 "가물가물한 안개비가 누

추한 거실을 가릴 때 어린 여자아이가 촉의 땅에서 돼지 잡육으로 만든 소만두(巢饅頭: 새집 모양의 만두)를 가져왔다. 맛이 매우 좋다. 당인들은 만두를 농병이라 부른다."고 적었다. 만두와 농병이 소를 넣고 발효시킨 피로 만든 같은 음식임을 알 수 있다.

당나라 때 한완(韓琬)이 쓴 《어사대기(御史臺記)》에는 측천무후(則天武后) 때 어사 후사지(侯思止)가 "나를 위해 파는 적게 해서 농병을 만들라."고 지시했고 때문에 당시 사람들은 후사지를 파를 적게 넣어 먹는 어사라는 의미로 축총시어사(縮蔥侍御史)로 불렀다"고 나온다.[53] 기사에서 알 수 있듯이, 당시 고기 값이 비쌌기 때문에 시장에서 파는 농병은 재료를 아끼느라 파는 많고 고기는 적게 넣었다.

명나라 왕삼빙(王三聘, 1501~77)은 《고금사물고(古今事物考)》에서 "물에 삶아 먹는 것을 탕병이라 부른다. 찜통에 찐 것은 농병이라 부른다[水瀹而食者呼爲湯餅, 籠蒸而食者皆爲籠餅]."고 했는데, 서진 시대 속석의 《병부》에 "쪄도 고기소가 나오지 않고 흩어지지 않고 얇지만 터지지 않는다[籠無迸肉, 薄而不綻]."는 구절이 있는 것을 보면 이미 3세기경에도 얇게 피를 밀고 소를 넣어도 터지지 않을 정도로 제면 기술이 발달했음을 알 수 있다.

* 《劍南詩稿》卷十三〈蔬園雜詠〉"巢菜 昏昏霧雨暗衡茅, 兒女隨宜治酒殽, 便覺此身如在蜀, 一盤籠餅是豌巢. '自注雲' 蜀中雜彘肉作巢饅頭, 佳甚, 唐人正謂饅頭爲籠餅."
** 《御史臺記》"常命作籠餅, 謂膳者曰: '與我作籠餅, 可縮蔥作.' 比市籠餅, 蔥多而肉少, 故令縮蔥加肉也. 時人號爲縮蔥侍御史."

비록 이름은 다르지만, 피가 얇고 소가 들어간 오늘날의 빠오
즈와 거의 같은 음식임을 알 수 있다.

만터우의 다양한 변형과 이름들

중국 음식 문화의 황금기에 해당하는 송대에는 만두에 관한
기록도 급증한다. 맹원로(孟元老)의 《동경몽화록(東京夢華錄)》, 오
자목의 《몽량록》, 주밀(周密, 1232~1308)의 《무림구사(武林旧事)》
가 대표적이다. 이들 책에 등장하는 만두는 양육소만두(羊肉小饅
頭), 독하만두(獨下饅頭), 관장만두(灌浆饅頭), 사색만두(四色饅頭),
생함만두(生餡饅頭), 잡색전화만두(雜色煎花饅頭), 탕육만두(糖肉
饅頭), 양육만두(羊肉饅頭), 태학만두(太學饅頭), 죽육만두(笋肉饅
頭), 어육만두(魚肉饅頭), 해육만두(蟹肉饅頭), 가육만두(假肉饅頭),
순사만두(笋絲饅頭), 표증만두(裹蒸饅頭), 파채과자만두(菠菜果子
饅頭), 탕반만두(糖飯饅頭) 등이 있다.

대개 재료를 앞에 붙여 이름을 지었는데, 특이하게 서주(西周)
시대부터 존재했던 중국 고대의 대학인 태학(太學)이 앞에 붙은
태학만두가 있다. 북송의 황제 신종(神宗, 재위 1067~85)이 태학을
시찰할 때 식당에서 먹은 만두를 보고 칭찬하면서 생긴 것으로
알려져 있다. 요즘 상하이에서 만두 안에 육즙을 가득 넣어 빨대
로 먹거나 터뜨려 먹는 꽌탕빠오(灌湯包 tangbao,)나 샤오룽빠오(小

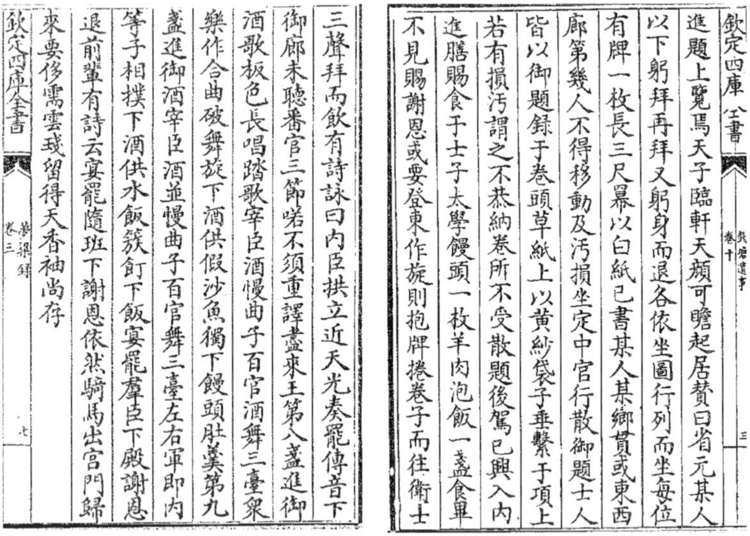

欽定四庫全書

進題上覽馬天子臨軒天顏可瞻起居費曰省某人
以下躬拜再拜又躬身而退各依坐圖行列而坐每位
有牌一枚長三尺暴以白紙已書某人某鄉貫或東西
廊第幾人不得移動及污損坐定中官行散御題士人
皆以御題錄于卷頭草紙上以黃紗袋子垂繫于項上
若有損污謂之未恭納卷所不受散題後駕已興入內
進膳賜食于士子太學饅頭一枚羊肉泡飯一盞食畢
不見賜謝恩或要登東作旋則抱牌捲卷子而往衛士

三聲拜而飲有詩詠曰内臣拱立近天光奏罷傳音下
御廊未聽番官三節喏不須重譯盡來王第八盞進御
酒歌板色長唱踏歌宰臣酒慢曲子百官酒舞三臺衆
樂作合曲破舞旋下酒供假沙魚獨下饅頭肚羹第九
盞進御酒宰臣酒並慢曲子百官舞三臺左右軍即内
等子相撲下酒供水飯簇飣下飯宴罷羣臣下殿謝恩
退前輩有詩云宴罷隨班下謝恩依然騎馬出宮門歸
來要修需雲或留得天香袖尚存

그림 2-17 독하만두에 관한 기록(왼쪽)과 태학만두에 관한 기록(오른쪽),《전당유사(錢塘遺事)》

笼包, xiǎolóngbāo)가 이 태학만두에서 비롯된 것이다.[54]

송대에 처음 등상하는 만두와 비슷한 빌효병으로 산(酸)이 있다. 산은 함(餡), 준함(餕餡), 준(餕), 포채(包菜) 등으로도 불린다. 구양수(歐陽修, 1007~72)의 《귀전록(歸田錄)》 2권에 도성의 음식점 중 산렴(酸餡)을 파는 곳은 모두 길거리에 크게 간판을 내걸었지만, "저 집에서 팔고 있는 준도(餕餡)가 대체 어떤 것인지 모르겠소."라고 새로운 음식을 궁금해하는 내용*이 있다. 학자들은 산(酸)

---

*《歸田錄》"京師食店賣酸者, 皆大出(一作書) 牌牓於通衢, 而俚俗昧於字法, 轉酸從食, 從皀. 有滑稽子謂人曰: 彼家所賣餕餡(音俊叨), 不知爲何物也."

을 요즘의 채소소를 넣은 포자[素餡包子]로 보고 있다. 산은 외관상 당시의 만터우와 똑같다. 고기가 들어가지 않은 것을 산포소함(酸包素餡), 고기 넣은 것은 만두포육함(饅頭包肉餡)이라 불렀다.

이름에 산이 들어간 것은, 당시 발효 기술이 부족해 발효병에서 신맛이 났기 때문으로 추정된다. 송나라 때는 신맛을 내는 산을 알칼리 성분으로 잡는 기술인 효면 발면법(酵麵發麪法)이 있었지만, 산은 이런 기술을 적용하지 않은 것 같다.

만터우와 비슷하지만 조금 다른, 빠오즈

포자(包子, bāo·zi, 빠오즈)는 고대의 농병에 비해 소가 많고 피가 얇은 소 위주의 음식이다. 송대에 본격적으로 등장하지만 5대 10국(907~979) 시대에 이미 포자(包子)라는 이름이 있었다. 북송 때의 《청이록》에 "장수미가(張守美家)라는 음식점에서 복날에 녹하포자(綠荷包子)를 팔았다."는 구절이 나오는데, 당시에 포자가 절기 식품이었음을 알 수 있다.

송나라 때 포자는 이미 민간에서 널리 유행하던 일상의 분식이었고, 위로는 궁정과 귀족에서 아래로는 일반 백성까지 좋아하지 않는 사람이 없었다. 송대 왕영(王栐)이 송나라의 제도를 기록한 《연익이모록(燕翼貽謀錄)》에는 인종(仁宗)이 태어났을 때 아버지 진종(眞宗)이 매우 기뻐해 신하들에게 포자를 나누어주었다는 기록이 나온다. "인종 생일에 신하들에게 포자, 즉 세속에서 부르는 만두를 하사했다. 밀가루를 발효시켜 만드는데 소가 있

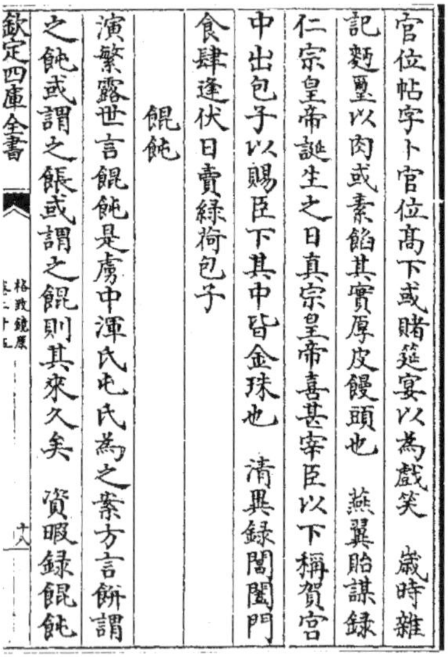

官位帖字卜官位高下或賭筵宴以為戲笑　歲時雜
記麵置以肉或素餡其實厚皮饅頭也　燕翼貽謀錄
仁宗皇帝誕生之日真宗皇帝喜甚寧臣以下椸賀宮
中出包子以賜臣下其中皆金珠也　清異錄閣閣門

食肆逐伏日賣綠荷包子

餛飩

演繁露世言餛飩是虜中渾氏屯氏為之案方言餅謂
之飿或謂之餛或謂之餛則其來久矣　貲暇錄餛飩

欽定四庫全書

그림 2-18 《연익이모록》의, 인종(仁宗)이 태
어났을 때 아버지 진종(眞宗)이 신하들에게
포자를 주었다는 기록

거나 없는 것을 찐 것을 만두라
한다[仁宗誕日賜羣臣包子即饅頭,
別名今俗, 屑面發酵或有餡或無餡蒸
食者謂之饅頭]." 이 구절을 놓고
보면, 송대에는 발효시켜 쪄서
부풀어 오른 음식을 모두 만두
로 부른 것으로 여겨지지만, 이
기록이 극히 예외적이다.

당시의 만두는 주로 소가 있
는 것을 가리켰다. 만두와 포자
의 차이는 만두는 피의 부피가
소보다 큰데 비해 포자는 피가
얇고 소가 많다는 것이다. 송나
라 나대경(羅大經)의 《학림옥로

(鶴林玉露)》 병편(丙編) 6권 실과[縷蔥絲]에 "북송의 권신 채경부에
게는 포자 전문 요리사가 있다."고 나온다. 이어서 포자에 주(注)
를 달고 "포자는 만두의 별명이다. 돼지, 양, 쇠고기, 닭, 오리, 생
선, 거위와 각종 채소를 포자의 속으로 넣는다."고 설명했다.

남송 때 사람들은 고기나 채소 등 여러 가지 재료로 포자의 소
를 만들었는데, 오자목의 《몽량록》, 주밀의 《무림구사》 등의 책에
다양한 포자 이름이 등장한다. 대포자(大包子), 아압포자(鵝鴨包子),
박피춘견포자(薄皮春繭包子), 하육포자(虾肉包子), 세함대포자(細餡
大包子), 수정포아(水晶包兒), 순육포아(笋肉包兒), 강어포아(江魚包

그림 2-19 소가 많이 들어가고 피가 얇은 발효병, 빠오즈

兒), 해육포아(蟹肉包兒), 야미포자(野味包子) 등 10여 종이 나온다.

남송 때 내득옹(耐得翁)이 쓴 《도성기생(都城紀胜)》(1235) 중에는 남송의 수도였던 임안(臨安, 현재의 항저우)의 주점으로 다반주점(茶飯酒店), 포자주점(包子酒店), 화원주점(花園酒店) 세 군데가 나오는데, 이 중 포자주점에서는 거위, 오리 고기를 넣은 포자를 판다고 나온다. 송대 포자는 증병, 농병처럼 피의 형태나 모양에 방점을 둔 것과 달리 소를 중심으로 이름을 붙인 것을 알 수 있다. 이는 포자가 소를 중심으로 발달한 것임을 명확히 하는 동시에, 송대의 피를 빚는 기술이 지금의 발효 기술과 거의 비슷할 정도였음을 방증한다.

이름에 아이를 뜻하는 글자가 들어간 이유

그런데 왜 교자나 포자라는 음식 이름에 자식 자(子)자를 쓴 이유는 무엇일까. 쉬중수(徐中舒)의 《갑골문자전(甲骨文字典)》(1989)에는 "갑골문에서 자(子)라는 글자는 유아가 강보에서 양팔로 춤을 추는 것과 같은 머리 모양을 하고 있다. 그래서 둥근 머리 밑에는 직선이 보일 뿐 두 정강이는 보이지 않는다[甲骨文中 '子'的解釋: '子'字象幼儿在襁褓中两臂舞动, 上象其头形, 因象幼儿在襁褓中, 故其下仅见一微曲之直画而不见其两胫]."고 설명한다.[55] 아이의 크고 부드럽고 둥근 얼굴과 몸을 생각하면 쉽게 연상이 된다. 포자(包子)는 싸다[裹]라는 뜻으로, 속에 무엇을 넣고 둥글게 싸는 것이다. 송대에는 아이가 태어나면 민간이든 황실이든 3일째 되는

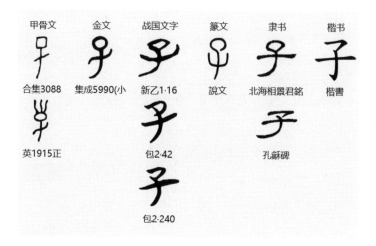

甲骨文	金文	战国文字	篆文	隶书	楷书
合集3088	集成5990(小	新乙1·16	說文	北海相景君銘	楷書
英1915正		包2·42		孔龢碑	
		包2·240			

그림 2-20 子자의 변화

날 아이를 씻기고 선물을 주는 풍습이 있었는데, 이를 세아과자
(洗兒果子)라 했다. 민간에서는 과자를 싸서 주었고 궁중에서는
과자뿐만 아니라 보물을 싸서 신하들에게 나눠 주었다.

송대 궁중에서 왕자나 공주를 낳아 축하하고 포자 같은 물품
을 하사하는 풍습은 유래가 깊다. 일찍이 동진 초에 원제(元帝, 재
위 317~323)가 아들을 낳자 조정은 바로 군신(軍臣)에게 선물을
내려 보냈다.[56] 당나라 시기에 와서 이런 상여 행위는 더욱 번창
해, 소종(昭宗, 재위 888~904)은 세아과자로 금은동전과 은엽의
자, 금은괴를 하사했다.* 이처럼, 귀한 것을 싸서 준다는 의미의

---

* 韓偓,《金鑾密記》"天覆二年, 大駕在岐, 皇女生三日, 賜洗兒果子, 金銀錢, 銀葉坐子,
金銀挺子."

포자(包子)가 소를 넣고 피로 싼 음식 포자(包子)로 바뀐 것이다.

만터우 전성시대: 송에서 현재까지

만터우는 송대에 전성기를 맞아 다수의 소설과 음식책에 등
장한다. 《몽량록》에는 남송의 수도 임안에서 찐 면 음식을 파는
가게와 각종 포자를 파는 식당, 만두가게가 등장한다.

《동경몽화록》 4권 병점(餠店) 조에 의하면, 북송의 도성 동경
(개봉)에는 병점으로 유병점, 호병점이 있었다. 유병점에서는 증병
과 당병을 팔았는데, 합에 담아 팔기도 하고 쟁반에 담아 내놓기
도 했다. 당시 식당에서 팔던 만두로는 가육만두(假肉饅頭), 순사
만두(笋絲饅頭: 죽순을 가늘게 썰어 넣은 만두), 표증만두(裹蒸饅頭)
등이 있었다. 송나라를 배경으로 한 고전소설에도 취병과 만두
가 여러 곳에 나온다. 《수호전(水滸傳)》에는 농병과 취병, 만두가
나오고, 《금병매(金瓶梅)》에는 만두, 증병, 취병, 소병(燒餠) 등이
등장한다.

송대에 발효병이 유행한 이유

당대에는 구운[烤] 면식이, 송대에는 찐[蒸] 면식이 유행했다.
리유푸우삥(刘朴兵)은 《당송음식문화비교연구》에서 송대에 찐
면식이 발달한 이유를 다음과 같이 설명했다.[57]

그림 2-21 북송의 도성 동경의 전성기를 묘사한 그림, 청명상하도

첫째, 당대에 비해 북방 중원 지역의 연료가 부족해졌다. 북송 시대에 들어 땔나무가 부족해지면서 도성 동경에서는 보편적으로 석탄을 연료로 사용하게 된다. 석탄 사용으로 화력이 강해져 찌고 볶는 요리 기술이 발달했다.

둘째, 찌는 면 요리 보급과 발효 기술은 밀접한 상관관계가 있다. 자오룽광의 연구에 의하면, 양한 시기에 주효 발면법(酒酵發麵法)과 산장 발효면법(酸漿酵發麵法)이, 늦어도 서진(西晉, 265~316) 말년에는 근대에도 폭넓게 응용되는 효면 발면법(酵麵發麵法, 면비 발면법麵肥發麵法이라고도 한다)이 출현한다. 당대에는 면식 발효 기술을 완전히 터득한 탓에 찌는 법을 이용한 면식이 고도화된다. 발효 면식이 전면적으로 보급되는 시기는 북송(960~1127) 초기다. 발효 면식의 보급은 중국의 면식 구조에 거대한 변화를 가져왔다.

셋째, 굽는 면식(빵)이 상대적으로 단단한 데 비해 찐 발효 면식은 높고 부드럽고 따뜻해 소화 흡수가 쉽다. 실제로 청장년 남성들은 바삭하게 구운 빵을 좋아하지만 어린이, 노인, 부녀자 등 다양한 계층에서는 찐 발효 면식이 인기를 얻었다.

넷째, 찌는 조리법은 면식 형태의 다양화를 가져왔다. 찐 발효 면식 이전의 면식은 대개 편평한 상태의 병이었다. 송대에 찐 발효 면식이 유행하면서 면식은 평면에서 입체로 변한다. 입체화 증제법(立體化蒸製法)은 면식의 효율을 높였고 다양성을 열었다. 밀가루 반죽을 발효시키면 같은 양의 밀가루를 더 큰 부피로 만들 수 있고, 발효를 통해 다양한 모양의 면 음식을 만들 수 있다.

송대의 제삭법과 기술을 계승 발전시킨 원나라와 명나라 때의 만두 기술은 현대의 만두 기술과 거의 같아진다. 송대에는 만두를 만드는 방법도 이전보다 많이 향상되었다. 송대의 명의 주굉(朱肱, 1068~1165)이 지은《북산주경(北山酒經)》상권에는 "효모를 사용하는 것은 사계절이 같지 않다. 추울 때 많이 사용한다. 더울 때는 감소한다[用酵四時不同, 寒即多用, 溫即減之]."라고 해 당시 발효 기술의 발전 정도를 알 수 있다.

원대의 만두

원대의 《거가필용사류전집》에는 당시 만두의 발효 방법이 기록되어 있다.

소를 넣고 쪄서 만든 큰 만두[평좌대만두平坐大饅頭]

10인분에 밀가루 2.5근을 쓴다. 먼저 밑술 1.5잔 정도를 밀가루를 오목하게 판 데다 부어 넣고 반죽해서 부드러운 반죽 한 덩어리로 만든 다음 마른 밀가루를 덮고 따뜻한 곳에 둔다. 부풀어 오르면 사방 가장자리의 마른 면에 따뜻한 물을 더해서 반죽하고 다시 마른 밀가루를 덮어둔다. 또 부풀어 오르면 다시 마른 밀가루와 따뜻한 물을 더 넣어서 반죽하는데, 겨울에는 뜨거운 물로 반죽한다. 반드시 많이 주물러서는 안 되며 다시 잠시 동안 됐다가 주물러서 반죽을 완성하고 마친다. 많이 주무르면 빵빵하게 부풀지 않는다. 반죽한 재료를 부드러워지게 두고 밀어서 만두피를 만들어 소를 싸서 바람이 불지 않는 곳에 늘어놓고 보자기로 덮는다. 부드러운 기운이 덜해지면 대그릇에 넣고 상 위에서 익을 때까지 찐다.[58]

원대에 이르러 중국의 만두 만드는 기술은 기본적으로 현재와 같아진다. 명나라 위혁(幃奕)이 편찬한 《역아유의(易牙遺意)》의 농조류(籠造類) 중에서 대효법(大酵法)과 소효법(小酵法)은 오늘날 발효법과 같다.[59]

만두의 변화, 소가 점차 사라지다

제작 기술의 완성은 만두 개념의 변화로 이어졌다. 명대 이전까지 만두는 주로 소가 있는 발효 음식이었지만, 명대부터 이런 통념의 변화가 본격화된 것이다.

명대 초기까지 만두는 고대와 당송대처럼 대개 소가 있었다. 명대에 쓰인《수호전》제27회에는 유명한 인육 넣은 만두가 등장한다. 당시에는 소로 주로 고기와 팥을 넣었다. 그러나 명말청초인 17세기 중후반에 이르면 만두의 개념에 중대한 변화가 온다. 청나라 때에 간행된《강희자전》(1716)에는 "지금 세속에서는 밀가루 발효 면식에는 소가 있는 것, 없는 것이 있는데, 쪄서 먹는 것을 만두라 한다."고 나온다. 이맘때가 되면 소가 있든 없든 '만두'라는 이름이 사용됨을 알 수 있다.[60]

서가(徐珂, 1869~1928)가 청나라 시대의 야사를 모은《청패유초(清稗類鈔)》의 '만두를 논하다[辨饅頭]'라는 글에는 "만두는 만수(饅首)라고도 한다. 쪄서 익히는데 원형으로 솟아 있는 모양이다. 소가 없으므로 먹을 때는 반드시 반찬을 곁들인다[饅頭, 一曰饅首, 屑面發酵, 蒸熟隆起成圓形者. 無餡, 食時必以餚佐之.]."고 쓰여있다. 속이 꽉 차면서도 신맛이 나지 않는 면비 발효법이 낳은 결과였다. 지금의 만두와 화권(花卷: 꽃빵, 소가 없이 만든 발효 빵) 같은 소가 없는 찐 만두류에 반찬을 곁들여 먹는 음식 관습이 청나라 후기에 정착됐음을 알 수 있다. 소가 없고 속이 꽉 찬 만두는 가격도 싸고 양도 푸짐한데다 반찬을 곁들여 먹는 장점이

그림 2-22 중국 북방 지역의 주식이 된 소가 없는 만터우

그림 2-23 상하이에서 볼 수 있는 탕빠오

표 2-3 중국 만터우의 분류와 품질 등급

표준 등급	분류 기준		유형		주요 특징 및 대표 품종
1급	소비 용도		주식		일상식사 만터우(日常餐食馒头)
			비주식		뎬신(点心), 화쓰만터우(花色馒头)*, 빠오지엔만터우(保健馒头)
2급	조직		식감	연식(软式)	남방만터우(南方馒头), 광둥만터우(广东馒头)
				중경식 (中硬式)	북방만터우(北方馒头), 기계제작만터우(机制馒头)
				경식(硬式)	캉쯔모(杠子馍)**, 후완청자우화(皇城枣花)***
3급	감관 특성	외관	형상	대칭	둥근 만터우(圆馒头), 각진 만터우(方馒头) 등
				비대칭	빠오즈(包子), 주안즈(卷子等)
		풍미	맛	싱거운 맛 [淡味]	보통 판매 만터우(普通市售馒头)
				단맛[甜味]	카이화만터우(开花馒头), 탕만터우(糖馒头)
				짠맛[咸味]	짠맛 만터우(咸味馒头)
				기타	
			냄새	맥향(麦香)	순효모 만터우(纯酵香馒头)
				순향(醇香)	쌀술 효모 만터우(米酒酵香馒头)
				겸향(兼香)	라오몐 효모 만터우(老面酵香馒头)
				기타	

* 색과 무늬가 있는 만터우.

** 허난(河南)의 명물로 밀가루 반죽은 손으로 펴지 못할 정도로 단단해 별도의 막대기로 펴야 하기 때문에 빵빵이라고 불렸는데, 막대 모양의 밀가루 음식이다.

*** 만터우 위에 불린 대추를 하나씩 올린 북방의 설날 음식이다.

있다. 이런 장점 때문에 소가 없는 만두가 오늘날까지 북방의 주식으로 자리 잡게 되었다.[61]

청나라 중기 이후 만두의 원래 뜻은 포자(包子, 빠오즈)가 대신 가져간다. 이후 만두(만터우)는 기본적으로 소가 없는 것으로 인식되었고, 드물게 소가 있는 경우에는 소의 종류에 따라 육만두(肉饅頭), 채만두(菜饅頭), 팥만두(豆沙饅頭) 등으로 부른다. 현재 북방에서는 소가 없는 것을 만터우(饅头), 모(饃), 주안즈(卷子)로 부르고, 소가 있는 것은 빠오즈(包子)로 구별한다. 남방에서는 소가 없는 것은 만터우, 소가 있는 것은 따빠오즈(大包子), 멘또우즈(面兜子), 탕빠오(汤包)라고도 부른다.[62]

현재 만터우는 중국 북쪽 사람들의 주식이다. 만터우 제조에 쓰이는 밀가루가 북방 밀가루 총 사용량의 70% 정도를 차지하고 있는 것으로 추정된다. 슈둥민(苏东民)의 박사학위논문《중국 만터우 분류 및 주식 만터우 품질 평가 연구(中国饅头分类及主食饅头品质评价研究)》에서 제시한 조사 결과에 의하면, 허난성의 중소도시 주민은 대략 87% 정도가 만터우를 주식으로 하며, 현 단위에서는 대략 94.5%의 사람들이, 농촌에서는 99.6%의 사람들이 만터우를 주식으로 한다고 한다.[63] 슈둥민은 또한 중국의 만터우를 분류했는데, 중국인들은 식감을 중시해, 남방의 만터우는 부드럽고 북방의 만터우는 상대적으로 딱딱한 특징이 있다고 했다.[64]

5장

자오쯔보다 맛있는
음식은 없다

만터우(饅頭, 馒头, 만두)가 중국 북방인의 일상의 음식이라면 자오쯔(餃子, 饺子, 교자)는 설날에 먹는 특별한 음식이다. 자오쯔는 돼지고기를 듬뿍 넣고 밀가루 반죽으로 싼 최고의 음식이었던 탓에 북방인들은 "자오쯔보다 맛있는 음식은 없다[好吃不如饺子]."는 말을 즐겨 쓴다. 신년에 자오쯔를 먹는 것은 옛것을 보내고 새로운 것을 맞이한다, 돈을 많이 벌라, 자손이 번성하라 같은 좋은 의미가 가득하다.

만터우와 자오쯔는 크게 보면 발효와 비발효를 기본으로 하고, 소가 있느냐 없는가에 따라 나뉜다. 소가 있는 비발효 음식의 대표는 자오쯔이고, 발효된 면류는 소가 있는 빠오즈와 소가 없는 만터우로 크게 나뉜다. 발효 기술의 난이도를 생각하면 비발효 면식이 먼저 등장하는 것이 자연스럽다.

자오쯔가 소를 넣은 비발효 음식의 대명사가 되었지만 자오쯔라는 이름이 널리 쓰이게 된 것은 청나라 말기부터다. 자오쯔는 얇은 피에 소를 넣은 것을 기본으로 한다. 소의 내용물은 고기에서 채소까지 다양하고, 조리법 또한 삶는 것이 가장 흔하지만 찌거나 굽거나 지지는 것 등 여러 방법이 사용된다. 일반 면과 다르게 소를 넣고 모양을 낸 자오쯔류는 송대 이전까지는 일반 면식보다 귀하고 비싼 특별한 음식이었다. 북방의 음식이던 자오쯔류는 송나라가 남쪽에 자리 잡으면서 전 중국의 음식이 되었다. 제분 기술의 발달과 조리 기술의 성숙으로 소를 넣어 먹는 음식이 보편화된 것이다.

지금은 자오쯔(餃子)라는 말이 중국 전역에서 보편적으로 사용된다. 비발효 피에 소를 넣어 먹는 조리법은 거의 변화가 없지만, 명칭은 시대에 따라서 다양하게 사용되었다. 자오쯔류의 음식은 3세기경에 혼돈(餛飩)이라는 이름으로 처음 등장한다. 혼돈은 오늘날까지 훈뚠이라는 이름으로 살아남았다. 다만 오늘날의 훈뚠은 탕에 넣어 먹는 음식으로 의미가 축소되었다. 하지만 이미 전국 시대에 자오쯔와 똑같은 모양의 식품이 발굴되

그림 2-24 소가 있는 비발효병의 대표, 자오쯔

었고 당나라 때에는 자오쯔나 훈뚠과 같은 모양의 음식 실물이 같은 곳에서 발견되었다. 오늘날 사용하는 자오쯔는 송대에 처음 이름이 나오는데 최초의 한자 표기는 지금의 교자(餃子)가 아닌 각자(角子)였다. 송대에는 교자와 같은 말인 교아(餃兒)도 쓰인다.

각(角)자는 교자의 끝이 각진[角] 모양 때문에 붙은 것이다. 각자를 넣어 각자(角子), 각아(角儿), 분각(粉角), 탕각(湯角)이라는 말이 생겨났다. 각(角, 자오, jiǎo)이라는 단어와 발음이 같으면서 음식이라는 뜻부가 들어간 교(餃, 자오, jiǎo)가 나오고 이 단어는 후대에 수교(水餃), 교자(餃子)로 변화한다. 원, 명, 청대를 거치면서 편식(扁食), 수교자(水餃子), 자교자(煮餃子)로 자오쯔류의 명칭이 다양해진다.

자오쯔는 송나라 때 주변 민족에게 전해지면서 이름이 편식(扁食, biǎn·shi, 비엔스)으로 바뀐다. 이름의 변형과 함께 교자의 피도 지금 북방의 교자처럼 두꺼워졌다. 명청대를 거치면서, 수교자(水餃子), 자교자(煮餃子), 교아(餃兒), 수점심(水点心) 수점아(水点兒), 탕각(湯角) 등의 말들이 쓰였고, 20세기 들어서 북방에서는 스이자오쯔(水餃子)가, 남방에서는 자오쯔(餃子)가 주로 사용된다. 오래전부터 '북방인은 자오쯔를 좋아하고 남방인은 훈뚠을 사랑한다[北方喜餃子, 南方愛餛飩].'는 음식 문화가 확립되었다.

1970년대 이전에 자오쯔는 춘절 기간에 먹는 귀한 음식이었다. 그러나 1970년대 말기에 시작된 개혁·개방 정책 이후, 자오쯔는 식당 메뉴로 정착해 시안 자오쯔옌(西安餃子宴), 센양노변 자오쯔옌(瀋陽老邊餃子宴), 산둥리자오시 자오쯔옌(山東日照市餃子宴) 등, 자오쯔 전문 코스 요리를 내건 식당이 각지에 등장했다. 그 결과 자오쯔의 종류도 급속히 증가해 500종 이상에 달한다.[65]

현대에는 수교자(스이자오쯔)는 북방에서 광범위하게 쓰이고 남방에서는 교자(자오쯔)라는 말이 사용 범위가 확대되면서 통용어가 된다. 하지만 현대 중국에서도 지방마다 자오쯔의 이름이 다르다. 산둥에서는 자오쯔를 빠오즈(包子)나 스이빠오즈(水包子)로 부른다. 다른 지역에서 소가 들어간 발효 음식을 빠오즈(包子)로 부르기 때문에 혼동이 있다. 허난성과 칭하이(青海)성의

그림 2-25 시안 자오쯔옌에서 내는 다양한 자오쯔들

농촌에서는 자오쯔를 둥글거나 뭉쳐진 덩어리를 의미하는 거다(疙瘩)로 부르고, 산시(陝西)성 상저우(商州)에서는 거다쯔(疙瘩子)로 부른다. 한편, 해안가가 넓게 이어진 산둥성 연안에서는 구둬(餶飿), 베이징(北京)에서는 꿔티에(锅贴), 둥베이(东北) 지역에서는 '꾸어라오(锅烙)'라고 불리는 구운 자오쯔를 즐긴다.[66]

자오쯔의 고고학

춘추 시대에서 당나라까지

춘추전국 시대는 밀로 만든 분식이 시작된 시기다. 이 시기에는 자오쯔에 관한 기록은 없지만 고분에서 자오쯔의 실물이 발견되었다. 1978년 10월 산둥성 텅저우(滕州)시의 설국고성(薛国故城)에서 춘추 시대(BC 770~403) 중기에서 말기까지 존속했던 설국군주묘 9기를 발굴했다. 이 무덤에서 고대 제사 때 음식을 담는 청동 예기(禮器)인 녹슨 보(簠)가 출토되었는데, 여기에 가지런히 놓여 있는 하얀 식품이 발견되었다.

식품 모양은 삼각형으로 한 변의 길이가 4~5cm 정도 되고, 소를 넣은 것이었다. 발굴자들은 이 식품을 오늘날의 훈뚠(餛飩)인 것으로 추정한다. 아쉽게도 이 음식은 나온 지 얼마 안 돼 공기와 접촉해 산화돼 흑갈색으로 변해서 사라졌고 사진과 기록만 남았다. 하지만 발견 당시의 하얀색 표피는 대개 밀가루로 만

그림 2-26 설국고성(薛国故城)에서 발견된
자오쯔류

들어진 것에서 나타나는 특징이다. 이는 지금까지 중국에서 발견된 것 중 가장 이른 자오쯔류다. 이 발굴에 의해 자오쯔류의 식용 역사가 2,500여 년이나 되는 것으로 밝혀졌다. 춘추전국 시대에는 맷돌이 보편화되지는 않았지만 일부 지역에서 맷돌이 발견되었다. 자오쯔의 전제가 되는 밀가루는 비쌌지만 존재했다.[67] 유물이 발견된 텅저우시는 공자의 고향인 노(魯)나라 수도였던 곡부(취푸曲阜)와 불과 60여 킬로미터 떨어져 있다. 그래서 음식에 관심이 많았던 공자(孔子, BC 551~479)가 교자류의 음식을 먹었으리라 추정하고 있다.

이외에도 자오쯔류의 유석이 출토되있다. 1959년에는 신장 투루판 지역 아스타나(阿斯塔纳)의 당나라 때 묘지에서 반달형의 자오쯔류 음식 세 점이 출토되었다. 1981년 5월에는 충칭(重庆)시 쫑(忠)현의 동한(또는 삼국 시대) 고분에서 이른바 요리사가 도마 위에 다양한 식자재와 음식을 올려놓고 있는 듯한 주방용(庖厨俑)이 출토되었는데, 그중에 화비엔자오쯔(花边饺子: 꽃무늬 장식이 붙은 자오쯔)가 있다.[68]

1990년 투루판 지역 샨샨(鄯善, 옛 지명 누란樓蘭)현의 묘지에서 3개의 식품이 발견되었는데 연대 측정을 통해 위진남북조 때의 자오쯔류 실물로 밝혀졌다.[69] 이 음식의 크기는 가로 약 5cm, 세로 1.5cm로 오늘날 자오쯔와 똑같다. 자오쯔류 음식의 피는 밀가루로 만들어졌으며 소에는 육류, 기름 성분이 들어 있어 고기소라는 과학적인 검사가 나왔다. 특히 같은 묘역에서 발견된 훈뚠류의 실물은 가로 3cm, 세로 1.9cm로 자오쯔류보다 크기가 작아 자오쯔류와 훈뚠류가 명확하게 분류된 두 가지 음식으로 확인됐다. 훈뚠류의 모양도 오늘날의 훈뚠과 같아 이미 당나라 때 훈뚠과 자오쯔의 완전한 형태의 분리가 이루어졌음을 알 수 있다.[70]

고고학적 자료에 의하면 자오쯔의 실물은 기록보다 1,500년 정도 앞서서 등장하는데, 한대나 당대에 기록이 없는 이유를 설명하지 못해 중국 학계는 고민 중이다. 실물 발굴지 중 3곳은 서역의 접경지인데, 첫 발견지는 산둥 지역이라는 것에 대해서도 아직 명확한 해명을 내놓지 못하고 있다. 신장 지역에서 자오쯔류의 실물이 1,000년 넘게 보존된 것은 이 지역의 건조한 기후 탓이다. 우루무치 박물관에는 실물이 전시돼 있다. 다만 출토 무덤이 모두 왕이나 귀족의 무덤인 것은 당시의 밀가루가 일반화되지 못한 것을 방증하며, 부장품으로 넣을 정도로 귀한 음식이었음을 보여준다.

위진남북조 시대: 자오쯔의 살아 있는 화석, 훈뚠의 시작

위진남북조(魏晉南北朝, 221~589) 시대는 동한이 멸망한 다음

그림 2-27 신장 투루판에서 출토된 자오쯔류 음식의 실물

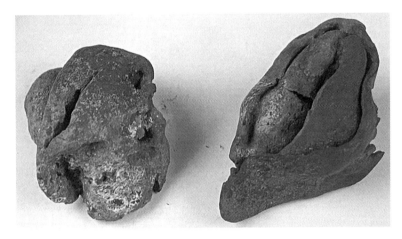

그림 2-28 신장 투루판에서 출토된 훈뚠류 음식의 실물

해부터 수나라 문제(文帝)가 진(陳)을 멸망시키기까지의 시기로, 위(魏), 촉(蜀), 오(吳)의 삼국 시대이자 5호16국 시대요, 남북조(南北朝)의 시대였다. 혼란과 혼돈의 시대였지만 전 중국의 문화가 교차 교류하던 창조적 파괴의 시기였다. 북방의 인구가 대량으로 남쪽으로 이동하면서 척박한 땅에서 자라던 맥(麦: 보리와 밀)이 보급되었다. 또 맷돌 등 가공 도구의 진보로 인해 밀의 조리가 입식에서 분식으로 변하면서 식감이 크게 개선되어 밀의 지위가 점차 높아졌다.[71] 이 시기 농서인《제민요술》권2 '대소맥(大小麥)'과 이를 인용한《도은거본초(陶隱居本草)》등은 밀의 품종과 산지를 비교적 자세하게 설명했다.

위진남북조 시기에는 밀 생산량의 향상과 밀가루 가공 기술의 진보에 따라 병식(餠食)이 급속하게 발전하여, 찌고[蒸], 삶고[煮], 굽고[烙烤], 기름에 튀기는[油炸] 등의 기술이 완성되고, 음식 종류도 다양해졌다. 속석은《병부》에서 만두 등 10여 가지의 면식을 언급했고,《제민요술》에는 20여 가지의 면식이 등장하는데,《병부》에는 면식을 계절별로 소개해 당시에 병식이 일반화되었음을 알 수 있다.[72]

음식을 뜻하는 혼돈은 장읍의《광아》에 "혼돈은 병이다[餛飩, 餠也]."로 처음 나온다. 동한(東漢, 23~220) 때 양웅이 지은《방언(方言)》에 "병(餠)은 탁(飥)이라 한다. 또는 돈(飩)이라 한다. 병(餠)은 둔(飩)이라 한다. 혹은 장돈(餦餛)이라고도 한다[餠謂之飥, 或謂之飩. 餠謂之飩, 或謂之餦餛]."라고 나온다. 돈(飩)이 혼돈(餛飩)으로 변한 것이다.[73]

고고학상으로는 자오쯔가 앞서지만 기록상으로 자오쯔류의 처음 기록은 혼돈에서 시작된다. 동한에서 남북조(316~589)에 이르는 4~5세기에 혼돈에 대한 표기는 혼돈(混沌), 운돈(饂飩), 혼돈(餛飩), 혼돈병(渾沌餅), 혼순(餛肫) 등 다양하게 나타난다. 남북조 시대 이후에 '혼돈'이라는 단어의 사용법이 점차 정착되었다. 자오룽광 교수는 혼돈을 표기한 한자 중 하나인 혼순(餛肫)의 두 글자에 육(肉)자가 뜻부로 쓰인 것은 혼돈의 소로 고기가 반드시 들어갔음을 의미한다고 주장한다.[74]

당나라: 훈뚠의 본격적 발달

당나라는 중국의 식량 구조가 확립된 시기였다. 당대에 식량 사정은 구조적으로 중대한 변화가 있었다. 오랫동안 곡식의 왕으로 군림했던 조(粟)는 북방에서는 밀에게, 남방에서는 벼에게 자리를 내주었다. 중국 식량 구조의 근간인 북맥남도(北麦南稻)가 완성된 것이다. 밀가루 가공 도구와 기술이 계속 발전함에 따라 밀가루 음식 조리 기술이 향상되면서 밀의 식용 가치에 대한 인식이 높아졌고, 밀을 원료로 하는 면 제품의 중요성이 높아졌다.[75] 이런 바탕 위에서 당시로서는 혁신적인 밀가루로 피를 만들고 소를 넣은 혼돈(훈뚠) 같은 음식이 사람들의 사랑을 받게 된 것이다.

단공로(段公路)의 《북호록(北戶錄)》(871)에 나오는 "지금의 혼돈은 반달을 닮았다. 세상이 즐기는 음식이다[今之餛飩, 形如偃

月, 天下之通食也]."라는 구절*은 1959년 신장 투루판 지역 아스타나의 당나라 때 묘지에서 반달형의 음식과 모양이 완전히 일치한다. 지금의 훈뚠은 반달형이 아니고 사각의 피를 작은 돛단배나 중국 돈 위안바오 모양으로 싸고 대개 얇은 날개가 있다. 하지만 1990년에 투루판 샨샨에서 자오쯔류와 훈뚠류가 동시에 나왔고 형태도 반달을 닮은 자오쯔류와 배나 위안바오 모양의 훈뚠류가 구분되어 나와 기록과 실물의 차이를 나타낸다. 이는 당시 투루판 지역의 특성을 고려하게 한다. 당시에 이곳은 중국이 아니었기 때문이다. 이런 결과는 서양의 중국인 연구자들의 자오쯔류의 서역 유입설의 근거가 될 수 있는 증거지만, 아직 연구는 거의 진행되지 않고 있다.

송나라: 훈뚠(혼돈)에서 자오쯔(각자), 자오얼(교아)로

송나라는 중국음식의 황금기였다. 북방의 여진족에 의해 북송이 멸망하고 양쯔강 이남으로 밀려나 남송이 세워졌지만, 이런 강제 이주는 음식사로만 보자면 단점보다 장점이 많았다. 북방과 남방의 음식이 섞이고 이민족의 음식이 더해져 음식 문화가

---

* 《북호록》에서는 이 내용을 안지추(顏之推, 531~591?)의 글에서 인용했다고 하지만, 현재 남아 있는 안지추의 두 개의 저작물인 《안씨가훈(顏氏家訓)》과 《환원지(还冤志)》에는 이런 내용이 없어 6세기에 처음 기록이 등장했다는 것에 대해서는 논란이 있다 (程艳, 〈释'饺子'〉).

풍부해졌다. 비옥한 강남의 본격 개발로 재정이 좋아져 도시를 중심으로 외식이 발달하고 예술 같은 음식들이 등장했다. 인쇄술의 발달로 농서와 요리책의 발간이 이어지면서 기술이 보급되고 축적되면서 정교해졌다. 이후에 출현한 몇 가지 요리들도 그 맹아는 송대에 나타났다. 특히 차 문화가 당대에 이어 더욱 발전하여 차와 함께 먹는 면 요리가 발전했다.

《송사(宋史)》 식화지(食貨志)에는 송대의 7가지 곡식이 나온다. "첫째는 조, 둘째는 벼, 셋째는 맥(麥), 넷째는 기장, 다섯째는 메기장[穄], 여섯째는 콩, 일곱째는 잡곡[谷之品七: 一日粟, 二日 稻, 三日 麥, 四日 黍, 五日 穄, 六日 菽, 七日 杂子]"인데, 이미 조는 벼에게 첫자리를 내주었지만 조가 지닌 중국에서의 오랜 전통 때문에 첫 번째로 기록되었을 뿐이다. 7개 식량 가운데 벼와 밀이 가장 중요한데, 벼의 위상이 급상승하면서 밀을 대체하기 시작했다.[76]

당나라 들어서도 면류 음식이 점차 늘어나 '병(餅)'이라는 이름만으로는 다양한 면류를 포괄하기가 어렵게 되었는데, 송대에 이르러서는 면(麵)이라는 말이 생기고 4대 면식(四大麵食)으로 불리는 만터우, 빠오즈, 국수, 자오쯔가 생겨난다.[77] 송대에는 지금 교자(餃子, jiaozi, 자오쯔)와 발음과 뜻이 같은 각자(角子, jiaozi, 자오쯔)라는 말이 생겨난다. 두 단어는 발음도 완전히 같고 동일한 음식을 가리킨다. 또 교자(餃子)와 같은 말인 임안 사투리 교아(餃兒, jiǎor, 자오얼)도 등장한다. 지금 자오쯔류의 총칭인 교자(餃子)는 각자(角子)와 교아(餃兒)임이 확실하다. 하지만 당시 문헌에 교자(餃子)라는 단어는 등장하지 않는다. 지금 사용하는 교자

(餃子)와 정확히 같은 단어는 청대 후기에 생겨난다. 각자(角子)는 북송 말기 도읍 개봉의 상업 및 민간의 풍속을 기록한 《동경몽화록》에 '쌍하낙봉각자(雙下駝峰角子)'로 처음 등장한다. 남송의 수도인 임안의 풍속을 기록한 주밀의 《무림구사》 6권 '구작종사(舊作從事)' 편에는 여러 종류의 각아(角兒)가 나온다.[78] 임안에서는 어린아이라는 뜻을 가진 자(子, 즈)를 아(兒, 얼)로 불렀다. 그래서 각자(角子)가 각

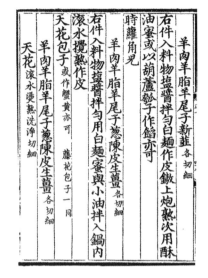

그림 2-29 시라각아에 관한 《음선정요》의 기록

아(角兒)로 이름이 바뀌었지만 다른 음식이 아니다. 각자(角子)의 다른 이름인 편식(扁食)과 교(餃)라는 단어도 모두 송대에 나타난다.

송대와 원대에 각아(角兒)는 다양한 문헌에서 나타난다. 송대 《동경몽화록》에는 수정각아(水晶角兒), 전각자(煎角子), 타봉각자(駝峰角子)로, 같은 시대의 《무림구사》에는 시장에서 파는 시라각아(市羅角兒), 제색각아(諸色角兒)가 나온다. 원나라 때 홀사혜(忽思慧)가 쓴 《음선정요(飮膳正要)》에는 수정각아(水晶角兒), 별렬각아(撒列角兒), 시라각아(時蘿角兒) 등이 나오고, 고려의 《노걸대(老乞大)》에도 수정각아(水晶角兒)가 나온다.[79]

송대에 소를 싼 음식의 종류가 늘어나면서 형상과 이름의 분화가 나타난다. 특히 혼돈과 차별화하기 위해 반달형으로 빚고 양쪽 끝을 뾰족하게 만들어 각자(角子)라고 불렀다. 송대 사료에 기록된 각자와 교아의 종류는 적어도 30여 종으로 추정된다.[80] 송대에는 교자가 반드시 물에 삶아 먹은 음식은 아니었다.《무림구사》7권에 나오는 화소각아(火燒角兒)는 구운 교자였다. 지금은 중국에서 굽거나 튀긴 교자는 거의 사라졌다.

송대에는 각자나 각아 말고도 자오쯔류를 다양하게 먹었다. 교자의 모양은 크게 두 가지로 나뉘는데, 하나는 반달 모양이고, 다른 하나는 가운데가 볼록 튀어나온 위안바오(元寶)나 고두(鼓肚) 모양이다. 전자는 각이 있고 후자는 각이 없다.《무림구사》에는 골돌아(餶飿兒)와 각자(角子)가 동시에 등장하는데, 진혼시아(金洪霞)는 반달 모양은 각자, 북처럼 불룩한 모양의 자오쯔류는 골돌아로 분류했다.[81] 지금도 산둥의 일부 지역에서는 자오쯔를 구둬(골돌餶飿)나 구(餶)로 부른다.

국물에 넣어 먹는 혼돈은 처음 등장한 이래 인기가 꺼진 적이 없었다. 당시 혼돈은 서민과 귀족, 황실 모두가 좋아한 음식이었다. 남송의 초대 황제 고종(高宗, 재위 1127~62)은 혼돈을 간식(點心)으로 항상 먹었는데, 한 번은 요리사가 실수로 혼돈을 태우자 고종이 화를 내며 요리사를 감옥에 가둔 일도 있었다.[82] 혼돈의 대중적인 인기를 반영하듯, 송나라 사람들은 매년 동지에 혼돈을 먹는 풍습이 있었다.

《무림구사》동지(冬至) 편에는 "부자나 귀족들은 집에서 동지

혼돈을 먹었다. 한 그릇에 10여 가지 색이 있는 것을 백미혼돈(百味餛飩)이라 한다[一器凡十餘色, 謂之百味餛飩]."고 나오는데, 백미혼돈은 당나라의 천색혼돈(千色餛飩)이 발전한 것이다. 정향혼돈(丁香餛飩)은 맛과 향이 강하고 귀한 향신료인 정향을 넣은 것인데, 남송 수도인 임안의 육부교(六部橋) 앞에 있는 식당에서 팔던 것이 가장 유명했다. 참죽나무 뿌리의 껍질인 춘근(椿根)으로 만든 춘근혼돈(椿根餛飩)은 송대 가장 중요한 채식에 관한 요리책인 《산가청공(山家淸供)》(1266년경)에 나온다. 춘근혼돈은 당나라 저근혼돈(樗根餛飩)이 발전한 것으로, 참죽나무의 구수한 향 때문에 사랑받으며 손님 접대에 주로 쓰였다. 이 밖에도 냉이를 넣은 제채혼돈(薺菜餛飩), 죽순과 고사리를 넣은 순궐혼돈(筍蕨餛飩) 등이 송대에 이름을 떨친 혼돈이었다.[83]

송대의 대표적 혼돈에는 채식 재료를 쓴 것이 많은데, 수도 임안이 불교의 영향이 깊은 도시였기 때문이다. 게다가 송나라 때 양생(養生)을 철학의 바탕으로 삼은 도교(道敎)도 유행하면서 생식이나 채식을 신선이 되는 수련의 일종으로 여겼고, 임안 주변에는 채소업도 성행했다.[84] 남송 시대 임안의 채식 문화는 교류가 많았던 고려와 일본에도 커다란 영향을 끼친다.

두자(兜子, dōu·zi)도 송나라 민간에서 유행한 자오쯔류다. 《몽량록》 중 남송 수도 임안의 식당을 소개한 훈소종식점(葷素從食店) 편에 점심으로 먹는 강어두자(江魚兜子)가 등장한다. 중국은 고대부터 바다 생선보다는 강에 사는 민물 생선[江魚]을 주로 먹었고 특히 임안은 호수가 많은 양쯔강 하류라 사람들은 더욱 민물 생선을 좋아했다. 중국 음식 문화의 권위자 왕런샹은 후주 수도 변량(汴梁: 지금의 카이펑开封) 사람들이 음력 2월 15일에 먹은 열반두(涅槃兜)와 한식절에 먹은 동릉두(冬凌兜)가 중국 최초의 두자라고 했다.[85] 두자는 소를 넣는 방식이 독특한데, 일반적으로 피의 윗부분을 봉하지 않은 채 속 재료가 약간 드러나게 한다. 속 재료를 보여주는 것은 자오쯔류나 만터우류의 소로 어떤 재료를 넣었는지 알려주려고 만들어진 방식이다. 유명한 것으로는 사색두자(四色兜子), 결명두자(決明兜子), 석수잉어두자(石首鲤鱼兜子), 어두자(魚兜子) 등이 있다.

금과 원: 이민족의 자오쯔 문화

자오쯔는 북송을 멸망시키고 남송과 오랫동안 국경을 맞댄 여진족의 금나라와 남송을 멸망시킨 몽골족의 원나라에도 전해졌다. 이때 음식은 전해졌지만 언어의 차이로 인해 자오쯔의 이름이 바뀌는데, 한족 이외의 민족들은 공통적으로 한자 편식(扁食, 비엔스)을 사용해 표현했다.

여진족의 편식

여진족이 세운 금(金, 1115~1234)이 1127년 북송을 멸망시키며 송을 양쯔강 아래로 후퇴시켰다. 금은 화려하고 세련된 송의 문화를 답습했다. 음식도 예외가 아니어서 송의 영향을 받아 혼돈(餛飩)이나 편식(扁食, 수교자)을 궁중에서 먹었다.

편식(扁食)이라는 단어는 각자(角子)가 여진족에게 전해지면서 등장한다. 편식은 각자의 다른 명칭으로, 음식이 달라진 것은 아니다. 같은 음식에 색다른 이름이 붙은 이유는 각자가 외국에 전파되면서 일어난 발음 변화 때문으로 학자들은 보고 있다. 편식은 금을 세운 여진족이나 원을 세운 몽골족이 사용한 말이었다. 조선의 변씨만두에서 '변씨'도 편식의 음역이다. 편식(扁食)의 중국어 발음은 비엔스(biǎn·shi)다.

언어학자인 상하이사범대학 쉬스이(徐时仪) 교수는 〈병, 임, 혼돈, 편식, 필라 등에 관한 탐구(餅 饪, 馄饨, 扁食, 饆饠等考探)〉라는 논문에서 비엔스와 자오쯔를 언어비교학적으로 논증했다.

비엔스(扁食)는 비엔스(匾食)로도 쓴다. 우루무치어로 자오쯔(餃子)는 banxo, benxir로 발음한다. 투바어*로는 bini, 살라르어**로는 biansi, 몽골어로는 bangsi, 다워얼어로는 bìnfi, 토족어***로는 benci로 발음한다. 말 그대로 자오쯔는 비엔스의 대음(對音: 음을 맞추다)이다. 훈뚠도 비엔스라고 할 수 있다. 《이구아비평파요기(李九我批評破窑記)》(명나라 시

---

* 图瓦语, Tuvan language. 투르크어족에 속하는 언어로, 투바 공화국의 공용어.
** 撒拉语, Salar language. 칭하이성, 간쑤성에 거주하는 살라르족이 사용하는 투르크어족에 속하는 언어.
*** 土族語. 알타이어족 몽골어계의 언어.

대 전기)에서는 "고귀한 보살이 강림한 후에 속에 고기가 들어갔다. 즉 지금의 편식이다[諸尊菩薩降来临, 以肉里之, 即今之扁食也]."라고 했고, 중국어·방언대사전에서는 지금 진저우(錦州), 톈진(天津), 보딩(保定), 서닝(西寧), 린뎬(臨汾), 타이위안(太原), 후허하오터(呼和浩特), 우루무치(烏魯木齊), 쉬저우(徐州), 난퉁(南通) 등에서는 자오쯔를 비엔스라고 부르며 이빈(宜宾), 루가오(如皋), 위산(玉山), 샤먼(廈門), 타이완(台灣), 푸저우(福州) 등지에서는 훈뚠을 비엔스라고 부른다고 했다.[86]

쉬스이 교수의 설명에 의하면, 한족이 자오쯔(角子)라고 발음하는 것을 주변 민족은 비엔스(banxo, benxir, bangsi, benci)로 발음했고, 발음을 표기하는 문자로 扁食나 匾食을 사용한 것이다. 오늘날에도 황허 유역에는 자오쯔(餃子)를 비엔스로 부르는 곳이 있다. 간쑤성 톈수이(天水) 일대에서는 원형은 자오쯔로, 사다리 꼴은 비엔스로 부르며 구분한다.

편식은 여신족의 말이지만 금나라 기록이 아닌 송나라 기록에 등장한다. 서몽신(徐夢莘, 1126~1207)이 지은《삼조북맹회편(三朝北盟会编)》71권 '피융야화(避戎夜話)'에는 "금나라 사람들은 공송(供送) 시 자고 먹는 법이 모두 같다. 혼돈(餛飩)이나 편식을 먹는데 금나라 사람의 궁중음식이다."라고 나온다. 위 글에 나오는《삼조북맹회편》은 금나라에 포로로 잡힌 북송 휘종(徽宗)과 흠종(欽宗), 고종(高宗)의 이야기를 다룬 책인데, 혼돈과 편식이 동시에 등장하는 것으로 보아 두 음식이 다른 것임을 알 수 있다. 혼돈은 만둣국, 편식은 물에 삶아 먹는 수교자(水餃子)였을 것이다.

몽골족의 자오쯔류

13세기 중반부터 14세기 중반에 이르는 시기에 몽골족의 원(元, 1271~1368)은 북방의 금과 남방의 남송을 무너뜨리고 중국을 통일했다. 원대에도 북방은 보리와 밀과 수수, 남방은 쌀농사가 중심이었다. 북송이 망한 이후에 중원 주민들이 대거 남하하면서 남방에서도 밀가루 음식에 익숙해져 강남에서도 밀농사가 제법 행해졌다.[87] 당시 진강로(鎭江路: 지금의 칭다오)의 경우 매년 부과되는 세금이 보리 8,600여 섬, 밀 1만 2,000여 섬, 쌀 14만여 섬이었다.* 또 집경로(集庆路: 지금의 난징)의 세곡은 쌀 31만 8,000여 섬, 보리·밀이 3,500여 석이었다.** 이 두 통계를 보면 밀이 남쪽 농작물에서 벼 다음으로 중요한 위치를 차지한다는 것을 알 수 있지만, 맥류 생산량은 쌀에 비교가 되지 않을 정도로 적었다. 하지만 밀 재배는 점차 전 중국으로 퍼져 남서쪽의 쓰촨(四川), 윈난 등지에서도 밀 재배가 보편화됐다.[88]

밀이 전국적으로 재배되면서 원대에는 면식과 교자류 음식도 자연스럽게 늘어난다. 편식(扁食)은 당시 길거리에서 흔하게 팔던 외식이었다. 고려인의 중국어 학습서인 《박통사언해(朴通事諺解)》(1517)에 나와 있듯, 당시 원나라의 수도 대도로(大都路: 지금의 베이징)를 방문하는 고려인들도 이용했을 정도였다.

* 《至順镇江志》卷六 〈赋税〉.
** 張鉉, 《至正金陵新志》卷七 〈田赋志〉.

각아(角兒), 두자(兜子)는 송대에 이어 원대에도 즐겨 먹던 자오쯔류 음식이었다. 침중위(沈仲緯)의 《형통부소(刑統賦疏)》에 대도로 주민들이 1274년 2월 '번(潘)씨 귀족 등이 각자(角子), 소병(燒餅)을 사 먹고 돈을 주지 않는다.'며 형사사건을 일으켰다는 기록[潘貴等買吃角子, 燒餅, 不肯還錢]이 있는데, 당시에 각자가 대중적인 식품임을 알 수 있다. 원대의 백과사전인 《거가필용사류전집》에는 다양한 종류의 자오쯔류 음식이 등장한다.

　　수정각아(水晶角兒), 소피엄자(酥皮奄子), 별렬각아(撇列角兒), 시라각아(時羅角兒), 하련두자(荷蓮兜子) 등은 궁중에서 먹던 고급 음식이었고, 민간에서는 아두자(鵝兜子), 잡함두자(雜餡兜子), 해황두자(蟹黃兜子) 등을 먹었다. 궁중음식 수정각아는 콩가루로 피를 만든 음식이었다. 소피엄자는 기름을 조금 사용해 쌀가루와 밀가루를 동량 섞어 반죽하여 피를 만들었다. 별렬각아는 밀가루로 피를 만들었다. 시라각아는 市羅角兒로도 썼는데 밀가루, 꿀과 기름을 적게 넣어 버무리고, 물을 쉬어 피를 만든다. 하련두자는 연밥의 속살과 양고기·멥쌀밥·닭고기·잣·호두 등을 넣고 콩가루로 피를 만든다.

　　당시 각아는 밀방망이로 얇고 편평하게 피를 밀고 소를 넣어 싼 뒤에 손으로 빚은 후 익혀서 먹는 음식이었다. 각아와 두자 모두 소를 넣은 밀가루 제품(콩가루를 쓰거나 적당량의 콩가루를 섞을 수 있다)으로 볼 수 있지만, 모양이 다르다고 보면 된다. 두자는 귀퉁이를 열고 쪄서 익힌 후 먹고, 각아는 찌거나 어떤 것은 구워 먹는다.[89]

소피엄자의 엄자(奄子)가 어떤 음식을 가리키는지는 명확하지 않다. 다만 각아나 두자가 음식 형상을 보고 이름을 지은 것을 볼 때, 소를 피로 쌌다는 의미로 '덮어 가리다'라는 뜻의 엄(奄) 자를 쓴 것으로 추정할 수 있다.

명: 자오쯔, 설날 음식이 되다

명나라 때 밀은 북방 지역인 허베이, 산시(陝西), 산시(山西), 허난, 산둥의 민간인 식량의 절반을 차지했고 서북쪽도 밀을 즐겨 먹었다. 또한 명대에는 작물의 가공이나 식품과학기술(면식, 콩 제품, 된장 및 식초 제조 등)의 혁신이 이루어져 음식 문화가 풍부해졌다.[90] 중국 명나라의 제11대 황제인 가정제(嘉靖帝, 1522~66) 때 이후로 사치 풍조가 만연하면서 음식 문화도 화려해진다.[91] 문헌에 따르면 명나라에서 삶는 면류는 탕병(湯餅), 수활면(水滑麵), 기자면(棋子麵), 혼돈(餛飩), 편식(扁食), 교자(餃子) 등이 있고 찐 면식으로는 증병(蒸餅), 화권(花捲), 만두(饅頭), 포자(包子), 소매(燒賣) 등이 있었다.[92]

교자(餃子)라는 단어가 처음 나오는 것은 원대 말에서 명대 초 도종의(陶宗儀, 1329~1412?)가 수필·설화 등의 줄거리를 약술·편집한 총서(叢書)인 《설부(說郛)》에 당나라 시인 백낙천(白樂天, 772~846)의 시를 인용하면서 당나라 때 한식(寒食, 4월 5일 무렵)에서 먹던 음식[用餃子然二者見之唐之寒食]이라고 설명한 구절이다. 그러나 교자(餃子)라는 단어는 청대 후기까지는 잘 사용하지 않았다.

명나라 때 교자는 지역과 제작 방법에 따라 이름이 다르게 붙었다. 원말명초의 유학자 유기(劉基, 1311~75)는 백과사전인 《다능비사(多能鄙事)》 병이미면식법(餠餌米麵食法)에서 "수각아(水角兒), 수점심(水点心), 수점아(水点兒), 탕각(湯角) 등 지역과 제작 방법에 따라 명칭이 제각각이다."라고 했다. 명나라 말기에 편찬된 사전인 《정자통》에는 "교(餃)는 세상에서는 교이(餃餌)라 부른다. 쌀가루나 밀가루와 태(飴: 맥아당)로 만드는데 마르거나 습하고 크거나 작은 것이 동일하지 않다. 수교이(水餃餌)는 단성식이 말한 식품인 탕중뢰환(湯中牢丸)이다. 혹 분각(粉角)으로도 부른다. 북쪽 사람들은 각(角)을 교(矯)로 읽는다. 때문에 교아(餃兒)를 교이(餃餌)로 잘못 부른다[餃今俗餃餌, 屑米麪和飴爲之, 乾溼大小不一. 水餃餌卽段成式食品 '湯中牢丸'. 或謂之粉角. 北人讀角如矯, 因呼餃餌. 譌爲餃兒]."라고 나온다. 북방에서 교(餃)가 교이로 불리거나 표기법이 각(角)에서 교(矯)로 바뀌면서 현재 북방 자오쯔의 대명사인 물에 삶는 수교자(水餃子)라는 이름이 이때 생겼음을 알 수 있다.

명대의 도시 상업자본의 발전 양상과 시민계급의 의식 형태가 반영되어 있는 소설 《금병매》에 수각아(水角兒), 증각아(蒸角兒), 총화양육각아(葱花羊肉角兒), 포함육각(匏餡肉角)이 나오는데, 이름에 제작 방법과 재료가 직접적으로 표현되어 있다. 수각아는 물에 삶아 먹는 교자, 증각아는 쪄서 먹는 교자, 총화양육각아는 송송 썬 파와 양고기를 넣은 교자, 포함육각은 조롱박과 돼지고기를 넣은 교자다. 명나라 송후(宋詡)가 모아 정리한 《죽서산방잡부(竹嶼山房雜部)》에는 약으로 쓰는 탕각(湯角), 밀투각아(蜜透角兒), 소피각아(酥皮角兒)가 나온다.

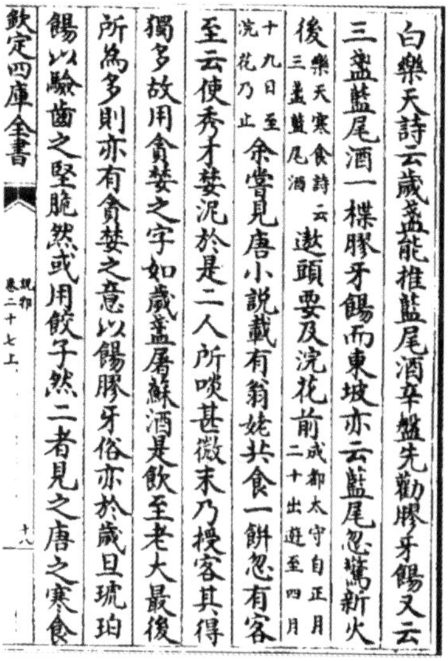
白樂天詩云歲盞能推藍尾酒辛盤先勸膠牙餳又云
三盞藍尾酒一楪膠牙餳而東坡亦云藍尾忽驚新火
後樂天寒食詩云三盞藍尾酒遨頭要及浣花前成都太守自正月二十出遊至四月
十九日至浣花乃止余嘗見唐小說載有翁姥共食一餅忽有客
至云使秀才婁泥於是二人所啖甚微末乃授客其得
獨多故用貪婁之字如歲盞屠蘇酒是飲至老大最後
所為多則亦有貪婁之意以餳膠牙俗亦於歲旦琥珀
餳以驗齒之堅脆然或用餃子然二者見之唐之寒食
欽定四庫全書 說郛 卷二十七上 十八

그림 2-30 餃子라는 단어가 처음 기록된 《설부》

명나라 관료였던 심덕부(沈德符, 1578~1642)가 지은 《만력야획편(万曆野獲編)》*에는 얇은 피에 고기소를 듬뿍 넣은 혼돈[細皮薄脆對多肉餛飩]과 북경의 명물 먹을거리로 참죽나무 잎을 넣은 춘수교아(椿樹餃兒)가 나온다. 북경의 명물로 교자가 등장할 정도로 교자가 도시의 흔한 외식이었음을 알 수 있다.

자오쯔류는 명대에 들어서면서 설날 음식으로 쓰인다. 명대 북경의 사회정치, 경제, 역사지리, 풍습민정, 인물 등을 기록하여 1593년에 간행된 《완서잡기(宛署雜記)》 17권 민풍(民風) 조에 "설날 세배하고 새벽에 일찍 일어나 부인 인솔하에 제사를 지내고

* 명대 초기에서 13대 황제 신종(神宗, 재위 1573~1620) 말기까지, 법령 제도에서 민속에 관한 다양한 이야기를 기록한 책. 만력(万曆)은 신종의 연호다.

빙 둘러서서 절한다. 편식을 만들었다. 장수를 축하하였다[元旦拜年, 晨起, 當家者率妻祭, 羅拜天地, 拜祖稱, 作匾食, 奉長上爲壽]."라고 나온 것을 통해 알 수 있다(책 이름의 완서(宛署)는 지금 베이징의 외곽 지역이다). 또 명나라 시대 환관이었던 유악우(劉若愚, 1541~?)가 명 황실과 궁중의 생활을 상세하게 기록한《작중지(酌中志)》에는 "정월 초하루 5경에 일어나 백초주(柏椒酒)를 마시고 수점심(水点心: 교자)을 먹는다[正月初一五更起飮柏椒酒, 吃水點心(即餃子). 或暗包銀錢一二於内, 得之者以卜一歲之吉, 是日亦互相拜祝, 名曰賀新年也.]."라고 되어 있다. 명말청초의 승려 홍찬(弘贊)이 편집한 불교논집《육도집(六道集)》(1679)에는 "혼돈은 소가 있다. 둥글거나 평평하다. 편식이라 부른다[餛飩…内有餡(餡), 或圓或匾, 亦名匾食]."고 했다. 당시에 편식은 교자뿐만 아니라 혼돈까지 아우르는 말이었음을 알 수 있는데, 편식은 면 안에 소를 넣은 음식의 총칭이었다. 원대와 명대에 편식은 편(匾), 편(扁), 편식(扁食)과 같이 쓰인다. 지금 북방에서는 설날 자오쯔를 먹는 것이 필수적인 의례인데 명대에 이런 전통이 확립된 것임을 알 수 있다.

청: 자오쯔와 비엔스, 보보의 공존

청대에는 가공 기술의 발달로 면류 음식의 종류가 이전 시대보다 크게 증가했고 색도 풍부해졌다. 추론이지만, 청대의 밀가루 식품은 700~800종에 이르며 그중 80%는 전대에 없던 새로운 음식이었다.[93] 청나라 때는 밀가루로 만들어 물에 끓여 만든 수교자(水餃子)와 만주족 고유의 분식을 칭하는 발발(餑餑, 만주어 발음으로 보보)이 본격적으로 등장한다. 발발은 만주족 고유의 말인데, 분식을 총칭한다. 발발에 사용되는 곡물은 만주족이 주로 먹는 기장, 조, 고량(高粱)과 밀이었는데, 요즘은 밀을 많이 사용한다. 발발은 사냥이나 전쟁 때 야외에서 먹던 음식이었는데 점차 집에서 먹는 일상 음식이 되었고, 혼상례 및 제례에도 사용되었다. 만주족을 따라 중국에 문화가 퍼져 싸치마(薩其馬), 류다구언(驢打滾) 같은 베이징 일대의 간식이 되었다. 청대에는 이민족의 공존을 추구한 만주족 지배의 영향으로 자오쯔류도 이전부터 쓰던 각자, 각아, 편식에 발발과 수교자 등 다양한 명칭이 등장하고 그만큼 조리법도 풍부해졌다.

돈숭(敦崇, 1855~1922)이 청대의 풍속을 기록한 《연경세시기(燕京歲時記)》에서는 수교(水餃)를 자발발(煮餑餑)이라 했다. 청나라 때 교자는 소를 중심으로 발달하면서 삶거나 찌는 것에 더해 굽는 조리법도 있었다. 발발은 주로 쪄서 먹었는데, '삶는 발발[煮餑餑]'이라는 이름에서 알 수 있듯 자발발은 삶아 먹는 수교자(水餃子)였다. 자발발은 나중에 물에 직접 끓인다는 의미의 수발발(水餑餑)로 바뀐다.

청대에는 발발이라는 분식의 총칭 외에도 다양한 명칭이 있었다. 만주족의 의례를 기록한 《만주사례집(満洲四禮集)》(1801)에는 초각자(炒角子: 튀긴 교자)를 신에게 바치는 제사를 지낸다는 구절이 나온다. 원매(袁枚, 1716~97)가 남방의 중심지 항주 일대의 음식 문화를 기록한 청대 최고의 요리서 《수원식단(隨園食單)》(1792)에는 "광동 관진대(官鎭台)에는 '무골충(顚不棱: 점잖지 못하다)'이라고 불리는 고기만두가 있다. 수도에서는 편식을 수교(水餃)로 부른다. 소주(蘇州)에서는 기름과 연유를 넣어 만든 면을 문교(文餃), 항주에서는 아미교(蛾眉餃)라 한다."고 나온다. 원매는 항주 사람으로 남방의 음식에 대해 특히 정통했다. 수도인 북경에서는 물에 삶아 먹는 수교(水餃)를, 남방의 중심지인 소주와 항주에서는 쪄서 먹는 문교와 아미교를 먹었다. 소주는 문인들의 도시로 유명해 교자에도 문교(文餃)라는 이름이 붙었다. 아미교는 문교의 항주식 명칭이다.[94]

청나라 중기(1765년 이전)에 쓰인 저자 미상의 《조정집(調鼎集)》 서인면식(西人麵食) 편에는 탕면교(燙麵餃), 두부교(豆腐餃), 육함분교(肉餡粉餃), 단교(蛋餃), 합단교(鴿蛋餃, 합단은 비둘기 알)가 나오고, 청나라 사람 와일정(汪日楨)이 쓴 《호아(湖雅)》에는 "분교(粉餃)는 육면(肉麵)이다. 면교(麵餃)는 일명 수교(水餃) 또는 편식(扁食)으로 부른다."라고 쓰여 있다. 청나라 사람 고록(顧祿, 1793~1843)은 《동교기탁록(桐橋倚棹錄)》(1842)에서 "양주 사람들은 수교(水餃)와 유교(油餃)를 먹는다."고 쓰여 있다. 이두(李斗)는 《양주화방록(揚州畵舫錄)》(1872)에서 양주의 유명한 식당 육헌(陸軒)의 명물로 준교(淮餃)와 소방호(小方壺)의 채교(菜餃)를 소개했다.[95] 준교는 양주의 옛 이름 '준양(准揚)과 교자(餃子)'의 줄임말인데, 작고 얇은 피로 만드는 혼돈을 맑은 국물에 넣어 먹는 소혼돈(小餛飩)을 가리킨다.

소혼돈은 추사혼돈(縐紗餛飩)이라고도 하는데 얇은 주름이 있는 혼돈이라는 의미다. 양주는 문인들의 고장이라는 별명이 있는데, 준교는 남방의 문인풍의 세련된 혼돈을 대표하는 음식이다. 채교는 이름 그대로 채소만을 넣은 교자다. 지금도 상하이에서는 큰 훈뚠인 따훈뚠(大馄饨)은 소를 중히 여기고, 작은 샤오훈뚠(小馄饨)은 피를 중히 여기며 다양하게 즐긴다.

청말민초의 학자 호박안(胡朴安)은 중국 산둥성 성도 제남(지난濟南)의 풍속을 다룬 《제남채풍기(濟南采風記)》(1882)에서 "설날에 밀가루로 각자(角子)를 만들고, 소로는 채소를 많이 넣는다. 성의 수도에서는 수포자(水包子)라 부르고 시장에서는 편식이나 수발발(水餑餑)이라 부르고 동부에서는 타졸(惰拙)이라 부른다. 이것은 산동성에서뿐 아니라 북쪽의 여러 성에서도 성행한다[元旦用麵作角子, 齊俗用素餡者多, 省垣謂之水包子, 市肆餐賣者謂之扁食, 謂之水餑餑, 東府謂之惰拙. 此則不獨東省爲然, 北數省皆盛行之]."라고 썼다. 여기서 동부는 지금의 자오둥반도(胶东半岛) 지역을 가리키는 말이다. 자오둥반도는 한반도와 가까운 웨이하이(威海) 지역인데, 지금도 자오둥반도 지역의 농촌에서는 자오쯔를 '구뒈얼(餶飿儿)' 혹은 '구차쯔(餶馇子)', '구쯔(餶子)'라고 부른다. 구차얼(餶馇兒)은 구뒈얼(餶飿兒)의 음전이다. 예로부터 자오둥의 민간에서는 교자와 골돌아(餶飿兒)를 같이 사용해왔다. 구차얼과 구뒈얼은 송대 '골돌자(구뚜어쯔餶飿子)의 전승이다.[96] 이런 전승을 보면 송대의 골돌아(餶飿兒)가 교자류의 일종임은 분명하다.[97] 중화민국(中华民国, 1912~49)시기에 간행된 《속어고원(俗語考原)》(1937)에는

그림 2-31 샤오훈뚠(小馄饨)

그림 2-32 따훈뚠(大馄饨)

"편식은 북방 속어다. 이(餌)류*에 속하는 수교(水餃)나 과첩(鍋貼)
인데 모두를 편식(扁食)으로 부른다[扁食, 北方俗語, 餌之屬, 水餃,
鍋貼之屬, 統稱爲扁食]."고 나온다.

과첩(鍋貼, guōtiē, 꿔티에)은 교자와 비슷하지만 양끝이 터져 있
는데다 교자는 찌거나 삶아 먹는 것과 달리 과첩은 기름에 굽거
나 지져 먹는다. 일본의 교자나 한국의 군만두의 원형이다. 중국
동북 지역에서는 수전포(水煎包, 쉐이지엔빠오, shuǐjiānbāo)로도 부
른다.

현재 남방에서는 자오쯔를 딤섬(点心, 點心)으로 부른다. 점심
(點心)이라는 단어는 한대에 등장해 송대에 유행하는데, 자오쯔
류와 만터우류 모두를 차와 함께 간식처럼 먹기 때문에 붙여진
이름이다. 서가가 청나라 때의 이야기를 정리해 1910년대에 편
찬한 《청패유초》에 자오쯔류에 관한 설명이 나온다. "교는 점심
(点心)이라 한다. 쌀가루나 밀가루로 만든다. 모두 소가 있다. 분
각(粉角)으로도 부르는데 북방 음은 각(角)을 교(矯)로 읽기 때문
에 교(餃)라 한다. 쪄서 먹거나 삶아 먹는다. 쪄서 먹는 걸 탕면
교(湯麵餃)라 한다. 물을 넣고 삶아 국물이 있는 것을 수교(水餃)
라 한다[餃, 點心也, 屑米或面, 皆可爲之, 中有餡, 或謂之粉角. 北音讀角
爲矯, 故呼爲餃. 蒸食, 煎食皆可. 蒸食者曰湯麵餃, 其以添加各水煮之而有
湯者曰水餃]." 북방 자오쯔류의 일부가 점심으로 사용되었음을 알

---

* 이(餌)는 대체로 쌀가루로 만든 음식을 의미하는데, 여기에서는 문맥상 밀가루로
해석된다.

수 있는 대목이다. 같은 책에는 또 "혼돈(餛飩)은 점심(点心)이다. 한대(漢代)부터 있었다. 반죽을 얇게 해서 피를 만들고 여러 겹의 주름을 만들기 때문에 사람들이 그 형태를 보고 비슷하다 하여 추사혼돈(縐紗餛飩)이라 불렀다. 속에 소를 넣고 싸는데 짠 것과 단 것이 있다. 주로 만드는 방법으로는 찌거나[蒸], 삶거나[煮], 지진다[煎]. 광동에서는 완탕(Wonton, 云吞)이라 부른다[餛飩, 點心也, 漢代已有之. 以薄面爲皮, 有襞積, 人呼之曰縐紗餛飩, 取其形似也. 中裹以餡, 鹹甜均有之. 其熟之之法, 則爲蒸, 爲煮, 爲煎. 粵肆售此者, 寫作云吞]."라는 내용도 있다.

귀리샤 교수는 〈비엔스와 자오쯔(扁食和饺子)〉라는 논문에서 원대부터 명대를 거쳐 청대까지 자오쯔류를 지칭하는 단어 중에서 가장 많이 것은 편식(扁食, 비엔스)이었다고 밝혔다. 그러나 19세기 말에 들어서면서 교자(자오쯔)가 동북은 물론 전국적인 명칭으로 자리 잡으며 오늘날까지 이어지고 있다.

자오쯔의 민간 기원설들

자오쯔 탄생에 관한 민간 전설이 몇 가지 있다. 그런데 그 대부분이 귀와 관련된 것이다. 중국에서는 음력 2월 2일을 '용이 고개를 드는 날'이라는 뜻으로 롱타이토우(龙抬头)라고 한다. 용은 물을 상징한다. 때문에 음력 2월 2일은 봄이 시작되고 농사를 짓는 계절이 왔다는 의미의 기념일이다. 이날 베이징 등지에서 자오쯔를 먹는 풍습이 있는데, 이를 '룽얼(龍耳: 용의 귀)'이라고 부른다. 요즘도 민간에 "동지에 자오쯔를 먹지 않으면 귀가 얼어 떨어져도 사람들이 신경 쓰지 않는다[冬至不端饺子碗, 冻掉耳朵没人管]."는 속설이 널리 퍼져 있는데, 자오쯔와 귀의 관계를 보여준다. 자오쯔의 다른 이름인 교이(餃餌)도 귀 모양의 음식을 의미한다. 교이는 본래 교이(嬌耳)인데, 먹는 것이기 때문에 식(食)자 뜻부가 붙었다. 고대에는 먹는 것을 뜻하는 글자에 식자 부가 붙은 경우가 매우 많다.

또 하나의 유명한 속설인 여와(女娲)설도 귀와 관계된 것이다. 여와는 고대 중국의 전설상의 황제인 복희(伏羲), 신농(神農)과 함께 삼황(三皇) 중 하나로, 인류의 시조로 알려져 있다. 여와가 황토로 사람을 만들 때 추위로 인해 귀가 쉽게 얼어 얼굴에서 떨어졌다. 귀를 고정시키기 위해 여와는 바늘로 눈을 찔러서 가는 실로 귀를 묶고 실의 다른 쪽 끝을 꿰매었다고 한다. 사람들은 여와의 공적을 기리기 위해 반죽으로 성인의 귀 모양을 만들고 그 안에 소를 싸서 먹으면서 자오쯔가 생겼다는 것이다.

자오쯔 탄생에 관한 가장 유명한 민간 속설은 후한시대 실존 인물인 장중경(張仲景, 150~219)이 자오쯔를 처음 발명했다는 것이다. 당대 최고의 의사였던 장중경이 호남(湖南)성 장사(長沙)에서 벼슬을 마치고, 고향으로 돌아가던 길에 백하(白河) 강변에서 귀가 얼어붙은 가난한 사람들에게 양고기를 넣은 귀 모양의 자오쯔를 넣고 끓인 거한교이탕(祛寒嬌耳湯)을 먹여 동상을 치료했다는 일화다. 이후에 장중경이 동지에 세상을 떠나자 그를 기

그림 2-33 전설 속 여와와 복희

리기 위해 동지에 거한교이탕이나 자오쯔를 먹는 풍습이 생겨났다는 것이다. 이 속설은 아마도 귀와 비슷하게 생긴 자오쯔의 모양과 겨울에 사람들이 가장 춥게 느끼는 신체 부위가 귀라는 것을 연결한 데서 비롯한 듯하다. 자오쯔 민간 속설의 대부분이 귀와 관련된 것은 자오쯔의 생김새가 귀와 닮은 것이 가장 큰 이유로 보인다.

쌀 문화가 낳은 자오쯔의 변형, 라오완과 탕위안

중국의 남방에서는 팥소나 고기소를 넣고 찹쌀로 둥글게 피를 만들어 국물에 넣어 먹는 탕위안(湯圓)이라는 음식을 흔히 볼 수 있다. 이 탕위안은 고대 뢰환(牢丸, láowán, 라오완)의 하나였다. 하지만 3세기에 등장하는 뢰환(라오완)이 자오쯔류의 일종인가 아닌가를 두고 논란이 있는 식품이다.

라오솬은 북방의 음식으로 밀로 만든 자오쯔라는 설과 찹쌀로 만든 경단 스타일의 남방 음식이라는 설이 강하게 대립하고 있다. 라오완이 이렇게 대립하고 있는 가장 큰 이유는 시대마다 라오완의 모습과 제법이 다르게 기록되어 있기 때문이다.

라오완은 서진(西晉, 265~317) 때 속석의 《병부》에 "사계절에 다 맞는 것은 오직 뢰환이다[四時從用, 無所不宜, 唯牢丸乎]."로 기록한 것이 처음인데, 오래전부터 있던 음식이다. 《병부》의 영향을 많이 받은 동진 때 노심의 《제법》에는 "봄 제사용으로 만두와 탕병, 수병, 뢰환을 쓴다. 여름 가을 겨울도 같다[春祠用曼頭湯餠, 髓餠, 牢丸, 夏秋冬亦如之]."라고 나오는데, 제사에 올릴 정도로 고대에 이미 보편화된 음식이었거나 반대로 귀한 음식이었을 것이다. 당나라 말기의 단성식이 엮은 《유양잡조》 주식(酒食)에는 "농상(籠上)뢰환, 탕중(湯中)뢰환"이 나온다. 농상뢰환(찐 뢰환), 탕중뢰환(삶은 뢰환)이라는 구절 때문에 뢰환을 찐 음식인 만두로 보는 학자도 있고, 물에 삶아 먹는 교자의 일종으로 보는 시각도 존재한다.

뢰환의 뢰(牢)는 원래 소와 양을 기르는 우리를 뜻했지만, 나중에는 제사에 올리는 희생동물과 죄수를 가두는 감옥으로 뜻이 변했다. 이 글자에서 무엇을 가두거나 싸고 있다는 의미를 유추해볼 수 있다. 환(丸)은 고기소를 말하는데, 둥글다는 뜻에서 둥근 음식을 유추할 수 있다. 고대인들이 고기를 잘게 다져 소를 만드는 것을 알고 있었다고 해석할 수 있는 단어다. 현재 중국에서는 진시황이 생선을 먹을 때 가시를 싫어해 가시를 없애고 생선을 원형으로 빚은 어환(魚丸)을 처음 먹었는데, 이것이 어묵의

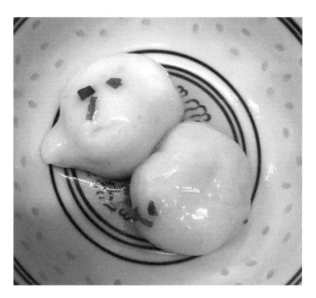

그림 2-34 중국 남방에서 흔히 볼 수 있는 탕투안(탕위안)

시초라 보는 민간 기원설이 넓게 퍼져 있다. 한편, 자오룽광 교수
는 뢰환은 혼돈이 교자로 넘어가는 과도기적 음식이라고 주장
한다.[98] 북송 구양수가 《귀전록》에 "속석의 《병부》에 등장하는
것, 즉 만두(饅頭), 박지(薄持), 기수(起溲), 뢰구(牢九) 중 오직 만
두만이 지금까지 이름이 남아 있다[薄持, 起溲, 牢九之号, 惟饅頭至
今名存. 而起溲, 牢九, 皆莫曉爲何物]."라고 했기 때문이다.

　하지만 뢰환이 처음부터 밀가루로 만든 음식이 아닌 쌀
로 만든 음식이라는 주장도 있다. 청대의 학자 유정섭(俞正燮,
1775~1840)은 《계사존고(癸巳存稿)》(1833)에서 "뢰환은 탕단(湯
團)이다[牢丸之爲物, 必是湯團]."라고 확정적으로 말했다. 탕단은 남방의 주식인 쌀로 만든 경단이다. 소로 팥이나 고기를 넣고 둥글게[團] 만들어 국물[湯]에 넣어 먹기 때문에 붙은 이름이다.

뢰환은 시대마다 다른 음식으로 등장하면서 혼란을 가중시켰고 학자들의 논쟁을 불렀다. 때문에 뢰환은 시대에 따라 다른 음식으로 보는 것이 타당해 보인다. 다른 음식을 동일한 명칭으로 부른 탓에 해석의 어려움이 있는 것에 더해, 송대에는 황제의 이름과 비슷한 탓에 뢰환(牢丸)이 뢰구(牢九)로 변하는 등 혼란이 가중되었다.

고대의 뢰환은 자오쯔에 가까운 음식이었지만 청대 이후에 뢰환은 찹쌀로 경단을 만들고 탕에 넣어 먹는 남방의 음식 탕원(湯圓)으로 변한다. 시대마다 이름과 성격이 달라지는 뢰환의 정체성에 대한 오해는 당연한 것이다. 만약 만두가 뢰환이라면 《제법》에 "봄 제사용으로 만두, 탕병, 수병, 뢰환을 사용하고 여름 가을 겨울에도 같다."처럼 동일한 음식을 한 문장에 쓸 수는 없다. 고대에는 국물에 넣어 먹는 증병이 없었기 때문에 《유양잡조》의 농상뢰환, 탕중뢰환에서 뢰환이 증병일 수도 없다.

고대에는 물건의 형상과 특징으로 이름을 지었다. 삼국 위나라 사람 장읍의 《광아》에 "혼돈, 반달의 모양을 닮았는데 천하가 먹는다[餛飩, 形如偃月, 天下通食也]."라고 쓰여 있듯이, 자오쯔는 반달 모양이다. 그러나 뢰환의 환(丸)은 원형(圓形)을 말하기 때문에 자오쯔가 아님이 분명하다.[99]

상하이사범대학의 청웨이화(曾维华) 교수와 장삔(张斌) 교수는 〈우리나라 고대식품 라오완에 대하여(我国古代食品'牢丸'考)〉라는 논문에서 라오완(牢丸)은 만터우나 자오쯔가 아니라 쌀로 둥글게 원 모양으로 만들어 먹는 유안즈(圓子)라고 주장한다.

중국의 고대 면류 음식 중에 빠오즈와 만터우를 제외하고 원형의 모습을 가진 것은 유안즈(圓子, 혹은 단자團子)가 유일하다. 라오완을 먹는 방식을 보면 유안즈와 라오완이 서로 관련된 것임을 알 수 있다. 단성식의《유양잡조》주식 편에 나오는 '농상뢰환, 탕중뢰환'은 먹는 방식을 설명하고 있는 것이다. 농상(籠上)은 쪄 먹는 것, 탕중(湯中)은 삶아 먹는 것을 말한다. 이것들은 찌거나 삶아 먹는 특징이 있는데, 유안즈 만드는 방법과 같다. 현재 유안즈를 먹는 방법은 각지에 매우 다양하다. 삶거나[煮], 찌거나[蒸], 볶거나[炸], 구워[煎] 먹는다. 농상뢰환은 찐 유안즈[蒸圓子]다. 탕중뢰환은 탕위안(湯圓)이나 탕투안(湯團) 또는 탕위안(湯元)이다. 따라서 라오완은 곧 유안즈라고 생각할 수 있다. 라오완은 탕위안을 단독으로 지칭하는 게 아니라 유안즈 전체를 말한다.[100]

청웨이화, 장삔 교수는 라오완을 피로 싸서 만든 탕위안(湯圓)이나 탕투안(湯團), 유안즈(圓子)라고 결론짓고 있는데, 농상뢰환은 탕위안의 한 종류인 쪄서 먹는 유안즈인 찐 유안즈(蒸圓子)이고, 탕중뢰환은 찹쌀 경단을 국에 넣어 먹는 탕위안, 탕투안, 또는 탕위안(湯元)이라고 주장한다. 하지만 이런 결론은 학계의 전반적인 의견이 아니다. 라오완은 시대마다 다른 음식이었다는 게 학계의 중론이다.

탕위안? 남쪽의 쌀 문화가 낳은 변형 자오쯔

양쯔강 이남의 남방은 송대 이후에 쌀농사를 기반으로 중국 곡물과 경제의 중심지가 된다. 쌀 문화권을 배경으로 북방에서 건너온 각자(角子, 자오쯔)는 쌀로 만든 음식으로 변한다. 쌀로 만든 유안즈(圓子, yuán·zi)나 국물에 넣어 탕위안(湯圓, tangyuan)이다. 한국의 멥쌀로 만든 송편도 각자의 영향을 받아 만들어진 문화다.

찹쌀로 피를 만들고 속에 설탕이나 팥, 깨 등 단맛을 내는 소를 넣고 국에 넣어 먹는 탕위안(湯圓)은 중국 송나라에서 기원했다. 당시 명주(明州: 현재 저장성 닝보寧波시)에서는 검은 참깨, 돼지기름, 백설탕을 재료로 하여, 먼저 검은깨를 넣고 곱게 갈아 가루로 만든 후 돼지기름, 백설탕으로 소를 넣고 찹쌀로 피를 만든 탕위안(湯圓)을 먹었다. 탕위안은 처음에는 푸위안즈(浮元子, fúyuánzi, 부원자)라고 불렀다. 탕원은 탕투안(湯團)이나 탕위안으로 불렸는데, 이러한 명칭은 모두 '한데 모이다[團圓]'라는 단어와 발음이 서로 비슷해서 쓰인 것이고 명절에 모인 가족 전체의 화합을 상징한다. 탕원은 처음에는 정월 대보름에 먹던 절기 음식이었다.

남송대 주필대(周必大, 1126~1204)의 시* 중에 정월 대보름에

---

* 〈元宵煮浮圓子前輩似未嘗賦此坐間成四韻〉.

그림 2-35 단맛 나는 소에 찹쌀로 빚은 피, 국어 넣어 먹는 것이 특징인 탕위안

원자를 먹는 것을 최초로 묘사한 "정월 대보름날 밤에 부원자를 삶다[元宵煮浮圓子]."라는 대목이 있다. 정월 대보름은 2,000여 년 전 서한 시대부터 시작되어 불교가 성행한 당대에 연등 행사와 합쳐지면서 점차 민간의 성대한 명절로 형성되었다. 한문제(漢文帝, 재위 BC 180~157) 때는 정월 대보름을 원소절(元宵節)로 정했는데, 원(元)은 처음을, 소(宵)는 밤을 뜻하는 고대의 단어다. 서진 때 책인《병부》에서 탕원의 전신인 뢰환은 1년 내내 먹는 음식으로, 아직 정월 대보름과는 아무런 관련이 없다. 정월 대보름에 유안즈를 먹는 풍습은 위진남북조(221~589) 이후에야 형성되었다.

탕위안을 유명하게 만든 두 명의 인물

그 전신인 라오완이 일찍부터 존재하여 널리 먹혔는데, 탕위안은 왜 당대와 송대에 이르러서야 정월 대보름에 먹는 보편적인 절기음식이 되었을까? 당나라 말기의 소설인《삼여첩(三余帖)》에 기록된 탕원(湯圓)과 상아(嫦娥)의 전설의 영향 때문이었다. 상아의 전설과 탕원 이야기는 이후 유명해지면서 정월 대보름에 중국 남부에서 탕원을 먹는 풍습을 확립시킨다. 상아의 전설을 살펴보자.

상아가 달로 도망친 이후, 남편 예는 상아를 밤낮으로 생각하며 병이 났다. 정월 열나흗날 밤에 갑자기 동자가 궁에 찾아가 "저는 부인이 보냈습니다. 부인께서는 임금께서 언제나 상아 님을 생각하시는 것을 알고 계시지만 돌아올 방법을 몰랐습니다. 내일이 보름달이니 둥근 달처럼 쌀가루로 환을 만들어서 서북쪽 방에 놓고 부인의 이름을 세 번 부르면 내려올 수 있습니다." 했다. 예가 동자의 말대로 하자 상아가 달에서 내려와 예전처럼 부부가 되어 살았다.*

《삼여첩》에 등장하는 이 전설은 이후 수많은 변형을 낳은 중국의 대표적인 설화가 되었다. 그런데 이 전설은 중국의 남북 경제 중심 이동과 벼와 밀 농업의 변화와 맞물려 있다. 중국 북방 황허 유역 기후는 강수량이 적은 밭작물인 밀재배에 적합한 환경이었기 때문에 밀로 만든 각자(자오쯔)가 명절 음식의 중심이 된다. 반면 남방에서는 물이 풍부하고 날이 따뜻해 밀보다 생산량이 좋은 벼농사가 확립되면서 쌀로 만든 탕투안이나 탕위안

---

*《三余帖》"嫦娥奔月后, 羿昼夜思惟成疾. 正月十四夜, 忽有童子诣宫求见, 曰: '臣, 夫人之使也. 夫人知君怀思, 无从得降. 明日乃月圆之候, 君宜用米粉做丸, 团团如月. 置室西北方, 呼夫人之名. 三夕可降耳.' 如期果降, 复为夫妇如初."

이 북방의 자오쯔 같은 위치를 가지게 된다. 중국 각지에는 탕위안을 서로 다르게 부르는데, 북방은 점차 탕위안을 위안샤오(元宵)라고 부르게 되었고, 강남 등지에서는 탕투안(湯團), 탕위안(湯圓), 광동 영남권에서는 탕완(湯丸) 등으로 불렀다.[101] 중국인들이 중추절에 꼭 먹는 음식인 위에삥(月餠)도 달을 형상화한 것이다.

남방의 명절 음식, 탕위안

명나라 유약우(劉若愚)가 《작중지(酌中志)》에 "원소(元宵)는 찹쌀을 곱게 갈아 가루를 만들고 안에는 호두를 넣는다. 백설탕으로 과일소를 만든 후 물을 뿌려 호두같이 크게 만든다. 강남에서는 이를 탕원으로 부른다[其製法, 用糯米細面,内用核桃仁, 白糖, 玫瑰爲餡, 灑水滾成, 如核桃大, 即江南所稱湯圓也]."라고 했다. 찹쌀로 둥글게 피를 만들어 먹는 음식을 북방에서는 원소(元宵)라 하고 남방에서는 탕원(湯圓)이라 불렀음을 알 수 있다. 청나라 홍량길(洪亮吉, 1746~1809)의 시에 "한 통에 삼백 개의 뢰환이 있다. 섣달 그믐날 밤 돗자리 위에서 원소를 먹는다[一檣牢丸三百顆 岁除筵上吃元宵]."고 해 뢰환(牢丸)이 곧 원소(元宵)임을 알 수 있다. 그런데 남방의 절기 음식인 탕원이 전국적으로 유명해진 데에는 청말의 권력자 위안스카이(袁世凱, 1859~1916, 중화민국 대총통)의 역할이 크게 작용한다. 위안샤오(元宵, yuánxiāo, 원소)라는 단어가 원세개가 사라진다는 의미의 위안샤오(袁消, yuánxiāo, 원소)와 발음이 같아, 당시에 위안샤오(元宵)를 사용하지 못하게 하고, 대신에 탕위안(湯圓)을 사용하게 했다는 것이다. 이 이야기는 민간의 속설로 유명해져 신문이나 잡지에 등장한다. 하지만 탕투안(湯團)과 탕위안은 고대부터 민간에서 오랫동안 사용한 명칭으로, 위안스카이와는 아무런 관계가 없다.

제조 공정과 식감을 보면, 유약우가 지적했듯 북방의 위안샤오가 강남의 탕위안은 아니다. 남방의 탕위안은 보통 찹쌀가루와 밀가루를 섞어 반죽하여 만든다. 소 재료를 넣어 방울 모양으로 빚어 한 끝을 뾰족하게 남겨두고 복숭아 형상으로 빚은 뒤 물에 넣어 삶아서 먹는다. 게다가 손으로 표면을 만들기 때문에 매끈하다. 반면 북방의 위안샤오는 찹쌀가루를 한쪽으로 굴리면서 물을 뿌리고, 점점 둥근 형태로 굴려 만들어 표면이 매우 거칠다. 이를 두고 북방의 위안샤오는 북방인의 활달한 성격을 닮아 표면이 거칠고 남방의 탕위안은 문인이나 부자가 많은 세련된 문화를 반영해 매끈하다고 이야기한다. 현재 적지 않은 남방의 샤오츠(小食) 식당에서 탕위안을 파는데, 대부분 북방의 위안샤오 만드는 법을 이용하는 것이다.[102]

북쪽에서 위안샤오를 정월 대보름에만 먹는 것과는 다르게, 북방인의 자오쯔처럼 남방인에게 탕위안은 일반적인 외식이다. 상하이와 항저우에서는 탕위안 파는 식당을 흔하게 볼 수 있다.

3부

한국의
만두와 교자

6장

한반도
밀 발달 소사

한반도의 농경은 신석기 전기 이전에 시작되었다는 주장도 있지만 신석기 중기 유적인 부산 동삼동 패총에서 발견된 조, 기장을 포함한 탄화종자를 첫 농경의 흔적으로 보는 것이 일반적이다. 탄화종자의 방사성 탄소(AMS) 연대는 4590±100BP로 늦어도 BC 4000년대 후반에는 동남해안 일대에서 조와 기장이 재배되었다.[1] 청동기 시대의 유적에서는 조와 기장 외에도 벼, 보리,

밀, 콩 등이 검출되었다. 맥류(麥類)는 밀이 충주 조동리 청동기 시대 주거지의 바닥층에서 다량 출토되었다.[2] 맥류는 천안 백석동, 충주 조동리, 진주 대평리, 울산 매곡동 등 충청도와 경상도의 청동기 전기 유적에서도 출토되었다. 백석동 유적을 제외하면 모두 보리보다 밀이 많이 나왔다.

한반도에서 출토된 밀은 모두 6배체의 보통계 밀이다. 밀은 남부는 물론이고 남한강 상류에 청동기 전기에서 역사 시대까지 이어진다.[3] 청동기 중기 이후에는 작물을 가는 갈돌, 갈판 등이 등장하지만 주로 조나 기장, 도토리를 가공하는 데 쓰였다.[4] 인골에서 나온 탄소 및 질소 안정동위원소(安定同位元素) 분석으로 보면 1~7세기 한반도 남부의 사람들은 주로 벼, 보리, 밀, 콩, 팥 등 C3 식물*과 사슴 같은 야생동물을 주로 섭취했다.[5] 하지만 밀을 가루로 먹었는지 입식으로 먹었는지는 알 수 없다. 한국사데이터베이스에서 맥(麥)을 검색하면《삼국사기(三國史記)》에 10회,《삼국유사(三國遺事)》에 1회 나온다.

이규보(李奎報, 1168~1241)의《동국이상국집(東國李相國集)》에 인용된《구삼국사(舊三國史)》**에 의하면 주몽(朱蒙)의 어머니 유화(柳花)가 금와(金蛙)의 아들들에게 쫓겨 남쪽으로 도망가는 주

* C3 식물은 광합성 과정에서 이산화탄소(CO_2)를 처음 고정할 때 만들어지는 탄소 화합물이 탄소 3개인 식물이다. 지구상의 식물 중 85%가 C3 식물에 속한다.
** 고려 초기에 편찬된 삼국 시대의 역사서. 현전하지 않는다. 목종(穆宗) 이전에 만들어진 것으로 추정되며, 완성된 당시에는《삼국사》라 하였다가 김부식의《삼국사기》가 나온 뒤 '구'자를 덧붙인 것으로 보인다.

몽에게 오곡의 종자를 주었고, 다시 비둘기를 시켜 맥자(麥子)를 보내주었다고 한다.* 유화는 고구려에 있어 맥류 경작과 관련된 농업의 신으로 여겨졌다.《삼국사기》〈신라본기(新羅本紀)〉 이사금(尼師今) 편에는 1~2세기 맥에 관한 기록이 나온다.

  84년 5월(음): 여름 5월에 고타군주(古陁郡主)**가 푸른 소를 바치고 남신현(南新縣)의 맥(麥)이 가지를 쳤다. 크게 풍년이 들어 다니는 사람들이 식량을 휴대하지 않았다[夏五月, 古陁郡主獻靑牛, 南新縣麥連歧. 大有年, 行者不齎糧].

  114년 3월(음): 우박이 맥묘(麥苗)를 상하게 하다[三年, 春三月, 雨雹, 麥苗傷].

  1세기에 고구려에도 맥이 전해졌는데, 기온 이상으로 3월에 맥묘가 상했다는 기록이 있는데, 이 맥이 보리인지 밀인지는 알

* 한 쌍 비둘기 보리 물고 날아 신모의 사자가 되어 왔다. 주몽이 이별할 때 차마 떠나지 못하니 어머니가 말하기를, "너는 어미 때문에 걱정하지 말라." 하고 오곡 종자를 싸 주어 보내었다. 주몽이 살아서 이별하는 마음이 애절하여 보리 종자를 잊어버리고 왔다. 주몽이 큰 나무 밑에서 쉬는데 비둘기 한 쌍이 날아왔다. 주몽이, "아마도 신모(神母)께서 보리 종자를 보내신 것이리라." 하고, 활을 쏘아 한 화살에 모두 떨어뜨려 목구멍을 벌려 보리 종자를 얻고 나서 물을 뿜으니 비둘기가 다시 소생하여 날아갔다[朱蒙臨別 不忍違 其母曰 汝勿以一母爲念 乃裹五穀種以送之 朱蒙自切生別之心 忘其麥子 朱蒙息大樹之下 有雙鳩來集 朱蒙曰 應是神母使送麥子 乃引弓射之 一矢俱擧 開喉得麥子 以水噴鳩 更蘇而飛去 云云].
** 고타군은 지금의 경북 안동시 일대다.

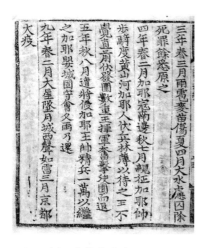

그림 3-1 《삼국사기》의 맥 기록

수 없다. 고구려에는 밀이나 콩을 가는 도구인 연자맷돌이 있었다. 《니혼쇼키(日本書紀)》에 의하면 610년에 고구려에서 온 중 담징(曇徵, 579~631)이 일본에 연애(碾磑)를 전했다고 나온다. 연애는 손으로 돌리는 맷돌보다 발전한 것으로, 축력이나 수력으로 곡물을 가는 대형 맷돌이다. 다만 고구려의 연애는 밀보다는 콩을 가는 데 쓰였을 가능성이 높다. 6세기 전반에 간행 중국 산둥성 일대의 농업을 기록한 《제민요술》에 황고려두(黃高麗豆), 흑고려두(黑高麗豆)가 나올 정도로 고구려의 콩은 유명했다.

조선 전기에 고려 시대 전반을 편년체로 정리한 역사서인 《고려사절요(高麗史節要)》에는 맥(麥)에 관한 기록이 12회 등장하는데, 그중 6회가 고관 출신들의 부의(賻儀)로 나라에서 하사한 것으로 〈최지몽 졸기〉*, 〈최량 졸기〉** 등에 나타난다. 고려 전기의 권력자 최승로(崔承老)가 기록한 〈시무 28조(時務二十八條)〉(982)에는 "친히 성왕(聖王)이 공덕재(功德齊)를 위하여 맥을 갈았다."

* 《고려사절요》 권2, 987년 3월.
** 《고려사절요》 권2, 995년 4월.

라는 구절이 나오는데, 왕이 보리를 갈아 먹는 경우는 상정하기 어렵기 때문에 이때 간 맥[磨麥]은 밀이 분명할 것이다. 최승로가 989년에 죽자 "성종이 몹시 슬퍼하고, 부의로 베 일천 필, 면(麵) 삼백 석, 경미(粳米: 멥쌀) 오백 석, 유향(乳香) 일백 냥, 뇌원다(腦原茶) 이백 각(角), 대다(大茶) 열 근을 내려주었다."* 이때 면(麵)은 밀가루를 가리키므로, 고려 시대에는 밀가루가 사용되었음을 알 수 있다. 그러나 주로 고관들이 사용할 정도로 고급 식재료였다.

고려 시대 의서인 《향약구급방(鄕藥救急方)》(1236)에는 "소맥(小麥)은 세속에서 眞麥(참밀), 대맥(大麥)은 包來(보리), 교맥(蕎麥)은 木麥(메밀)"이라고 부른다고 나오는데, 이것이 한민족화된 麥(밀)의 명칭이다. 고려 시대에는 불교의 영향과 밀가루 음식이 번성한 송·원과의 활발한 교류로 밀이 일반화되는 것을 알 수 있다. 1123년에 송나라 사신 서긍(徐兢)이 고려를 방문하여 기록한 《선화봉사고려도경(宣和奉使高麗圖經)》에는 고려에서 밀 등을 재배하고는 있으나 밀이 적기 때문에 주로 중국의 화북 지방에서 수입하고 있으며, 밀가루의 값이 매우 비싸 "성례(成禮) 때가 아니면 먹기 힘들다."면서 "맛있는 음식 10여 품 중 가장 으뜸으로 여기는 것은 면식(麵食)이다[食味十餘品而麵食爲先]."라고 적혀 있다. 비록 수입에 의존해야 할 정도로 밀가루가 귀하기는 했

* 《고려사절요》권2, 〈성종 문의대왕(成宗文懿大王)〉 989년.

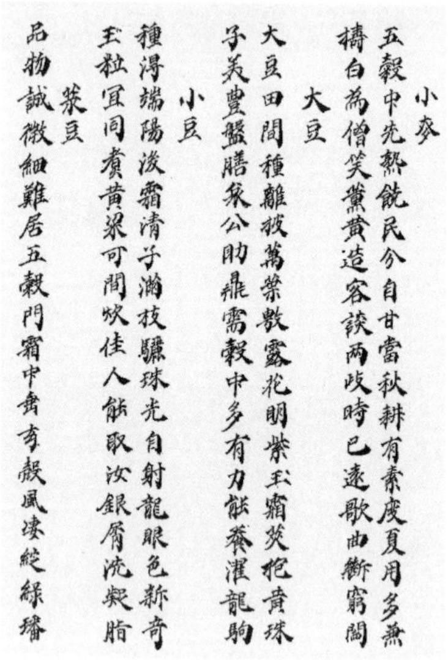

小麥
五穀中先熟　飢民分自甘
當秋耕有素　度夏用多無
搗白為僧笑　黨黃造客談
兩收時已遠　歌曲斷窮閭

大豆
大豆田間種　離披蔓紫敷
靈花明紫玉　霜莢把黃珠
子芙豐盤膳　公助鼎需飱
穀中多有力　蔬菜灌龍駒

小豆
種得端陽淡　霜清子滿枝
驪珠光自射　龍眼色新奇
玉粒宜同煮　黃粱可間炊
佳人能取汝　銀屑沈燕脂

品物誠微細　難居五穀門
甯中黃可穀　風味絕綠翻

그림 3-2 이응희의 시 〈밀〉

지만, 당시 밀가루를 이용한 면식이 수도 개경에서는 보편화되었다고 추정할 수 있는 대목이다. 이것이 고려 가사 〈쌍화점(雙花店)〉에서 밀가루를 반죽해 발효시킨 만두류인 雙花가 거리의 음식으로 등장하는 기반이 된다.

1452년에 간행된 《세종실록지리지(世宗實錄地理志)》에 당시 전국 농업에 관한 구체적인 통계가 등장하는데, 기장, 콩, 벼, 보리, 피가 5대 작물이었다.[6] 그런데 맥(麥)의 통계에 보리[大麥]와 밀[小麥]의 구분이 없다. 보리와 밀을 구분하지 않고 사용한 것은 밀과 보리 모두 주로 껍질만 벗겨 밥으로 먹었기 때문에 정교한 구분이 필요치 않았기 때문이었을 가능성이 높다. 밀을 소맥으로 표현한 것은 가루[眞末, 麵]로 사용한 경우에 보리와 구분하기 위해 사용했을 가능성이 높다.

조선 시대에 밀은 쌀이 떨어지는 시기에 보리와 함께 5~7월의 여름 시식으로 먹는 작물이 되었다. 봄에 쌀이나 조, 수수를 심고 가을에 보리나 밀을 심는 이모작이 행해졌기 때문이다. 이응희(李應禧, 1579~1651)는 17세기 시골 생활을 묘사한 《옥담시집(玉

潭詩集)》에서 〈밀(小麥)〉을 노래했는데, 이모작과 초여름 밀 시식
을 생동감 있게 그려냈다.

오곡 중에서 제일 먼저 익으니	五穀中先熟
백성 풍족하게 하는 게 분수이지	饒民分自甘
가을철에 미리 씨 뿌려 두고	當秋耕有素
여름 넘길 때 쓸모가 많아라	度夏用多兼
희게 찧으면 승소가 되고	搗白爲僧笑
노랗게 찌면 객담이 되지	蒸黃造客談
두 가닥 밀은 이미 옛날 얘기라	兩岐時已遠
그 노래가 곤궁한 여염집에 끊어졌네	歌曲斷窮閭

조선 시대 내내 쌀과 보리, 조, 수수의 입식이 주를 이루었으므
로 아주 적게 재배한 밀은 대량의 밀가루 가공을 위한 제분기가
필요 없었다. 밀의 제분은 기술적 난이도도 높아서 밀가루는 더
욱 적었다. 조선 왕조 말까지도 밀가루는 진말(眞末)이라 하여 귀
하게 여겼기 때문에 밀가루를 이용한 문화는 극소수에게만 식용
되었고, 가루를 이용한 음식 문화는 제분이 쉬운 쌀로 만든 떡,
그리고 메밀로 만든 국수와 만두가 이어받게 된다. 조선 말 개항
이후 청나라, 일본 등에서 밀가루 문화가 들어오면서 대중에게 분
식이 친숙해졌다. 해방 이후 미국의 영향, 1950년대 제분 산업의
본격화와 1960년대 분식 장려 운동이 음식 문화의 근간을 바꾸
면서 밀가루를 사용한 분식은 '제2의 주식'으로 자리 잡는다.

7장

발효병 혹은
만두류

한국 사람들은 중국인들과 달리 발효병인 만두와 비발효병인 교자를 구분하지 않고 모두 만두로 부른다. 이런 현상은 발효병의 대명사였던 '상화'가 사라지고 만두가 소가 들어간 발효병과 비발효병을 아우르는 유일한 이름이 되었기 때문이다. 때문에 조선 시대 만두 연구에 상당한 혼란이 초래되었다.

발효병의 구분

조선 시대에는 중국의 발효병인 만두는 상화로, 비발효병인 교자는 만두로 표기했다. 조선 시대에는 쌀을 가루로 만든 뒤 발효시켜 쪄서 먹는 증편도 자주 등장하지만, 증편의 재료는 쌀이었고 상화는 밀이, 만두는 메밀이 주재료였다. 상화도 온전히 발효병만을 가리키지는 않는다. 간혹 비발효병의 이름으로 사용되기도 한다. 백두현 경북대학교 국어국문학과 교수는 상화와 만두 구별의 어려움을 다음과 같이 이야기한다.

중국어 학습서로 중국 문물을 소개하고 있는 《박통사언해》, 《역어유해》 등에서는 '상화'와 '만두'를 서로 구별하지 않았다. 예컨대 만두는 '상화'(가례언해 10:10), '스면과 상화[粉湯饅頭]'(박통사언해 초간본 上:6), '샹화소에 쓰니라[饅頭餡兒裏使了]'(노걸대언해 下:35)와 같은 문장에서 '만두(饅頭)'를 '상화'로 번역하고 있다. 이는 만두와 상화를 같은 것으로 생각하고 서로 통용했음을 뜻한다.

그러나 《훈몽자회》(초간본)에서는 '餛'을 '만두 혼', '飩'을 '만두 둔'(훈몽자회 중 10앞), '饅'을 '상화 만'(훈몽자회 중 10뒤)이라고 한자와 그 훈을 구별하고 있다. 그리고 가장 오래된 한글 음식 조리서인 《음식디미방》에서 '만두법'과 '상화법'을 각각 별도의 조리 항목으로 구별해 서술하였고, 만드는 방법도 다르게 되어 있다.[7]

《훈몽자회(訓蒙字會)》(초간본, 1527)에서 '餛'을 '만두 혼', '飩'을

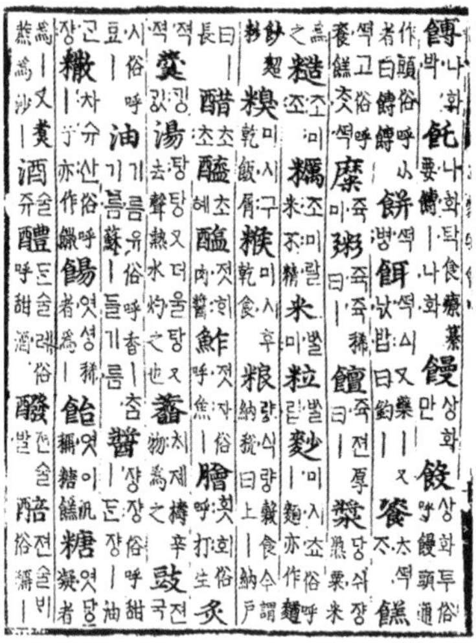

그림 3-3 《훈몽자회》에 기록된 만두와 상화

'만두 둔(饂)', '饅'을 '상화 만'이라고 한자와 그 훈을 구별하고 있는 것에 주목할 필요가 있다. 혼(餛)과 돈(飩)은 혼돈(餛飩), 즉 중국의 비발효 교자류 음식으로 국물에 넣어 먹는 음식이고, 만(饅)은 중국의 발효 만두다. 당시 중국의 만두가 소를 넣은 발효병임을 감안하면, 16세기에 상화는 소를 넣은 발효병이었고, 지금 만둣국은 당시에 혼돈으로 불렀음을 알 수 있다.

《박통사언해(朴通事諺解)》(1677)나 《노걸대언해(老乞大諺解)》(1675) 등의 중국어 학습서에는 원문의 '饅頭'가 언해문에서 '만두'가 아닌 '상화'로 번역되어 있다. 이는 중국의 만두와 우리의 상화가 유사한 음식이었기 때문이다.[8] 이 시기의 '만두'는 《음식디미방》(1670년경)의 "메밀가루 반죽에 소를 넣고 새옹에 삶은 음식"이라는 설명과 같다. 재료뿐 아니라 조리 방법에서도, 상화는 찐 음식인데 비해 만두는 삶은 음식이어서 둘은 구별된다.

조선 시대에 일반적으로 만두는 메밀을 피로 사용하고 발효시키지 않은 교자류에 속한다. 때문에 조리 또한 삶거나 찌는 방법을 썼다. 상화는 밀가루만으로 피를 반죽하고 발효시키기 때

표 3-1 상화와 교자의 비교 구분

구분	피	조리 방식	한국식 변형
상화	밀가루	찐다	상화병, 증병
만두	메밀가루/밀가루	삶는다/찐다	송편

문에 반드시 쪄서 먹는다. 발효시켜 쪄서 먹는 방식은 멥쌀을 사용한 떡으로 이용된 상화병이나 증병으로 한국화된다.

드물지만 상화가 쌀로 만든 떡을 가리키는 단어로 사용된 경우가 있는데, 바로 《난중일기(亂中日記)》에서다.* 1596년 8월 10일 일기에는 이순신 장군이 밤늦게 "두 조방장(助防將)과 충청우후(忠淸虞候)를 불러 상화떡[霜花糕]을 만들어 함께 먹었다." 상화가 밀가루 음식인 병(餠)에서 쌀로 쪄서 만든 떡[糕]으로 확장된 것이다. 하지만 상화떡[霜花糕]을 상화(霜花)와 고(糕)로 나누어 볼 여지도 있다. 고(糕)는 중국 명나라 때의 본초학자 이시진이 엮은 약학서 《본초강목》에 "찹쌀을 멥쌀가루와 섞어 쪄서 만든 것인데, 그 모양이 응고된 기름과 같다."고 설명한 것인데, 조선 시대 내내 떡을 가리키는 단어로 사용된다. 이순신 장군이 먹은 상화고(霜花糕)는 밀가루를 발효시킨 음식이 아닌 쌀을 발효시킨 증편임을 알 수 있다.

*《李忠武公全書》卷之七〈亂中日記〉"三 [丙申] 八月 初十日乙巳, 晴, 朝, 忠淸虞候問病來. 因與助防將.同朝飯, 氣甚不平, 移時臥枕, 晚, 兩助防將及忠淸虞候招致, 以霜花糕同嘗."

조선 시대에 쪄서 먹는 떡인 증편이 발효시킨 것임을 감안하면, 증편은 중국 만두류의 발효 기술을 쌀에 적용한 것을 알 수 있다. 이것이 바로 '상화떡'이다.[9]

상화의 역사적 발달

고려, 조선의 상화

상화의 처음 등장을 고려가사 〈쌍화점(雙花店)〉의 雙花로 보는데 음식 연구자들은 대체로 동의하지만, 국문학자나 역사학자들 사이에서는 쌍화점의 성격을 놓고 여전히 다양한 이견들이 존재한다. 雙의 한자음부터 논란이다. 현재는 雙을 '쌍'으로 읽지만 고려 시대나 조선 초기의 발음은 '솽'이나 '상'이었다(본 책에서도 이후에는 조선 시대의 발음을 따라 雙을 상으로 표기한다).

회회아비가 주인이었던 상화점에서 팔던 상화가 무엇이었는가에 대해서는 여러 가지 설이 있다. 김명준은 고려 속요에 대한 연구를 집대성한 《고려속요집성》(다운샘, 2002)에서 상화점을 '꽃 파는 가게'(김태준), '(만두와 다른) 상화 파는 가게'(이병기), '만두 파는 가게'(양주동, 박병채, 김형규), '연희 도구 파는 곳'(최철)으로 정리했다. 최철은 《퇴계집(退溪集)》(1598)에서 雙花店을 霜花店(상화점)이라고 표기*한 것을 들어 이 한자가 특별한 의미를 가진 것이 아닌 단순히 음을 빌려온 것[音借]에 불과하다고 보았다. 상화점이 처음 등장하는 시기는 《고려사》와 《고려사절요》에 근거해 충렬왕 5년(1299) 이전으로 본다.[10] 그런데 雙花 이전에 雙下가 있었다. 雙花는 雙下가 변한 것으로 가정할 수 있다. 雙下, 雙花, 霜花는 '쌍화'나 '상하'의 음차일 개연성이 있다.

이 단어들은 중국에서나 한국에서나 소를 넣고 피로 싼 음식에만 사용된다. 그런데 중국에서는 한족의 음식이 아니라 주로 여진족이 세운 금나라의 음식으로 등장하기 때문에 중국 문헌에 등장하는 雙下는 여진족 말의 음차일 것이다. 한편, 성호경은 〈雙花店의 시어와 특성〉이라는 논문에서 雙花나 霜花는 한국 고유어가 아니라 13세기 말엽 고려에서 쓰이던 외래어나 외래 어휘의 차자표기일 것으로 판단하면서 원대에 중국에서 쓰인 몽골어였을 가능성을 제시했다.[11] 16세기 초엽에 《훈몽자회》(숙산본, 1527)에서 雙은 '두 쌍', 霜은 '서리 상', 花는 '곳 화'로 표기했고, 14세기 초엽의 중국에서는 雙과 霜이 ṣaŋ과 비슷한 음[擬音], 花가 hua와 비슷한 음이었다[12]는 것이다. 성호경은 같은 논문에서 "원대에는 花자가 몽골음 'qa'의 音借表記(음차표기)로도 쓰였다. 이로써 보면 雙花와 霜花의 음은 원대에 ṣaŋ-hua(샹후아/샹화) 또

---

* 《退溪先生文集》攷證 卷之七 / 第四十三卷跋〈書漁父歌後漁父歌九章. 短歌五章. 并有先生手筆刊行本〉"壽席 案松齋時爲安東府使. 太夫人尙無恙. 朴浚 號柏堂. 官吏判. 居楊州. 善音律. 霜花店 案國朝寶鑑. 成宗二十一年. 持平權柱言. 今掌樂院俗樂. 皆辛褥時歌辭. 請去之. 上令知音宰相釐正. 於是. 魚世謙, 成俔等. 改雙花曲, 北殿歌中淫褻之辭以進. 此云霜花店曲. 疑卽雙花曲. 蓋聲相近而訛也. 玉樹 案陳後主遊宴. 與諸妃嬪女學士共賦詩. 采其艷麗者. 被以新聲. 有玉樹後庭花曲."

7장 발효병 혹은 만두류   195

그림 3-4 재현한 고려 시대의 상화(2018년 11월. 박정배 고증, 서명환 재현)

는 şaŋ-qa(샹카)에 가까웠을 것이다."[13]라고 했다. 성호경의 주장에서 알 수 있듯이 雙花와 霜花의 음이 몽골음이나 여진음 같은 북방 민족의 음차일 가능성이 높다. 다만 雙花, 霜花의 이전 음차표기인 雙下가 중국의 송대에 주로 금나라의 왕족이나 고관 접대에 나타나는 점을 감안하면 여진음의 음차일 가능성이 더 높다 하겠다.

송나라 시기의 雙下가 대부분 금나라와 관계된 연회음식이라는 점은, 그리고 송이나 금과 활발한 교류를 했던 고려의 당시 상황은 금나라 말 雙下(şaŋ-ha, 샹하)가 고려와 조선에서 雙花, 솽화, 상화로 바뀐 것을 이해하는 데 중요한 근거가 된다. 雙下나 雙花가 송나라 음식이었다면 한문 표기가 사용되었을 것이고 고려나 조선의 기록에서 한문이 변할 가능성은 매우 적다. 하지만 雙下가 여진족이 세운 금나라의 음식을 음차해서 기록한 단어라면 사정은 달라진다. 당시 여진음에서 雙은 sang, 下는 ha로 발음했다. 조선 초기에 편찬된 《악장가사(樂章歌詞)》 등에서 雙花店의 표기는 한문 雙花와 함께 한글 '솽화'가 여러 번 등장한다. 솽화는 이후 상하로 변한 뒤 한글 표기가 고정되지만 한자 표기는 雙下, 雙花, 霜花, 床花로 다양하게 나타난다. 한문 雙下를 지금 발음으로는 쌍하로 읽지만 조선 시대의 여러 기록을 놓고 보면 솽화나 상하로 읽혔음이 분명하다.

조선 시대에 상화가 소를 넣고 발효시킨 당시 중국의 만두와 같은 음식인 것이 분명하므로, 雙花店의 雙花는 소가 들어간 발효 만두가 틀림없다. 雙下와 雙花가 어떻게 조리적으로 구분되는지는 자료의 부족으로 확인하기 어렵다. 그런데 雙花店의 雙花가 거리에서 파는 외식인 것과 달리 雙下는 궁중의 연회에만 등장하는 것에서 차이가 난다.

雙下는 팔관회의 의전을 기록한 《고려사》에 나온다. 팔관회의 정형화된 절차는 정종(靖宗) 즉위년(1034)에 완성되었다. 그중 雙下는 개경에서 11월 15일에 치러진 팔관회를 가리키는 중동팔관회의(仲冬八關會儀)에서 왕에게 바치는 세 번째 안주로 등장한다. 雙下를 雙花 이전의 만두 종류로 보는 이유는 송대의 기록에 雙下가 교자(餃子)의 초기 이름인 각자(角子)와 만두(饅頭)로 등장하기 때문이다. 雙下는 유독 소를 넣고 피로 감싼 음식에만 사용되는데 쌍하각자(雙下角子), 쌍하만두(雙下饅頭)가 여러 번 등장한다.

13세기 중반부터 14세기 중반에 원의 세력하에 있던 고려의 사정과 원대의 《거가필용》이 고려와 조선에 끼친 영향을 생각하면, 타봉각아가 고려나 조선에 전해진 것은 명백해 보인다. 하지만 밀가루에 유지를 넣고 반죽해 소를 넣어 굽는 음식은 고려·조선에는 전혀 없는 음식이다. 그런데 술 세 번 올리고 나오는 안주 형식은 《고려사》에 기록된 팔관회의 雙下와 거의 같다. 송이나 금의 황실 연회가 고려의 팔관회에 영향을 주었을 가능성이 높다. 정리하면, 고려의 연회에 등장한 雙下는 이후에 〈상화점〉의 상화(雙花)로 변하고 궁중의 연회음식에서 거리의 음식으로 바뀐다. 지금까지의 기록으로는 고려의 거리에서 팔던 만두류에 황실에서 먹던 雙下의 이름을 붙인 것인지, 궁중의 음식을 가져오면서 표기만 바꾼 것인지는 알 수 없다. 하지만 두 가지 가능성 모두 충분하다. 고려 시대에 雙下는 雙花를 거쳐 조선 시대에는 상화의 음차표기와 더 가까운 霜花, 床花로 표기법이 바뀌면서 조선 시대 내내 소를 넣은 발효의 대명사가 된 것은 분명한 사실이다.

중국의 雙下

북송의 풍속을 기록한 《동경몽화록》(1147)에 북송 황제의 생일 연회에서 세 번째 술을 마신 후 바치는 안주가 쌍하낙봉각자(雙下駱峰角子)인데, 돼지고기[肉], 함시(咸豉), 폭육(爆肉)과 함께 나온다. 여덟 번째 술안주로 가사어독하각자(假沙魚獨下角子)도 나온다. 獨下와 雙下가 같이 등장하기 때문에 獨下는 소가 하나, 雙下는 두 개인 긴 만두로 중국 학자들은 추정한다. 雙下가 낙봉(駱峰: 낙타 혹)이라는 단어와 붙어 있기 때문에 중국과 일본의 학자들은 雙下를 반달 모양이나 둥글게 부풀어 오른 만두나 교자로 여기고 있다. 하지만 雙下의 성격은 중국에서도 여러 가지 이견이 있다. 쌍하낙봉각자의 각자(角子)는 당시에 비발효 만두인 교자(餃子)와 같은 뜻으로 쓰인 말이므로, 쌍하낙봉각자를 교자로 보는 학자들도 있다. 술안주로 나온 점을 볼 때 고기가 들어간 만두나 교자일 가능성이 매우 높다.

13세기 원나라 음식을 기록한 《거가필용》은 조선의 조리서에도 큰 영향을 끼쳤다. 《거가필용》에 제시된 타봉각아 조리법이다.

타봉각아(駝峰角兒: 낙타 등처럼 만든 교자): 밀가루 2.5근에 녹인 수유 10량을 넣는데, 혹 돼지·양의 기름을 반씩 넣은 것으로도 대신한다. 소금을 조금 탄 찬물로 반죽을 만들고 밀대로 밀어 만두피를 만든 다음 볶아 익힌 소를 싸고 가장자리를 붙여서 교아(角兒)를 만든다. 화로에 넣어 구워 익혀서 차린다. 채소를 소로 써도 좋다[麨二斤半, 入溶化酥十兩, 或猪, 羊油各半代之, 冷水和塩少許, 搜成劑, 用骨魯搥捍作皮, 包炒熟餡子捏成角兒, 入爐熬煿熟供, 素餡亦可].[14]

이 조리법으로 보면 타봉각아는 밀가루에 수유[酥: 유지제품]을 넣고 구운 교자나 빵 같은 음식이다. 雙下와 타봉각아의 조리법이 같은지는 모르지만 개연성은 매우 높다. 각아(角兒)와 각자(角子)는 지금의 교자(餃子)와 같은 음식이다. 낙타 혹을 뜻하는 타봉은 소가 불쑥 솟아오른 모양을 나타낸다. 리카이저우(李开周)는《송나라 식탁 기행》에서 난징 지역의 명물인 커다란 완자인 펀쩡스즈터우(粉蒸獅子頭)를 소로 넣은 음식에서 하나를 넣은 것을 독하만두(獨下饅頭), 두 개를 넣은 것을 쌍하낙봉각자(雙下駱峰角子)라고 했다.[15]

雙下는 명나라의 여러 법령을 집대성한《대명회전(大明會典)》(1509)에 쌍하만두(雙下饅頭), 쌍하대만두(雙下大饅頭)로 명대 초기에 등장한 후 이후에는 연회음식으로 등장한다.《대명회전》예부(禮部) 편에 영락 14년(1416)에 과거에 급제한 사람에게 베푸는 황제의 잔치인 은영연(恩榮宴)의 기록이 있는데, 쌍하만두가 소만두(小饅頭)와 함께 쌍하대만두(雙下大饅頭)로 나와 쌍하만두가 커다란 만두임을 분명히 알 수 있다. 명나라 3대 황제인 영락제(永樂帝, 재위 1403~24) 원년(1403)에 사신들에게 베푼 연연(筵宴)에는 조선의 사신도 참여했는데, 여기에도 쌍하대만두가 나온다. 쌍하만두가 명대 초기에 황제의 연회에 쓰였고 조선 사신의 참석도 있었음을 감안하면 쌍하만두가 중국에서 고려나 조선으로 전해진 것은 분명하다.

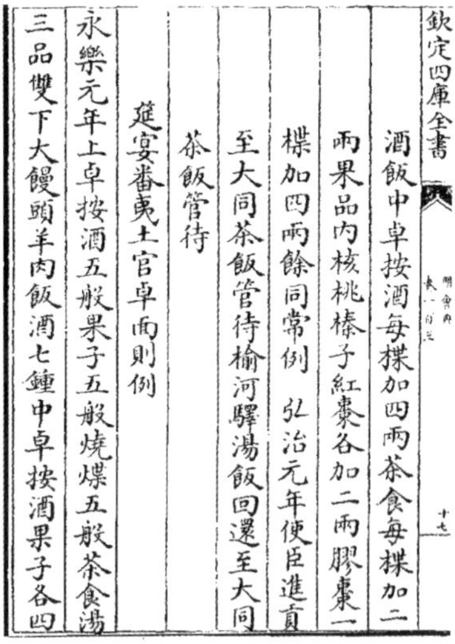
欽定四庫全書

酒飯中卓按酒每楪加四兩茶食每楪加二
兩果品内核桃榛子紅棗各加二兩膠棗一
楪加四兩餘同常例 弘治元年使臣進貢
至大同茶飯管待榆河驛湯飯回還至大同
茶飯管待

筵宴番夷土官卓面則例
永樂元年上卓按酒五般果子五般燒煠五般茶食湯
三品雙下大饅頭羊肉飯酒七鍾中卓按酒果子各四

十七

그림 3-5 중국《대명회전》에 기록된 쌍하대만두

하지만 雙下饅頭라는 명칭은 중국 문헌에서 거의 사라진다. 이후 雙下는 조선에서만 만두의 한 종류로만 존재하게 된다.

회회인과 고려

송과 원에서 만두나 교자는 가장 대중적인 외식이었다. 송나라와 원나라 사람들이 고려의 개성에 들어오면서 그들의 대중음식인 만두나 교자가 유입된 것은 당연한 일이었다.

고려의 상화점에서 상화를 파는 사람은 회회(回回)아비다. 회회는 지금의 중국 신장 지역을 기반으로 한 민족이었다. 회회족은 당나라 때부터 장안에서 장사를 했다. 회회족 중에는 지금의 신장에 기반을 두고 서역과 중국 전 지역을 오가는 상인들이 많았다. 금나라가 들어선 후에도 회회족은 금과의 인적·물적 교류가 빈번했다. 남송은 국토의 절반을 금에게 빼앗기면서 부족한 세금을 보충하기 위해 무역을 장려하고 수도에서의 외국 상인 점포 영업을 금했다. 때문에 회회 상인들은 다른 지역으로 이동할 수밖에 없었다.

회회인은 중국 북쪽의 금과 남쪽의 남송은 물론 고려까지 드나들던 국제 상인이었고 이후에 금 및 남송을 멸한 몽골의 원나라에서도 활발한 상업 활동을 했다. 당시 몽골은 아시아에서 유럽에 걸친 대제국을 건설해 사회, 문화, 군사적 평화가 도래했다. 이를 팍스 몽골리카(Pax Mongolica)라 부른다. 당시 국제적 상업은 회회인이 주도했는데, 원 세조(世祖, 1215~94) 이후에는 회회와 외오아(畏吾兒)를 구분하여 회회는 이슬람교도를, 외오아는 비이슬람교도였던 위구르인을 가리키게 되었다.[16] 몽골 제국에서 위구르인, 회회인 등 색목인의 역할은 매우 두드러졌다. 몽골은 위구르를 복속한 뒤 이들을 관료로 중용했다. 일찍부터 교역에서 큰 역할을 했던 회회인들은 몽골 제국이 확장됨에 따라 외국 각처에서 활동하게 되었다.[17]

이런 국제 질서에 고려도 포함되었다. 고려와 몽골의 전쟁이 끝나고 양국 사람들의 왕래는 빈번해졌다. 이곡(李穀, 1298~1351)은 《가정집(稼亭集)》의 서문 격인 '송백운빈환도서(送白雲賓還都序)'에서 "개경이 중국 수도와 거리가 겨우 4천 리밖에 되지 않고, 또 가는 길이 위험하거나 막혀서 통하지 아니할 염려가 없으므로 급히 달리는 역마(驛馬)가 줄을 이어 상인, 나그네들의 걸음이 밤낮으로 끊어지지 않았다[王京去京師才四千里. 又無道途危險梗澁之虞. 傳遽往來絡繹. 而商旅之行. 日夜不絶].”며 당시의 안정적인 교역로 확보가 활발한 국제적인 상업 활동을 가능케 했음을 묘사했다. 또한 고려 내에는 이슬람 방식대로 도축업에 종사하는 회회인과 만두를 파는 회회인이 있었다.

발효 후 쪄서 먹는 상화

한국에서 만두와 상화의 가장 큰 차이는 상화는 발효법을 사용한 찐 음식이라는 것이다. 17세기 초의 선조 때 양예수(楊禮壽)가 편찬한 의서인 《의림촬요(醫林撮要)》에는 '기운이 위로 떠서 마음이 어지러울 때 먹는 약'인 주사안신환(朱砂安神丸)을 설명하면서 “증병(蒸餠)은 곧 밀가루로 찐 떡[小麥末蒸餠]인데 민간에서는 雙花餠이라고 한다[朱砂安神丸 如氣浮心亂, 以此藥鎭固之. 黃連 一錢五分, 朱砂 一錢, 酒生地黃, 酒歸身, 灸甘草- 各五分. 右末, 湯浸蒸餠丸黍米大, 每服十五丸, 津唾嚥下, 食後服. 正傳內傷門. ○蒸餠乃小麥末蒸餠, 俗呼雙花餠也].”고 썼다. 중국의 증병, 즉 발효 음식인 만두가 상화병임을 분명히 밝힌 것이다.

허균(許筠, 1569~1618)의 《도문대작(屠門大嚼)》(1611)에 雙花와 饅頭가 동시에 등장하는 것에서 알 수 있듯, 상화와 만두는 다른 음식임이 분명하다. 17세기 후반(1670년경)에 쓰인 《음식디미

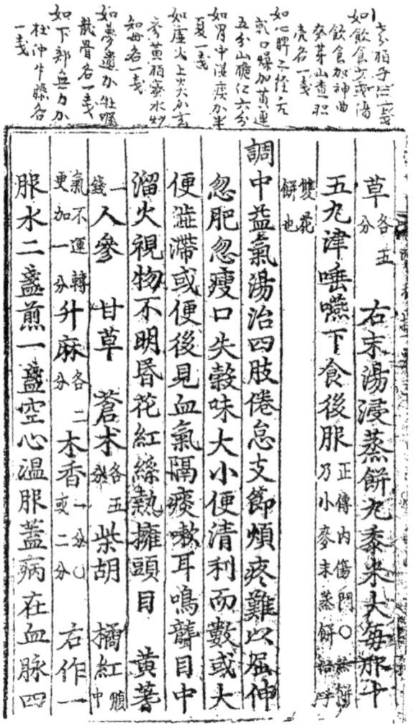
草 各五分 右末湯浸蒸餅丸黍米大每服十
五丸津唾嚥下食後服 正傳內傷門 乃小麥末蒸餅
雙花餅也
調中益氣湯治四肢倦怠支節煩疼難以屈伸
忽肥忽瘦口失穀味大小便清利而數或大
便澁滯或便後見血氣隔痰嗽耳鳴聵目中
溜火視物不明昏花紅縧熱擁頭目 黃蓍
一錢 人參 甘草 蒼朮 各五分 柴胡 橘紅
氣不運轉更加一分 升麻 各二分 木香 一分或二分 右作一
服水二盞煎一盞空心温服蓋病在血脉四

그림 3-6《의림촬요》의 쌍화점 기록

방》에도 만두법과 상화법이 같이 나온다. 만두법은 메밀피에 고기를 싸서 삶는다고 했으므로 중국의 교자와 같고, 상화법은 팥과 꿀을 넣고 밀가루로 피를 빚어 쪄낸다고 했으므로 중국식 만두다. 조리상으로 명확하게 상화는 발효시킨 중국의 만두나 포자에서, 만두는 교자에서 분화된 것임을 알 수 있다.

이것을 증명하듯, 17세기 말의 중국어에 한국어 음을 단 어학서인 《역어유해(譯語類解)》(1690)에는 '사탕소 녀흔(넣은) 상화'인 탕포(糖包)와 '고기소 녀흔 상화'인 육포(肉包)가 등장한다. 포는 소가 들어간 중국식 만두인 포자(包子)를 말한다. 이익(李瀷, 1681~1763)은 《성호사설》 만물문 '만두·기수·뢰구(饅頭起溲牢九) 편에서 다음과 같이 설명했다.

기수(起溲)라는 것은 밀가루를 반죽해 깨끗이 쪄서 익힌 것으로 이름을 기수라고 했으니, 이는 필시 주효(酒酵)로써 벙그렇게 일구어 만든 것이리라. 《자서(字書)》에, "부투(餢飳)는 밀가루로 부풀게 만든다."

했으니, 이는 밀가루에 주효를 넣어 부풀어 오르게 한 것이고, "포(餺)는 상자에 찐 만두다." 했으니 역시 밀가루에다 주효를 넣어 부풀게 한 것이다. 이 모두가 기수의 종류로, 지금의 소위 상화병(霜花餠)이라는 것이 이런 것인 듯하다[起溲者溲麪作餠蒸熟净取者也謂之起溲則必酒酵起膠也字書云餣餕起麪也發酵使麪輕高浮起也餺籠蒸饅頭亦發酵浮起者也皆起溲之類也今之霜花餠恐是此物也].

《조선왕조실록》에는 다음과 같은 기록이 있다. 선조 임금이 편전에 나아가 영의정 유성룡을 불러 정세를 논의하다가 유성룡에게 "전에 평안감사 이원익의 말을 들으니, 낙상지(駱尙志)가 이 제독을 '송(鬆)'한 사람이라 하던데, 송자는 무슨 뜻이며, 우리나라 음성으로는 어떠한 음으로 읽는가?" 하고 물었다. 유성룡이 "송(松)자와 같은 음이며, 그 뜻은 상화병(床花餠)처럼 들떠 일어난 모양입니다."*라고 대답했다. 여기에서도 상화병은 발효병임을 알 수 있다. 안정복(安鼎福, 1712~91)은 《순암집(順菴集)》 7권에서 "지금 풍속은 설면(屑麪)을 발효시키는데 떡소를 넣기도 하고 떡소를 넣지 않기도 한다. 원문에 함(餡)은 떡소이다. 찐 음식을 만두라고 한다. 병(餠)은 면에 물을 쳐서 합친 것이다. 일찍이 《역어유해》를 보니, "만두는 우리나라 풍속의 상화병(霜花餠)이다."라고 하였다[今俗屑麪發酵, 或有餡或無餡, 餡썩소 蒸食者謂之饅頭. 餠者.

* 《선조실록》 선조 26년 계사(1593) 윤 11월 2일(임오).

溲麵使合幷也. 嘗見譯語類解. 饅頭卽東俗之霜花餅是也]."라고 전했다.

《순암집》의 상화병은 밀가루[屑麵]를 발효시켜 만드는데, '떡소를 넣기도 하고 떡소를 넣지 않기도 한다[或有餡或無餡])'라는 구절을 보면 당시에 발효병인 상화병이 중국처럼 소가 있는 것과 없는 것으로 나뉨을 알 수 있다. 상화의 피는 밀가루 반죽을 발효시켜 만든 것은 일정한데 소는 고기나 채소를 넣거나 단팥을 넣어 먹는 등 다양하게 먹었다.

숙종(肅宗, 재위 1674~1720) 때 신유한(申維翰)이 쓴 일본 기행록 《해유록(海遊錄)》에서 "또 만두(饅頭)라는 것이 있어 우리나라 상화병(霜花餅) 같은데, 겉은 희고 안은 검고 맛은 달다."고 했다. 팥소와 설탕을 소로 넣고 밀가루로 피를 만들어 쪄낸 일본식 과자[和菓子]인 만주(饅頭)와 같은 상화도 있었음을 알 수 있다. 팥을 넣어 먹는 만두가 중국, 일본, 한국에 다 있었지만 명칭은 조금 달랐던 것이다. 안정복의 글에서 알 수 있듯, 상화가 밀가루로 만든 발효병인 것은 분명하지만 조선 후기에는 소가 없는 것도 있었음을 알 수 있다.

행사와 일상식

상화는 밀가루로 만든 귀한 음식이었기 때문에 왕실 행사에 많이 등장한다. 《조선왕조실록》 세조 10년(1464) 7월 4일자에 세조는 신숙주에게 시와 함께 상화병(雙花餅) 1합(榼), 소주(燒酒) 5병을 보낸 기록이 있는데, 왕의 하사품일 정도로 귀한 음식이었음을 알 수 있다.

《승정원일기(承政院日記)》 영조 2년(1726) 6월 1일자 기사에, 경소전의 망제(望祭)에 올린 제물 중에 상화병(霜花餅)이 진설한 뒤에 무너졌다고 나온다. 정조 10년(1786) 8월 8일에는 영접도감(迎接都監)이 중국 칙사의 유제(諭祭)* 때 상화병(霜花餅)을 올렸다고 했다. 궁중의 행사 때 상화는 상화반(霜花飯), 수상화(水霜花) 등 다양한 형태로 등장한다.** 상화반이 정확하게 어떤 음식인지는 추측하기 어렵다. 수상화는 발효병을 물에 넣는 경우는 없으므로 비발효병인 물만두일 가능성이 높다. 이식(李植, 1584~1647)의 《택당집(澤堂集)》에는 기제(忌祭)에 올리는 면 음식 수만두(水曼頭), 즉 물만두(만둣국일 개연성도 있다)가 등장한다. 국물에 넣어 먹는 만두류에 수(水)를 붙인 것을 알 수 있다. 조선 내내 일본과의 교류의 핵심이던 조선통신사의 기록에는 일본의 만주(饅頭)로 접대받은 기록이 자주 등장한다. 조선의 사신들은 일본의 만주를 예외 없이 조선의 상화로 표현한다. 조선이나 일본이나 귀한 밀로 만든 하얀 상화는 왕실이나 양반, 사신 접대에 쓰인 귀한 음식이었다.

하지만 20세기가 되면서 상화는 사라진다. 음식이 없어진 게 아니라 만두가 상화와 교자 모두를 아우르는 이름이 되었기 때

* 중국 황제가 사신을 보내 지내게 하는 제사.
** 정조 19년(1795) 6월 18일자의 "자궁(慈宮)에게 수상화(水霜花) 한 그릇을 진찬(進饌)하였다" 등 4회 등장한다.

문이다. 밀과 메밀은 한민족의 주요 작물이 아닌데다 상화나 교
자가 한민족이 일상적으로 먹던 음식이 아니었기 때문이라고 생
각된다.

8장

한민족의
비발효 만두

《고려왕조실록(高麗王朝實錄)》 충혜왕(忠惠王) 4년(1343) 10월 25일자 기사에 "어떤 사람이 궁궐 부엌에 들어가 만두를 가져가자 왕이 노하여 그가 도둑질했으니 즉시 죽이라고 명하였다[有人入內廚, 取饅頭. 王怒, 以爲盜, 卽命殺之]."라는 내용이 있다. 한민족 최초의 만두라는 단어가 이렇게 살벌하게 등장하는 것이다. 이는 역설적으로 만두가 귀한 음식이었던 것을 방증한다. 이 구

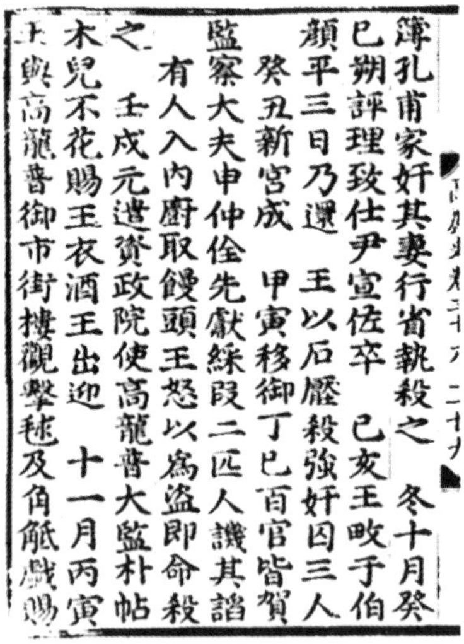
簿孔甫家奸其妻行省執殺之 冬十月癸
巳朔評理致仕尹宣佐卒 己亥王畋于伯
顏平三日乃還 王以石歷殺強奸因三人
癸丑新宮成 甲寅移御丁巳百官皆賀
監察大夫申仲佺先獻綵段二匹人譏其諂
有人入內廚取饅頭王怒以爲盜即命殺
之 壬戌元遣資政院使高龍普大監朴帖
木兒不花賜王衣酒王出迎 十一月丙寅
王與高龍普御市街樓觀擊毬及角觝戱賜

그림 3-7 만두라는 단어의 첫 등장, 《고려왕조실록》 충혜왕 4년 10월 25일자 기사

절만으로 이 만두가 발효병인지 비발효병 교자인지는 알 수 없다. 조선 시대에 만두는 비발효병 교자류를 지칭하는 경우가 일반적이었다. 교자의 조상이 혼돈이듯 한민족의 비발효 만두도 혼돈으로 시작된다.

혼돈은 소가 들어간 비발효병의 살아 있는 조상이다. 비발효 교자류는 혼돈에서 각자, 교자, 편식을 거쳐 현재는 교자와 혼돈탕으로 정착했다. 현재 중국에서 혼돈과 교자의 가장 큰 차이는 혼돈은 국에 넣어서 먹고 교자는 그냥 먹는다는 것이다. 한반도에서 밀로 만든 음식 문화는 쌀과 조를 중심으로 하는 입식 문화 때문에 번성하지 못했다. 중국에서도 밀가루 문화의 중심지였던 산둥은 오래전부터 한민족의 활동 무대이기도 했다. 따라서 한민족의 교자류 문화도 이곳과의 교류에서 시작된다.

비발효 만두류의 시작, 혼돈

한민족의 교자류에 관한 최초의 기록은 일본 승려 엔닌(円仁,

794~864)이 당나라의 불교 성
지를 돌아보고 기록한 여행기
인《입당구법순례행기(入唐求法
巡禮行記)》에 장보고가 세운 중
국 산둥성 등주(登州)의 적산법
화원(赤山法花院)에서 동짓날 먹
은 혼돈(餛飩)이다.

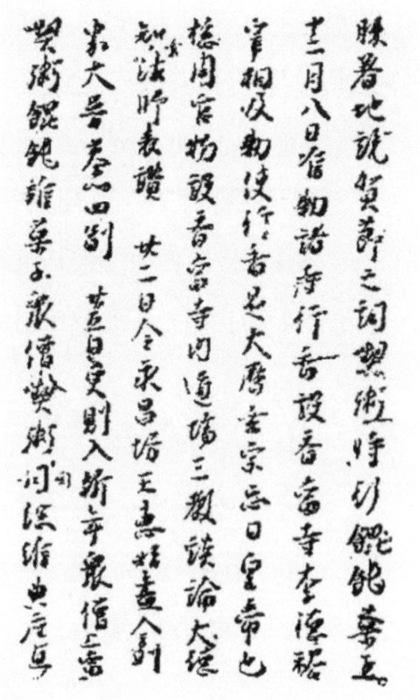

840년 음 11월 26일
 동짓날이다. 승려들은 절하며
축하하기를 "엎드려 생각하건대
스님께서는 오래도록 세간에 사
시면서 널리 중생을 화목하게 하
십시오."라 하였다. 납하(臘下)와
사미가 상좌에게 하는 인사는

그림 3-8 《입당구법순례행기》에 나오는 한
민족 최초의 혼돈 기록

오로지 서의(書儀)의 제도에 따랐다. 사미는 승려에 대하여 오른쪽 무
릎을 땅에 대고 명절을 축하하는 말을 한다. 죽을 먹을 때 혼돈(餛飩)
과 과자를 나누어주었다[廿六日. 冬至節. 僧中拜賀云, "伏惟和尙久住世間廣
和衆生."臘下及沙弥校勘 對上座說一依書儀之制. 沙弥對僧右膝著地說賀節之
詞. 喫粥時行餛飩菓子].

《고려사》위초전(尉貂傳)에는 명종(明宗, 재위 1170~97) 때 산원
동정(散員同正) 위초(尉貂)의 아버지 위영성(尉永成)이 악질을 앓

은 이야기가 나오는데, 이때 혼돈이 등장한다. 의원이 위영성의 병을 고치려면 "자식의 살을 사용하여야 치료할 수 있다."고 했고, 위초가 즉시 넓적다리 살을 베어서 혼돈 속에 섞어 넣어서 위영성에게 먹였다는 내용이다.

고려의 문신 이규보의 《동국이상국집》에 〈작은 혼돈을 보내온 기선사에게 사례하여[謝其禪師送細餛飩]〉*라는 시가 있다.

가는 체로 가루 쳐서 깨끗이 빚었는데	重羅雪麵切裁新
편지와 함께 봉해 친구에게 보냈구나	封了緘書餉故人
멀리 보니 처음엔 메밀가루와 같더니	遙見初疑堆木屑
자세히 보니 참으로 옥가루 흡사하네	細看眞似積瓊塵
시장한 아침 입맛 좋을 뿐 아니라	晨朝饞口非唯美
낮참의 주린 창자 여기에도 진미일세	晝日飢腸亦足珍
내게까지 보내온 정 너무도 감사하여	饋及殘翁情可感
천만 년의 법수를 기원할 뿐일세	但祈法壽萬千春

밀이 귀했던 고려에서는 밀로 만든 발효병 만두나 비발효병 교자류 모두 소중한 음식이었다. 당시 밀로 만든 음식은 중국이나 고려, 일본에서 모두 절에서 선호한 음식이었다. 승려나 고관, 귀족들은 교자류나 만두류를 선물로 자주 보냈다. 이규보의 시

---

*《東國李相國集》卷第七 古律詩 九十七首 〈謝其禪師送細餛飩〉

에 등장하는 혼돈은 아주 고운 밀가루[重羅雪麪]로 만든 작은 혼
돈[細餛飩]인데 메밀가루[木屑]가 아닌 밀가루[眞似積瓊塵]로 만
든 것이다. 혼돈은 작게 만들어 탕에 넣어 먹는 경우가 많은데
시에 나오는 구절과 일치한다. 중국의 북방에서는 물에 삶아 먹
는 교자가 유행했는데, 남방의 밀가루 음식인 작고 세밀한 교자
류인 혼돈을 넣은 혼돈탕은 송대에서 지금까지 이어지고 있다.
이규보의 시를 통해 남송의 혼돈탕이 고려에 영향을 끼친 것을
알 수 있다. 하지만 고려 시대에 잠깐 등장한 혼돈은 이후에는
기록이 줄어든다. 같은 비발효 음식이 수교나 만두, 편식으로 이
름이 바뀌어 정착하면서 생긴 일이다.

수교의

조선 초기인 1450년경 어의 전순의(全循義)가 지은 우리나라
최초의 조리서인 《산가요록(山家要錄)》(1450)에는 수고아(水羔兒)
와 어만두(魚饅頭) 두 가지 만두류 조리법이 나온다.

水羔兒(수고아): 고운 밀가루와 메밀가루를 같은 양으로 하되 메밀가
루를 조금 적게 한다. 연한 소금물에 반죽하여 개암만 한 덩이로 만들
어서 판에서 아주 얇게 밀어 고기로 소를 만들어 둥근 껍질에 손으로
빚고 그 가장자리를 버린다. 또 빚은 조각은 합쳐서 물에 삶아 익히고
생강과 식초와 간장으로 간한다.

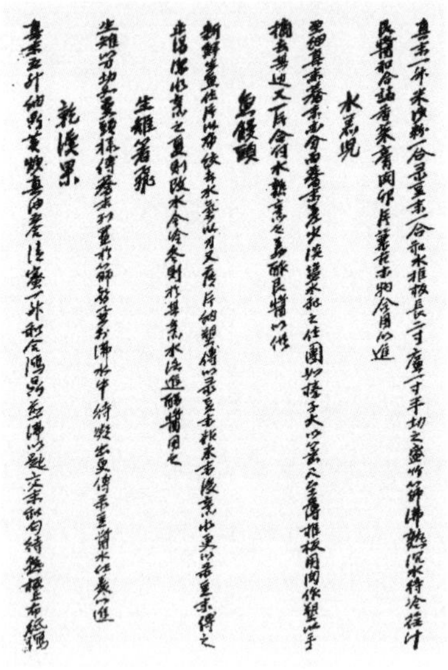

水羔兒

乾洌果

魚候頭

生雉着乾

그림 3-9 《산가요록》의 수고아와 어만두

조선 중기 이래의 요리책에는 수고아가 이름만 조금씩 다르게 꾸준히 등장한다. 《음식디미방》(1670년경)에는 '슈규의', 1680년경에 쓰인 저자 미상의 조리서 《요록(要錄)》에는 '수고아'가 등장한다. 《윤씨음식법》에는 '슈교아', 《열양세시기(洌陽歲時記)》에는 '水角兒(수각아)', 《시의전서(是議全書)》에는 '슈교의', 《술 만드는 법》에는 '수고아'로 각각 쓰여 있다.

수고아, 슈규의, 슈교아, 수교의, 수각아는 비슷한 음을 가지고 있지만 한글의 음운론적 발달과는 관계가 없고 중국 단어의 음을 표시하면서 생긴 차이다. 《산가요록》에 나오는 수고아와 이후의 음식들은 소를 넣고 곡물로 피를 만들어 쪄내는 교자류다. 이름은 중국어 수교자(水餃子)의 당시 수도 임안(臨安) 지역 표기인 수각아(水角兒)에서 온 것이다.

어린아이라는 뜻을 가진 자(子)를 남송의 수도 임안에서는 아(兒)로 불렀다. 그래서 각자(角子)는 각아(角兒)로, 교자(餃子)는 교아(餃兒)로 불렀다. 《산가요록》의 한자 水羔兒는 중국에서 쓰이지 않은 단어다. 水羔兒(수고아)는 중국의 수각아나 수교자를 한국식 발음으로 바꾼 뒤 이두식 한자로 표기한 것으로 추정된다.

편식(扁食)

편식(扁食, 비엔스)이라는 단어는 중국에서 송대에 등장한 뒤 명나라와 청나라 시대에 주로 사용된다. 청대에는 교자(餃子)라는 말보다 더 광범위하게 쓰인다. 조선의 편식은 당연히 중국에서 들어온 말이다. 조선에서는 중국의 발효병인 만두는 상화로 부르고 비발효병인 교자는 주로 만두로 불렸지만, 편식이라는 말도 제법 쓰였다. 편식은 조선 후기에 편수로 바뀌어 쓰였다.

중국어 편식(扁食, 비엔스)은 조선에서 '편시'라는 단어로 변형을 일으킨다. '편시'라는 단어가 처음 등장하는 사료는 《구급간이방언해(救急簡易方諺解)》(1489)다. 《구급간이방언해》에 편시는 餛飩(혼돈)의 한글 병기음으로 나타난다. "밀가루로 만들어 푹 끓여 먹는다[麵作餛飩 편시熟煮空腹食]."라는 조리법도 나온다. 이는 중국 북방의 물에 삶는 교자와 조리법이 같다. 《훈몽자회》(1527) 식찬(食饌)에

그림 3-10 변시를 설명한 《훈몽자회》

는 '혼돈(餛飩), 즉(卽) 변시'라는 내용이 나온다. 한글 표기가 '편시'와 '변시'로 조금 다르다.

전 서울대 교수 이기문은 〈빈대떡과 변씨만두〉라는 논문에서 변씨만두의 고착화 과정을 설명한다.

> 이 말은 근세중국어 '匾食'의 차용어였다. 《역어유해》(上51)의 '匾食 변시'가 이 차용 사실을 분명히 보여준다. 여기에는 '匾食'의 중국어 발음이 '변시'라 표기되어 있어, 이 발음이 그대로 들어왔음을 알 수 있다. 《한청문람(漢淸文鑑)》(12.45)에 '扁食 변시', 《방언유석(方言類釋)》(2.29)과 《과정일록(課程日錄)》(坤24)에 '匾食 변시', '餛飩 쟈근 변시', 《화어유초(華語類抄)》(30)에 '匾食 변시'라 한 것을 보면 19세기까지도 '변시'가 쓰였음을 알 수 있다.
>
> 근세중국어 차용어는 처음에는 중국어 발음으로 차용된 것이라도 그 한자의 우리나라 발음으로 고쳐지는 일이 자주 일어났음을 우리는 여러 예를 통하여 알고 있다. 이에 비추어 '변시'의 '匾(扁)'도 '편'으로 고쳐질 수 있음을 점쳐볼 수 있다.[18]

이기문 교수는 같은 논문에서 제일 먼저 문헌에 기록된 편시는 "전기 중세어의 시기에 중국어의 匾食가 '변시'로 차용되었고 그 뒤에 우리나라 한자음의 개입으로 '편시'가 나타났다고 볼 수 있"다고 해, 기록에는 남아 있지 않지만 변시가 먼저 사용되었음을 밝혔다. 음운의 발전 형태상으로나 이후의 사용 빈도로 봐서 이기문 교수의 이야기는 논리적이다.

편식의 변형1: 변씨만두

후대에 오면서 편식의 한국어 변형어인 변시에 조금 당황스러운 이야기들이 덧붙었다. 변시가 변씨로 바뀌면서, 변씨만두는 변씨라는 사람이 만들었다는 변씨만두설이 생긴 것이다. 서유구가 쓴 조선 후기 농업 중심의 백과사전인 《임원십육지(林園十六志)》 정조지(鼎俎志)에 다음과 같은 글이 있다.

> 메밀가루를 소금물로 반죽하여 밀대로 얇게 밀어 사방 1치(3cm) 크기로 껍질을 만들어 두 개의 껍질로 하나의 소를 싼다. 소는 돼지고기, 미나리, 파, 천초 등으로 양념한다. 껍질 1개에 소를 넣고, 다른 껍질 1개로 덮어 소를 싸서 가위로 삼각형으로 자른다. 장국에는 기름, 천초 등 양념을 넣고 끓인다. 변씨가 이 맛을 잘 내어 이름 붙여졌다. 또한 '필라'라는 이름도 얻었다.

《동국세시기 10월(음력) 월내(月內: 10월 음식)에도 "또 밀가루로 세모꼴의 만두를 만든다. 이것을 변씨만두(卞氏饅頭)라 하는데, 변씨가 처음 만들었기 때문에 이런 이름이 붙었을 것이다."라는 거의 같은 내용이 나온다. 변씨만두는 당연히 변씨가 만든 게 아니라 중국어 비엔스(匾食)의 한국 발음인 '변시'로의 변화를 재미있게 표현한 것이다.

편식의 변형2: 편수

편식의 또 다른 변형은 편수다. 그런데 편수의 내용은 좀 복잡하다. 편수에 관한 기록은 19세기에 처음 등장한다. 정확한 연대는 알 수 없지만 19세기에 편찬된 백과사전류인《광재물보(廣才物譜)》에 '匾食 편수'가 등장한다.

황필수(黃泌秀, 1842~1914)가 각종 사물의 명칭을 고증해 1870년에 펴낸《명물기략(名物紀略)》에는 "匾食 편식 華音 편시, 轉云 편슈, 밀가루 반죽을 종이처럼 얇게 하여 네모난 모양으로 잘라 소를 넣고 네 귀퉁이를 합하여 만든 만두다[麫如薄紙 切爲四方裏餡 四合如饅頭者]."라고 나온다. 중국어[華音] '편시'가 조선어 '편수'로 변했다는 설명이다.

1880년에 간행된《한불자전(韓佛字轉)》에는 편슈(餰水)*가 나오는데, "편(餰)자는 조선에서 만든 한자로 이규경(李圭景, 1788?~1863)이 쓴 백과사전 형식의 책인《오주연문장전산고(五洲衍文長箋散稿)》에 '餰(편)은 餅(병)이고 음은 扁(편)'이라고 나온다[餰 音扁 俗訓 餅曰餰]."라고 되어 있다.

19세기 말의 한글 조리서《시의전서》에서는 밀만두를 "일명 편수(片水)라 하며, 밀가루를 냉수에 반죽하여 얇게 밀어 네모반듯하게 자르되 크기는 작게 말고, 소는 만두소처럼 만들어 귀 걸

---

* 餰(편)자는 조선에서 만든 한자다. 최남선의《신자전(新字典)》의 〈조선속자부(朝鮮俗字部)〉에 "餰, 餅也"로 나온다.

어 싸서 네모반듯하게 하되, 이음을 꼭 붙게 하여 삶는다.'고 설명했다. 이용기가 쓴 《조선무쌍신식요리제법(朝鮮無雙新式料理製法)》(1924)에서는 "편수는 여름에 만들어 먹나니 다른 만두와 같이 만들되, 빚은 모양이 네모지고 납작하게도 하고, 둥글게 보찜처럼 하기도 하여 먹는다. 유월 유두에 만들어 먹는 것은 늙은 오이를 껍질과 씨를 빼고 실같이 썰어 쇠고기, 마고(蘑菰: 표고), 석이, 파 잘게 익힌 것과 함께 장과 기름을 치고 주물러놓고, 밀가루 반죽한 것을 얇게 밀어 이 소를 넣고 만두처럼 빚어 틀에 쪄서 참기름을 바르고 잣가루를 뿌려 초장에 찍어 먹는다."고 했다. 《조선무쌍신식요리제법》 8판(1933)에는 편수를 "기름기 없는 순전한 살코기로 국을 끓여서 식혀 가지고 찬 국물에 넣어서 먹는" 방법이나 초장에 찍어 먹는 다양한 조리법이 나온다.

이기문 교수는 편수(匾水)를 설명하면서 "'水'는 아마도 이 음식을 냉국에 넣어 먹은 사실과 관련된 것으로 추정된다."라고 설명했다.[19] 이 설명에 부합하는 편수 조리법은 1934년 이석만(李奭萬)이 쓴 《간편조선요리제법(簡便朝鮮料理製法)》의 "편수는 여름철 음식이다. 냉면과 같이 만두를 차게 만드는 것이다. 밀가루 반죽한 것을 얇게 밀어 네모반듯하게 썰어 만두소를 가운데에 넣고 네 귀를 접어 싼 뒤에 삶아내어 찬물에 건져 식혀서 장국을 식혀 붓는다."라는 설명이다. 중국의 남방에서 즐겨 먹는 혼돈(餛飩)은 위의 편수처럼 사각으로 피를 만들어 소를 넣고 접어서 네 귀퉁이에 날개가 생긴다. 이것을 국에 넣어 먹는 것인데 조선의 편수가 중국의 혼돈과 같은 것임을 알 수 있다. 다만 중국에서는 찬 국물에 국수나 혼돈을 넣어 먹는 경우는 없다. 여름에 찬 국물에 먹는 한국인 고유의 냉면 문화가 편수에 영향을 미친 것이다.

편수는 개성 음식으로 널리 알려졌다. 하지만 편수가 개성 음식으로 등장하는 기록은 1925년의 《개벽》에 실린 〈開城(개성)편수〉[20]라는 글이 처음이고, 1929년 《별건곤(別乾坤)》의 〈天下珍味(천하진미) 開城(개성)의 편수〉에서는 편수에 관한 자세한 기록이 다음과 같이 나온다.

편수도 편수 나름이지 그 맛이 다 갓다고야 할 수 업슬 것이다. 그 맛의 好否(호부)를 作定(작정)하는 것은 말할 것 더 업시 그 속(편수 속)의 재료에 잇는 것이다. 開城(개성)편수 중에도 貧寒(빈한)한 집에서 아모리케나 만드러서 편수 먹는다는 기분만 맛보는 것 갓흔 그런 편수는 서울 鍾路通(종로통) 음식점에서 一金二十錢(일금오십전)에 큰 대접으로 하나식 주는 만두 맛만 못할는지도 모른다. 그것은 고기라고는 거의 업고, 숙주와 두부의 混合物(혼합물)에 지나지 안키 때문이다.

그러나 정말 남들이 일커러주는 開城(개성)편수는 그런 것이 아니라 그 속(편수 속)의 主成物(주성물)은 牛肉(우육), 豚肉(돈육), 鷄肉(계육), 생굴, 잣, 버섯, 숙주나물, 두부, 그 외의 약념 등 이러케 여러 가지 종류이다. 이것들을 적당한 분량식 배합하야 늣퇴 맛잇는 것을 만들랴면 적어도 숙주와 두부의 합친 분량이 전체 분량의 3分 1을 넘어서는 안 될 것이다. 그럼으로 정말 맛잇다는 開城(개성)편수는 그리 廉價(염가)로 어더지는 것이 아니다.

上記(상기)의 여러 가지 물건이 開城婦人(개성부인)네의 특수한 調味法(조미법)으로 잘 조미되어 똑 알맞게 익어서 그것이 우리들 입속으로 드러갈 때 그 맛이 과연 엇더할가. 세 가지 고기 맛, 굴과 잣 맛, 숙주와 두부 맛들이 따로따로 나는 것이 아니요 그 여러 가지가 잘 조화되여서 그 여러 가지 맛 중에서 조흔 부분만이 한데 합처저서 새로운 맛을 일우어서 우리 목구멍으로 녹아 넘어가는 것이니 그 새로운 조화된 맛 그것이 開城(개성)편수 맛이다. 開城(개성)의 유명한 松筍酒(송순주) 한 잔을 마시고 일홈 잇는 보쌈김치와 함게 이러케 잘 조화된 편수의 한 개를 꿰뜨릴 때 나 갓흔 食道樂(식도락)의 味覺(미각)은 不知境(부지경)에 이 몸을 恍惚境(황홀경)으로 잇끄러가는 것이다.[21]

편수는 숙주와 두부를 넣어 만드는 일반 음식점의 만두와는 달리, 쇠고기, 돼지고기, 닭고기에 다양한 재료가 들어가는 화려한 음식이다. 특히 편수에는 숙주와 두부의 합이 3분의 1이 넘으면 안 된다고 따로 명시하기까지 했다. 당시 한국화된 만두는 숙주와 두부가 주재료였음을 알 수 있으면서, 편수가 만두보다 더 고급화된 음식으로 인식되었음을 알 수 있다. 개성 출신의 마해송이 1965년에 쓴 〈개성 음식은 나라의 자랑〉에도 편수가 등장한다.

세 가지 고기를 넣는 음식으로 편수도 있다. 흔히 만두라고 하는데, 개성서는 편수라고 한다. 만두는 따로 있다. 모밀 껍질에 시래기 따위를 소로 빚은 것이 만두다. 편수는 밀가루도 극히 고운 밀가루로 껍질이 얇아야 하며 소로 두부, 녹두 나물, 쇠고기, 돼지고기, 닭고기, 닭고기는 때로는 연계를 뼈까지 다져서 넣는다. 이에 조금 걸리더라도 그대로 씹어 먹을 수 있는 뼈다. 온갖 양념, 참기름과 고추 가루를 조금 넣기도 한다. 고추 가루를 조금 넣으면 삶아서 그릇에 담을 때에 약간 붉은 국물이 우러나는 것도 먹음직하게 보인다.[22]

편수는 공통적으로 쇠고기, 돼지고기, 닭고기가 들어가는 고급스러운 음식이자 국물에 넣어 먹는 것임을 알 수 있다. 1970년대 《경향신문》에 실린 〈내가 즐긴 추석 음식-편수〉라는 글에서는 편수를 이렇게 설명했다. "편수는 만두와 비슷하지만 개성에서는 엄격히 구분한다. 만두는 꼬부리지 않고 긴 것이며 편수는 꼬부린 것이고 속도 다르다. 개성에서는 추석이면 꼭 편수를 빚는다. 호박을 잘게 썰어 꼭 짜서 만두 속을 삼는다. 여기에 약간의 두부와 쇠고기 돼지고기를 똑같은 양으로 넣는데 두 고기의 양이 같아야 호박이 제맛을 낸다고 한다."[23]

그런데 나해송 등 남한에 정착한 실향민의 기억에 남은 편수와 현재 북한의 편수는 조금 다르다. 1994년 북한 조선료리협회가 발간한 요리책 2권에는 변씨만두국과 편수국 만드는 법이 소개되어 있는데, 변씨만두는 쇠고기, 돼지고기, 닭고기를 모두 사용하고 모양을 세모나게 빚는 데 반해, 편수국은 닭고기 한 종류만을 사용하고 모양도 네모로 빚는다는 차이가 있다. 2017년에 평양의 과학백과사전출판사에서 발간한 《조선 민속 음식》에는 편수가 개성 지방의 특산음식으로 나오는데, 소로 돼지고기, 호박, 두부, 달걀을 넣고 네모나게 빚어 끓여서 만든다. 20세기 초에 소개된 찬 국물에 말아 먹는 조리법은 북한에서는 보이지 않는다.

편식의 변형3: 병시

병시(餅匙)는 《음식디미방》과 조선 왕조의 궁중 의궤에 주로 등장하는 비발효 만두류다. 피로 밀가루만을 사용하고 소로 쇠고기, 돼지고기, 닭고기, 꿩고기를 사용하는 화려한 만두다. 〈기해진연의궤〉(1719)에서 〈임인진연의궤〉(1902)까지 모두 여덟 차례 의궤에 등장한다. 서울연희직업전문학교 호텔조리학부 오순덕 교수는 병시가 "겨울철에 만드는 만두로 숟가락 모양과 같은 떡이라고 하여 그렇게 불리었다."고 주장했다.[24] 여기서 "숟가락 모양과 같은 떡"은 병시의 한자를 풀어 쓴 것임을 알 수 있다. 그러나 병시는 변시의 차용어일 가능성이 높다. 《필사본 고어대사전》(학고방, 2010) 병시 조에는 '변시(匾食 bianshi)', '병시'는 중국어 직접 차용어라고 적고, 한글 병시가 쓰인 두 개의 발기*를 적시하고 있다.

민속학자 김광언(金光彦)은 〈만두고〉(1992)라는 논문에서 "변시는 19세기 말에 이르러 오늘날의 이름인 편수로 굳어졌다. 한

---

* '발기(發記)' 또는 '발기(撥記)' 등으로 쓴다. 발기는 주로 궁중에서 많이 쓰였던 것으로, 국가의 잔치·제사·의식 등 길흉 관계의 큰 행사 때와 탄일·명절·왕자녀의 경사 등이 있을 때 소요되는 물품의 목록과 수요를 적어 올리는 일종의 견적서다.

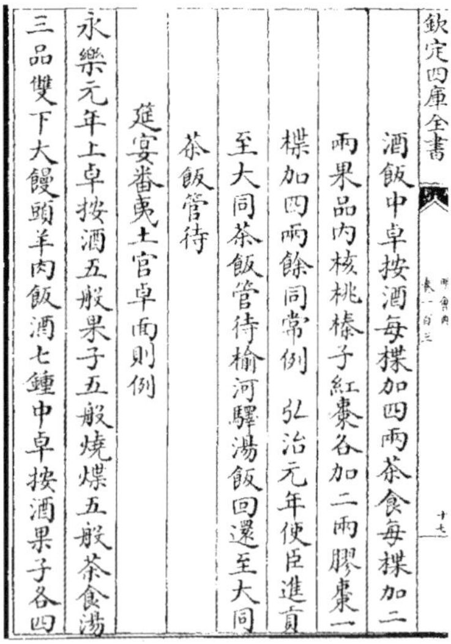

欽定四庫全書

酒飯中卓按酒每楪加四兩茶食每楪加二
兩果品內核桃榛子紅棗各加二兩膠棗一
楪加四兩餘同常例 弘治元年使臣進貢
至大同茶飯管待榆河驛湯飯回還至大同
茶飯管待

筵宴番夷土官卓面則例
永樂元年上卓按酒五般果子五般燒煠五般茶食湯
三品雙下大饅頭羊肉飯酒七鍾中卓按酒果子各四

十七

그림 3-11 임인년(1902)에 행해진 잔치의 전말을 기록한 〈임인진연의궤〉

자인 餠匙, 匾食, 扁食 따위는 변시를 한자의 음을 빌어 적은 것에 지나지 않는다."[25]라고 해, 한자에서 한글로 변했다는 데 반대의 해석을 내리고 있지만, 餠匙(병시)가(편식의 한국어 변형어인) 변시임을 주장하고 있다. 함경북도의 길주, 경성, 경원, 회령, 등지에서는 아직도 이를 '벤세'라 하며, 같은 도의 종성에서는 '벤세'로 읽는다. 현재 함경도와 맞닿은 연변에서도 '벤세'가 있는데 송편과 거의 같은 음식이다. "숟가락 모양과 같은 떡이라고 하여 그렇게 불리었다."는 병시(餠匙)의 한자음의 직접 풀이는 근거가 없고 어색하다. 변시의 음을 빌려오면서 병이라는 글자를 맞춰놓은 것으로 생각하는 것이 더 타당해 보인다.

한국 특유의 만두

만두류가 한국에 들어온 이후 한국적 특성을 반영한 변형이 이루어졌다. 한국에서 만두류는 소가 들어간 음식으로 외연이 확장된다. 곡물 반죽으로 빚은 피가 아니라 해도, 동물의 외피나 내장에 소를 넣은 것들을 모두 만두로 부른다. 피로 숭어 등을 사용한 어만두와 소에 한국 고유의 음식 문화인 김치가 들어간 김치만두가 대표적인 것들이다.

화려한 최고급 변형 만두, 어만두

오순덕은 어만두를 "생선살을 얇게 저며 소를 넣고 녹말을 입힌 후에 삶은 것으로 현재의 물만두 형태"[26]로 보았다. 어만두의 소는 고기를 넣어 만드는데, 주로 봄과 여름에 먹었던 별식이었지만 겨울에도 먹었다. 어만두는 최초의 한민족 식품서인《산가요록》(1450)에 등장하는데, 이 책의 저자인 전순의가 세조부터 4대에 걸쳐 왕의 어의를 지냈으며 왕들의 음식 치료서인《식료찬요(食療纂要)》(1460)도 쓴 것을 감안하면《산가요록》의 어만두 조리법은 당시 궁중음식의 조리법이라 볼 수 있다.

어만두(魚饅頭)

신선한 생선을 얇게 저며 헝겊으로 짜서 물기를 없애고 칼로 또 얇고 넓게 저며서 소를 넣고 녹두전분과 찹쌀가루를 묻혀서 물에 삶는다. 다시 녹두전분을 묻혀 깨끗한 물에 삶아서 여름에는 물을 갈아서 차게 해주고 겨울에는 삶은 물에 띄워서 초장(醋醬)과 먹는다.[27]

염장하지 않은 신선한 생선과 다양한 소를 생각하면, 어만두

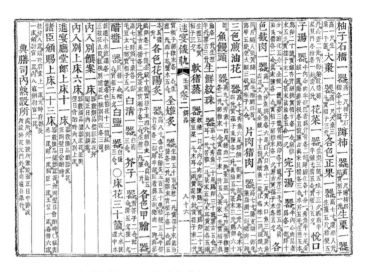

그림 3-12 고종대 진연의궤(1902)에 실린 어만두

는 궁중이나 양반사회에서나 먹을 수 있는 음식이었다. 《산가요
록》에서 어떤 생선을 소로 넣었는지는 알 수 없지만 조리법은 이
후에도 크게 변하지 않고 이어진다.

어만두에 사용된 생선은 주로 수어(秀魚: 숭어)다. 〈기해진연
의궤〉(1719)에는 사용된 생선으로 대생선(大生鮮)이 나오고, 〈원
행을묘정리의궤〉(1795) 이후 문헌부터는 수어(숭어)가 사용된다.
《찬법》(1854)에서 "숭어[秀魚]가 아니면 못할 것이요, 마지못해
농어로 하여도 둔하고 떨어지기 쉬우니"라고 한 것으로 보아 어
만두의 생선으로는 수어, 즉 숭어가 가장 적당한 것으로 인식되
었음을 알 수 있었다.[28]

《조선왕조실록》 인조 17년(1639) 6월 14일자에 왕에게 어만두

표 3-2 조선 시대 문헌에 나타난 어만두[29]

문헌	내용
산가요록(1449년)	魚饅頭(어만두)
규곤시의방(1670년경)	어만도법 슈어만도
승정원일기(1639녀)	饅頭(만두)
증보산림경제(1767년)	魚饅頭法(어만두법)
일성록(1798년)	魚饅頭(어만두)
성호선생전집(18세기 후반)	魚饅頭(어만두)
원행을묘정리의궤(1795년)	魚饅頭(어만두) 魚饅頭湯(어만두탕)
임원십육지(1827년)	魚饅頭方(어만두방)
무자진작의궤(1828년)	魚饅頭(어만두)
기축진찬의궤(1829년)	魚饅頭(어만두)
무신진찬의궤(1848년)	魚饅頭(어만두)
주찬(酒饌)(1800년대 초엽)	魚饅頭(어만두)
찬법(1854년)	어만두(슈어만두)
임진진찬의궤(1892년)	魚饅頭(어만두)
음식방문(1800년대 말엽)	어만두
시의전서(1800년대 말엽)	魚饅頭(어만두)
신축진연의궤(1901년 7월)	魚饅頭(어만두)
임인진찬의궤(1902년 4월)	魚饅頭(어만두)
임인진연의궤(1902년 11월)	魚饅頭(어만두)
만가필비 조선요리제법(1917년)	어만두
조선무쌍신식요리제법(1920년)	어만두
간편요리제법(1934년)	어만두
신영양요리법(1934년)	어만두
조선요리법(1938년)	어만두
주부의 동무 조선요리제법(1940년)	어만두

의 주재료와 관련된 기사가 나온다. 여름에는 (숭어를) 구하기 힘들기 때문에 대신에 노어(鱸魚: 농어)와 민어(民魚)가 모두 맛이 좋으니, 진상에 사용하는 생선은 이들 생선을 섞어서 사용하자는 건의를 왕이 허락했다는 내용이다. 등푸른생선처럼 지방이 많은 생선을 제외한 커다란 생선이 모두 어만두의 재료로 쓰였음을 알 수 있다.

어만두는 꿩, 닭, 쇠고기 같은 육류에 두부나 녹두채 등이 다양하게 소로 사용된 고급 음식이었다. 《음식디미방》(1670년경)에 나오는 '어만도(어만두)'는 석이·표고·송이·꿩고기·백자(잣) 등을 한데 짓두드려 간장과 기름에 볶아 소로 사용했고, '슈어만도(숭어만두)'에는 기름지고 연한 고기(쇠고기)를 잘 이겨서, 두부·생강·후추를 섞어 기름·간장에 잘 볶아 소로 사용했다. 《임원십육지》(1827)의 '어만두방(魚饅頭方)'은 "쇠고기·돼지고기·꿩고기·닭고기 등을 익혀서 다지고 생강·천초·균훈(菌蕈: 버섯)·석이 등을 곱게 다져 넣고 유장(油醬: 기름과 간장)으로 볶는다."고 설명했다.

어만두는 근대 조리에서도 빠지지 않던 최고급 음식이었다.

가장 한국적인 만두의 탄생, 김치만두

현재 한국 만두의 소로 주로 넣는 배추김치, 숙주, 두부 등은 1800년대 말부터 사용되었다.[30] 이 세 가지는 한국적인 소의 대명사다. 1795년의 〈원행을묘정리의궤〉에 침채만두(沈菜饅頭: 김치만두)가 나온다. 메밀과 멥쌀가루를 섞은 피에 꿩, 쇠고기, 돼지고기, 숭침채(菘沈菜: 배추김치), 두부를 넣은, 궁중음식답게 화려한 만두다. 〈무신진찬의궤〉(1848)의 만두에는 숭침채, 두포(豆泡: 두부), 녹두장음(綠豆長音: 숙주나물)이 들어간다. 숭침채는 〈정축진찬의궤〉(1877), 〈정해진찬의궤〉(1887), 〈임진진찬의궤〉(1892)에 사용될 정도로 궁중 잔치의 단골 만두 소였다.[31] 김치만두는 19세기 이후의 조리서에도 빠짐없이 등장한다.

19세기 이후 결구배추를 이용한 김치가 서민들에게까지 보급되면서 김치를 이용한 음식들이 대중화된다. 특히 김장 막바지의 신 김치를 해결할 목적으로 김치찌개나 김치볶음밥, 김치만두가 등장했다. 같은 김치만두지만 고기를 함께 넣은 궁중의 화려한 김치만두 대신 두부와 신 김치를 넣은 김치만두가 서민들 사이에서 인기를 얻는다. 특히 분식 장려 운동이 본격화되는 1960년대 중반에는 만두와 김장김치의 대중화와 맞물려, 가정식은 물론 외식으로도 등장한다. 1966년 1월 31일자 《경향신문》에는 당시의 상황을 묘사한 기사가 나온다. "군내가 나서 먹기 힘든 김치 폭은 양념을 훌훌 털어서 그늘에 말렸다가 찌개를 하면 별미. 신 김치는 만둣속으로, 김치전으로, 김치찌개로 만들어 먹었다."[32]

만두와 송편

근현대 이전, 멥쌀 문화권인 한국의 남쪽에는 만두 문화가 없

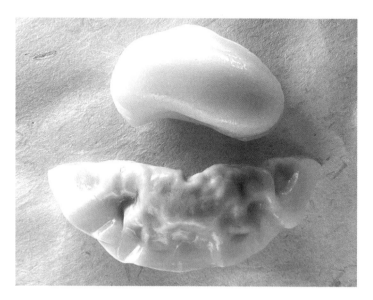

그림 3-13 송편과 만두

었다. 만두를 먹는 것은 중국과 가까운 북쪽의 음식 문화였다.
이는 북쪽이 중국의 기후 및 문화와 비교적 가까운 탓에 중국
북방의 교자 문화를 받아들인 것과 더불어, 남쪽에서 쌀 중심의
음식 문화가 발달한 것과 깊은 연관이 있다. 중국도 북방에서는
밀과 조의 문화를 바탕으로 자오쯔, 만터우, 빠오즈 문화가 깊게
뿌리를 내렸지만 쌀 문화권인 남방에서는 찹쌀로 만든 위안바오
(元寶)와 한국의 가래떡과 비슷한 녠가오(年糕)가 춘절이나 정월
대보름의 절식 역할을 했다. 중국이나 일본과 다르게 한국의 떡
은 찰기가 상대적으로 약한 멥쌀을 이용하는 특징이 있다.[33]
  멥쌀은 찹쌀에 비해 찰기는 약한 대신 모양을 내기가 좋은 장

점을 가지고 있다. 한국인은 멥쌀을 이용한 다양한 떡을 먹지만 설날과 더불어 한민족 최대의 명절인 추석에는 송편을 먹는다. 추석에 절기 음식으로 송편을 먹는 관습은 150년 정도 된 것이다. 하지만 조선 초기에는 송편이 다양한 명절에 먹던 귀한 음식이었고 평소에도 먹었다. 송편의 모양은 거의 반달 모양이고 특이하게 보름달 모양도 있다. 다른 떡과 다르게 소를 넣는 것도 독특한데, 소를 넣은 반달 모양의 송편은 외관이나 형태가 중국의 자오쯔와 비슷하다.

송편에 관한 가장 오랜 기록은 김수온(金守溫, 1409~81)의 시*에 진관사에서 저녁에 두부구이와 함께 먹던 술안주로 처음 등장한다. 이후에 송편[松餠]은 다양한 명절과 절일은 물론 평시에도 먹었던 기록이 등장한다.

주악과 각서

김용갑은 〈추석 대표 음식으로서 송편의 발달 배경〉에서 "현재 반타원형으로 만드는 송편이 언제부터 빚어지고 어떻게 만들어졌는지 그 유래는 발견되고 있지 않다. 그런데 반죽을 넓게 펴소를 넣고 감싼 다음, 솔잎과 함께 찌는 형식임을 고려할 때, 만드는 과정과 끝 부분의 각이 진 반원형 형태는 곡물 가루를 나

---

*《拭疣集》卷之四 詩類 "戲贈津寬住持學專 爛蒸松餠豆泡炙. 沽酒引陶永今夕. 先生倘得醉飽來. 杜口毗邪還寂寂."

뭇잎으로 감싸 찌는 '각서(角黍)'류 또는 주악에서 비롯된 것으로 보인다."³⁴라고 주장한다. 각서는 지금 중국의 종쯔(粽子)다. 종쯔는 찹쌀 반죽 안에 대추 혹은 고기나 팥 등을 넣고 싸서 삶아 먹는 음식으로, 북부에서는 사각형, 남부에서는 삼각형 모양으로 먹는다. 옛날에는 조를 소로 싸서 먹었기 때문에 서(黍)라는 단어가 들어갔고 찹쌀로 바뀌면서 종쯔로 이름이 변했다.《성호사설》'각서(角黍)'편에는 한국식으로 변형된 각서도 있었으며 주악이 각서에서 온 것임을 밝히고 있다.

각서(角黍)라는 것은《풍토기(風土記)》에, "단오에 줄잎[菰葉]으로 찹쌀을 싸서 먹는 것은 옛날 멱라수(汨羅水)에서 굴원(屈原)의 혼을 조상하던 풍속이다." 하였다. 우리 풍속도 단오에 밀가루로 둥근 떡을 만들어 먹는데, 고기와 나물을 섞어서 소를 넣은 뒤 줄잎처럼 늘인 조각을 겉으로 싸서 양쪽에 뿔이 나게 한다. 이것이 바로 각서인데, 옛적에 밥을 서직(黍稷)이라고 했으니, 각서라는 것은 밥을 싸서 뿔이 나게 만들었다는 것이다. 지금 풍속에 또 조각(造角)이라고 하는 떡이 있는데, 각(角)의 음이 전해서 악(岳)으로 되었다. 이 조악(造岳)이란, 쌀가루로 만들어 콩가루로 소를 넣는 것인데, 역시 양쪽으로 뿔이 나고 기름에 튀기니, 이도 각서를 본떠 만든 것이다[角黍風土記曰端午以菰葉裹粘米乃汨羅弔古之遺俗也東俗以麰煎作餠如圓葉䭔以肉饞及菜鍊卷葉裹之爲兩角重五設之此正是角黍也古者飯曰黍稷則角黍者謂裹飯而有角也今俗又有所謂造角者角音轉爲岳米粉作餠餡以豆屑亦兩角而油煎此亦角黍之假成者也].

조악과 주악은 같은 말이며 주악이 각서에서 온 것이라는 주장이다. 이익은 "또 속칭 조각병(造角餅)이라는 것이 있는데, 중국 사람이 말하는 출첨만두(出尖饅頭)*와 같은 것으로, 우리나라 사람들이 남의 것을 베껴서 만든 것을 '조(造)'라 하니 '조각(造角)'이라는 것 또한 이 '조각서(造角黍)'를 말하는 것인 듯합니다."**라고 했다. 정약용도 《아언각비(雅言覺非)》(1819)에서 "(각서의) '음을 조악(造握)이라고 하는데 이는 본래 조각(造角)이다."라고 해 조악과 주악이 각서에서 온 것임을 밝혔다.***

주악이나 각서는 쌀로 만든 떡에 소를 넣고 지져 먹는 음식이다. 주악이나 각서를 송편의 조상으로 볼 수도 있지만, 각서는 찹쌀을 그대로 사용한다는 점에서, 주악은 기름에 지져 먹는다는 점에서 송편과 차이가 있다.

---

* 위가 살짝 노출된 오늘날의 빠오즈다.
** 《星湖全集》十卷 書〈答鄭汝逸家禮問目 戊戌〉(1718, 숙종44) "角黍者. 沅湘間弔屈原之遺俗也. 以菰葉纏包糯米飯云云. 則今之重五尙有其制. 以麪煎作團葉樣. 以豆屑或菜菓爲餡. 卷葉圍繞. 豈非所謂角黍之遺耶. 又有俗稱造角餅者. 如華人所謂出尖饅頭. 東人以非眞而效爲者曰造. 則造角者. 亦或是造角黍之謂也."
*** 《雅言覺非》卷之三〈角黍〉"角黍者, 糉也. 楚俗備見諸書. 吾東乃以煎餅裹餡者謂之角黍, 非矣. 其法以麪作餅, 爲大葉, 餡之以肉屑菜餗, 卷葉裹之爲兩角, 名曰角黍. 楚俗作角黍, 或用菰葉, 或用蘆葉, 或用楝葉, 或用粽心草. 今純用米麪, 豈眞黍乎? 其小如松葉餻子者, 名曰造角謂有兩角, 如角黍, 而猶是假作也. [今又音轉爲造握, 是本造角也]."

발발과 송편

송편의 한자 표기는 송병(松餠)이 주를 이루었지만 송편(松䭏), 엽불(葉餑), 엽자불(葉子餑)* 등도 쓰였다.《동문유해(同文類解)》(1748)와 《방언집석(方言集釋)》(1788)에는 '葉子餑餑(엽자불불), 숑편',《경도잡지(京都雜誌)》(1800년 전후)에는 '松葉夾餅(송엽협병)',《아언각비》에는 '작은 송엽발자(松葉餑子)',《물명고(物名攷)》(1820년경)에는 '葉子餑(엽자불)',《월여농가(月餘農歌)》(1861)와《물명기략(物名紀略)》(1884)에는 '葉餑(엽불)'로 나타난다.[35] 엽불(葉餑), 엽자불(葉子餑), 엽자불불(葉子餑餑)이라는 이름에서 '발' 혹은 '불'은 '솔잎[葉]'과 함께 만든 음식임을 알 수 있다.《방언집석》의 '葉子餑餑, 숑편'이라는 표현에서 알 수 있듯이, 한국에서는 '엽'이나 '엽자'는 모든 나뭇잎이 아니라 솔잎을 뜻한다.

餑(현대 중국 한자로는 饽)은 한자사전에는 떡 발, 떡 불로 나오고, 설명에 "1. 떡(치거나 빚어서 만든 음식) 2. 만두(饅頭)"로 나온다. 그렇다면 발발(餑餑, 중국어 발음 보보)은 무엇일까? 발발(餑餑)은 속에 무엇을 넣고 먹는 만주족 음식의 총칭이다. 발발은 막(饃, 만주어 발음 모)이라고도 한다. 중국의 북방인들은 모를 넓게는 손에 들고 먹을 수 있는 분식으로 정의하지만, 주로 밀가루 발효병인 만터우와 비발효병인 자오쯔를 의미한다. 중국으로 간

---

* 餑는 떡 발, 떡 불로, 단독 혹은 어두에 쓰이면 '발'로 읽고 다른 한자 뒤에 오면 '불'로 읽는다.

조선의 사신들은 당시 사행길이었던 동북 지방과 연경(燕京, 베이징)의 모습을 생생하게 그려냈다. 《연원직지(燕轅直指)》(1828)*는 "이른바 절고(切糕)란 황률(黃栗: 말려 껍데기와 보늬를 벗긴 밤)로 떡을 만들어 잘라서 먹는 것인데, 설탕만 넣은 것을 당불(餹餑), 돼지고기로 소를 넣은 것을 탕불(湯餑)이라 한다[所謂切糕者用黃栗作餅. 切而咬之. 全以糖屑調勻者曰餹餑. 餡以猪肉者曰湯餑]."고 설명했다. 내용으로 보면 당불은 팥소를 넣은 빠오즈(包子), 탕불은 돼지고기를 넣은 빠오즈다. 절고는 찹쌀로 만든 떡의 일종인데, 소를 넣는 것이 우리의 송편과 비슷하다.

《계산기정(薊山紀程)》(1803) 제5권 '부록(附錄) 음식(飮食)'편에서는 고려병을 송편이라 설명했다. "고려병(高麗餅)은 즉 송병(松餅)으로, 속절병(粟切餅) 등이다. 고려보(高麗堡)에서 파는 것인데, 우리나라 떡을 본떠서 만들었기 때문에 고려병이라 부른다[高麗餅. 卽松餅. 粟切餅之屬也. 高麗堡所賣. 而依樣我國餅. 故稱高麗餅]."고 려보는 베이징 근처의 조선인 마을이었다. 당시 중국에서 송편이 조선의 떡이라 알고 있었다는 것을 보여준다. 속절병은 좁쌀[粟]로 만든 인절미로, 우리나라에서도 황해도, 강원도, 제주도에서 즐겨 먹는다. 그 형태가 길게 뽑은 게 아니라 찐만두처럼 둥글게 만드는 것이 다르다.

조선 후기에 송편을 엽자불불(葉子餑餑)로 부른 건 곡물 가루

* 순조 28년(1828) 사은 겸 동지정사 홍기섭(洪起燮)의 막비(幕裨)로 연경에 다녀온 심전(心田) 박사호(朴思浩)의 연행 기록.

를 반죽해 소를 넣고 만든 음식인 송편이 만주족의 음식인 발발(餑餑)의 범주에 속하기 때문이다. 발발(餑餑)은 발(餑)로 줄여서도 쓴다. 하지만 당시 중국에는 송편과 같은 이름이나 멥쌀로 피를 빚고 소를 넣은 음식은 존재하지 않는다. 송편은 중국에서 만들어진 것이 아니다.

중국에서도 소를 넣고 곡물로 피를 만드는 음식 문화는 지역마다의 주곡의 영향을 크게 받는다. 중국의 남부에서는 찹쌀로 만든 떡에 팥이나 고기를 넣는 위안바오를 먹고, 중북부 지역에서는 밀가루 피에 고기를 넣는 자오쯔나 빠오즈를, 동북 지역에서는 흔히 나는 조나 수수로 피를 만들고 고기나 팥, 채소를 소로 넣는 문화가 발달했다. 조선은 전 세계적으로도 독특하게 멥쌀로 만든 떡 문화를 꽃피웠다. 주곡인 멥쌀로 만든 떡이 피가 되는 것은 자연스러운 일이다. 중국과 인접한 한반도에서 중국에서 나는 곡물의 피와 소를 넣어 먹는 중국 음식 문화의 영향을 받았음은 당연하다. 하지만 멥쌀을 주곡으로 하는 조선의 중남부 지역에서는 멥쌀로 피를 만들고 한국인들에게 흔한 콩[大豆]이나 팥[小豆], 깨를 넣은 송편을 만들었을 개연성이 높다. 김윤식(金允植, 1835~1922)의 《운양집(雲養集)》 중 시를 모은 〈격경집(擊磬集)〉 중에 송편을 엽불로 표현한 시가 등장한다

엽불에 솔막걸리 팔월의 중순이라	葉餑松醪八月中
농촌에 가절이 찾아오니 풍년을 기뻐하네	稻鄕佳節喜成功
집집마다 제사상 차리느라 새벽 등불 푸른데	家家設祭晨燈碧

세속의 예법 성묘 풍속이 도리어 부끄러워라   俗禮還羞上墓風

  김윤식은 시에 덧붙여 "8월 15일은 추석절(秋夕節)로, 농가에
서 가장 중요하게 여기는 명절이다. 떡과 대추, 밤 등으로 조상
에게 제사 지낸다. 송편(葉餅)은 그 절기의 음식이다."라고 설명
했다. 김윤식은 추석에 먹는 솔잎으로 만든 음식을 엽발(葉餅)로
불렀는데, 이는 송편 말고 다른 음식일 수가 없다.

9장

세시풍속과
연회음식

고려부터 조선까지, 만두는 팔관회 같은 국가 연회에서 집안
제사, 잔치, 결혼 같은 행사에 빠짐없이 등장한 귀한 음식이었다.
밀가루나 메밀가루로 피를 만들고 소를 넣은 만두류는 고려에서
조선에 걸쳐 만두와 상화로 나뉘어 불렸다. 상화라는 말이 고려
시대에 먼저 등장했지만, 고려 말에 등장한 만두라는 말의 사용
빈도가 늘어나면서 조선 중기 이후에는 상화와 만두의 경계가

거의 사라졌다. 고려나 조선 초기에 상화와 만두의 가장 큰 차이는, 상화는 밀가루를 반죽해 발효시켜 소를 넣은 음식이고, 만두는 밀가루나 메밀가루를 다 피로 사용하되 발효시키지 않고 소를 넣어 물에 삶아낸 음식이라는 것이다. 1719년의 〈기해진연의궤〉에서 1901년 7월의 〈신축진연의궤〉까지 왕실의 잔치에 밀가루로 만든 상화는 빠지지 않고 등장할 정도로 귀한 대접을 받는다.

조선 명절과 가례의 필수 음식

고려 시대와 조선 초기에는 불교 의식과 전통적인 4대 명절인 설, 한식, 단오, 추석이 중요한 명절이었고, 조선 중기가 되면 성리학에 근거한 오례의(五禮儀), 즉 국가의 다섯 가지 의례인 길례(吉禮)·흉례(凶禮)·군례(軍禮)·빈례(賓禮)·가례(嘉禮)가 국가와 가정의 중요한 연중행사가 된다. 안정복(安鼎福, 1712~91)의 《순암집(順菴集)》에는 가례와 만두에 관한 중요한 글*이 나온다.

*《順菴集》第7卷, 〈答安正進家禮問目 丙午〉"問. 饅頭今軟泡耶. 糕今之何食耶 答. 朔奠條麵米食. 謂麵食及米食也. 此出書儀. 註云麵食. 餠饅頭之稱. 米食. 粢糕之類. 時祭條之饅頭糕. 謂饅頭及糕也. 與朔奠文無異. 凡進饌. 先麵而後米. 故麵西而餠東也. 今俗屑麵發酵. 或有餡或無餡. 餡썩소 蒸食者謂之饅頭,餠者. 溲麵使合幷也. 嘗見譯語類解. 饅頭卽東俗之霜花餠是也."

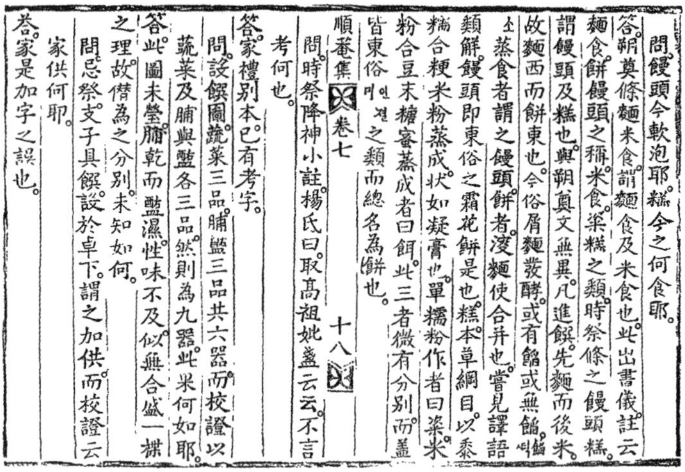

問饅頭今軟泡耶今之何食耶
答朔奠條麵米食謂麵食及米食也此出書儀註云
麵食餅饅頭之稱米食之類時祭條之饅頭糕
謂饅頭與糕也與朔奠文無異凡進饌先麵而後米
故麵西而餅東也今俗屑麵發酵或有餡或無餡蒸
蒸食者謂之饅頭餅之渡麵使合汁也嘗見譯語
類饌饅頭即東俗之霜花餅是也糕本草綱目以黍米
粉合粳米粉蒸成者曰餌此三者微有分別而蓋
糕合豆末糖蜜蒸成狀如凝膏也單糯粉作者曰粢米
皆東俗면견之類而總名為餅也

順菴集 卷七 十八

問時祭降神小註楊氏曰取高祖妣盞云云不言
考何也
答家禮別本已有考字
問設饌圖蔬菜三品脯鹽各三品共六器此校證以
蔬菜及脯與鹽各三品脯然則為九器此米何如耶
答此圖未瑩脯乾而鹽濕性味不及似無合盛一拌
之理故僭為之分別未知如何
問忌祭支子具饌設於卓下謂之加供而校證云
家供何耶
荅家是加字之誤也

그림 3-14 《순암집》에 서술된 만두

[문] '안정진의 가례(家禮)'에 대한 질문인 '만두(饅頭)'는 지금의 연포 (軟泡)인가? 고(糕)는 지금의 무슨 음식인가?'

[답] 삭전(朔奠)*, 상가(喪家)에서 그 죽은 사람에게 매달 음력 초하룻 날 아침에 지내는 제사의 조항에 면미식(麵米食)이라고 하였는데, 면식 (麵食)과 미식(米食)을 말한 것이다. 이는 《서의(書儀)》**에 나오는데, 그 주에 "면식은 병만두(餅饅頭)의 호칭이고 미식은 쌀떡의 종류이다."라 고 하였다. 시제(時祭)의 조항에 만두고(饅頭糕)는 만두와 떡을 말한 것 이니, 삭전의 글과 다름이 없다. 제상에 찬(饌)을 올릴 때 면(麵) 종류

* 매달 음력 초하룻날 아침에 올리는 제사.
** 송나라 때 사마광(司馬光)이 편찬한 공사(公私) 서장(書狀)의 형식에 관한 책.

를 먼저 올리고 쌀 종류를 뒤에 올리기 때문에 면은 서쪽에 놓고 떡은 동쪽에 놓는 것이다. 지금 풍속은 설면(屑麵: 밀가루)을 발효시키는데 떡소를 넣기도 하고 떡소를 넣지 않기도 한다. 원문에 함(餡)은 떡소이다. 찐 음식을 만두라고 한다. 병(餠)은 면에 물을 쳐서 합친 것이다. 일찍이 《역어유해》를 보니, "만두는 우리나라 풍속의 상화병(霜花餠)이다."라고 하였다.

이 중 청나라의 영향을 받아 만두에 "떡소를 넣기도 하고 떡소를 넣지 않기도 한다."라는 구절에 주목할 필요가 있다. 청대에 이르면 만두는 이름은 그대로인데 소가 없어지기 시작했는데, 현대 중국에서는 발효 후 소를 넣고 찐 만두는 빠오즈(包子), 소가 없는 것은 만터우(饅頭)로 고정된다. 만두(만터우)는 동진(東晉, 317~420) 시대 노심의 《제법》에 봄 제사용 음식으로 처음 등장하는데, 예로부터 제사용으로 사용될 정도로 중국에서도 귀한 음식이었다. 만두 문화가 중국에서 꽃을 피운 시기는 송나라(960~1279) 때다. 성리학이 지배한 조선에 절대적 영향을 끼친 송나라 사람 주자(朱子, 1130~1200)의 《주자가례(朱子家禮)》와 조선의 신식(申湜, 1551~1623)이 《주자가례》를 한글로 풀어 쓴《가례언해(家禮諺解)》가 조선 사회에 끼친 영향은 지대했는데,《주자가례》와《가례언해》모두에 만두가 제사 음식으로 등장한다. 이는 조선의 제사에 만두가 빠지지 않는 근거가 된다. 당시 사대부들은 "한결같이 《주자가례》대로 했다[一依朱子家禮]."라는 말을 글과 입에 담고 살았다.

유장원(柳長源, 1724~96)이 가례를 정리한 《상변통고(常變通攷)》의 제례(祭禮), 시제(時祭)와 사시제(四時祭)에도 만두는 빠지지 않는 중요한 제사 음식이었다. 또한 이종성(李宗城, 1692~1759)의 《오천집(梧川集)》에는 "가례에서 국물 있는 습면을 사용하지 않는다. 병과 만두를 사용하는데 이를 면식이라 부른다[不用濕麵. 而用餅饅頭以爲麵食云]."고 나온다. 이익의 《성호전집(星湖全集)》에는 만두를 포함한 제사 음식에 대한 설명이 다음과 같이 나온다.

만두(饅頭)는 면식(麵食)이고, 떡은 미식(米食)이다. 상고하건대, 수변(羞籩)에 담는 것은 구이(糗餌)와 분자(粉餈)이다. 이 두 가지는 모두 쌀과 기장으로 만든 떡이다. 이것 역시 내수(內羞)*로 이변(二籩)**이니, 《서의(書儀)》에서 말한 병(餅)과 만두(饅頭), 자고(餈糕)*** 종류가 이것이다. 그러나 미는 쌀이고 면은 밀가루이니, 쌀로 자고를 만들고 밀로 만두, 국수 등을 만들어도 안 될 것이 없다. 벼는 목(木)의 기운을 가졌다. 목의 기운이 왕성하면 생겨나고 금(金)의 기운이 왕성하면 죽는다. 밀은 금의 기운을 가졌다. 금의 기운이 왕성하면 생겨나고 화(火)의 기운이 왕성하면 죽는다. 이 때문에 미식은 동쪽에, 면식은 서쪽에 진설하는 것이다. 종묘의 제사에서 구헌(九獻)을 올리고 나서 술

* 제사에 쓰기 위하여 궁궐 안에 있는 여관(女官)이 만들어 바친 각종의 음식물을 말한다.
** 변(籩)은 제사와 잔치에 쓰는 기구인데, 대나무로 만들어 실과를 담는다.
*** 자(餈)란 쌀로 만든 떡인데, 쌀을 솥에 찐 후에 찧어 겉에 가루를 바르지 않은 것이고, 분자란 콩을 가루로 만들어 겉에 바른 떡이다.

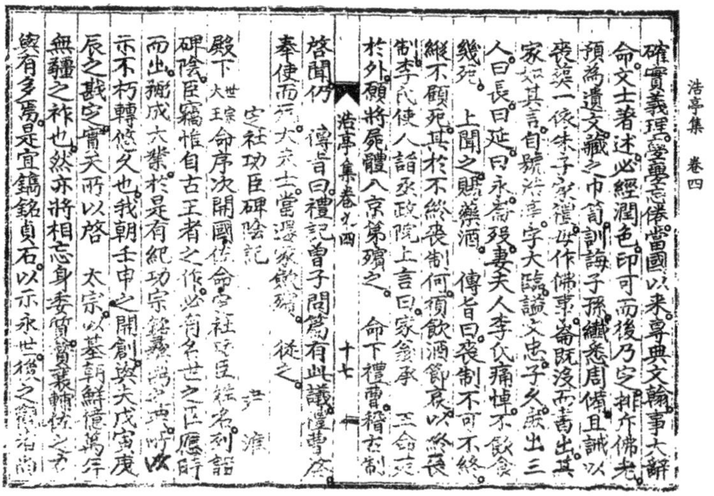

浩亭集 卷四

確實義理學要志係當國以來專典文翰事大辭
命文士著述必經潤色印可而後乃定排斥佛老
預爲遺文藏之巾笥訓誨子孫纖悉周備且誡以
喪葬一依朱子家禮毋作佛事崙既沒而書出其
家如其言自號浩亭字大臨謚文忠子久嚴出三
人曰長曰延曰永壽殁妻夫人李氏痛悼不飮食
幾死 上聞之賜藥酒 傳旨曰喪制不可不終
縱不顧死其於不終喪制何須飮酒節哀以終喪
制李氏使人詣承政院上言曰家翁承 王命卒
於外願將屍體入京第殯之 命下禮曹稽古制
浩亭集卷之四 十七
啓聞仍 傳旨曰禮記曾子問篇有此議禮曹啓
奉使而死大夫士當還家飮殯 從之
定社功臣碑陰記 洪濬
殿下世宗大王命序次開國佐命定社功臣姓名列諸
碑陰臣竊惟自古王者之作必有名世之臣應時
而出翊成大業於是有紀功宗彝銘諸典冊以
示不朽轉悠久也我朝壬申之開創與夫戊寅庚
辰之戡定實天所以啓 太宗以基朝鮮億萬年
無疆之祚也然亦將相忘身委質贊襄輔佐之力
與有多焉是宜鐫銘貞石以示永世彼之爲治尙

그림 3-15 조선 초기 문인 하륜의 《호정집(浩亭集)》에 나오는 "《주자가례》대로 했다[一依朱子家禮]"라는 문장

을 더 올리기 전에 변(籩)과 두(豆)에 음식을 담아 올리는 것을 '수변'과 '수두(羞豆)'라고 하는데, 가변(加籩)과 가두(加豆) 전에 올리는 것이다. 이때 변에는 구이와 분자를 담고, 두에는 이식(酏食)*과 삼식(糝食)**을 담는다.

만두를 추석이나 설날에도 먹었다. 조선 최고의 예학자 김장생(金長生, 1548~1631)이 신의경(申義慶, 1557~1648)과 함께 쓴 상례(喪禮)에 관한 책 《상례비요(喪禮備要)》에는 추석을 비롯한 춘

* 묽게 끓인 쌀죽.

** 쇠고기, 양고기, 돼지고기를 잘게 다진 뒤에 쌀을 넣어서 끓인 죽.

하추동의 길일이나 절일(節日: 명절)에 받드는 제사인 시제(時祭)에 대해 나온다.

　희생을 살피고 제기를 씻고 제찬을 갖춘다. 주인은 뭇 남자를 거느리고 심의를 입고 도살하는 곳에 가서 희생을 살피고 주부는 뭇 부녀들을 거느리고 배자(背子)를 입고 제기를 세척하고 가마솥을 깨끗이 닦아 제찬을 갖춘다. 제찬은 각 위마다 과실 여섯 가지, 소채(蔬菜)와 포해(脯醢) 각각 세 가지, 어육과 만두, 흰떡 각각 한 소반, 국과 밥 각각 한 그릇, 간(肝) 각각 한 꼬치, 살코기 각각 두 꼬치를 마련하되, 아주 정결히 장만한다. 제사를 지내기 전에 사람들이 먼저 먹지 않도록 하고 고양이나 개, 벌레나 쥐에 의해 더럽혀지지 않도록 한다.

　김헌기(金憲基, 1774~1842)의 《초암전집(初庵全集)》에는 알고 지내던 임씨(林氏)의 행장(行狀: 죽은 사람의 행실을 간명하게 기록한 것)이 있는데, 부인이 만두를 좋아해 제사 때마다 올렸다[孺人林氏行狀 尹夫人性嗜饅頭. 孺人每於其常食之外. 別具饅頭以供]는 기록이 나온다. 이례적으로 제사 음식에 고인이 생전에 좋아하던 것을 올린 것이다.

세시의 만두 풍속

　세시에 만두를 먹는 풍습은 기본적으로 중국의 영향이 크다.

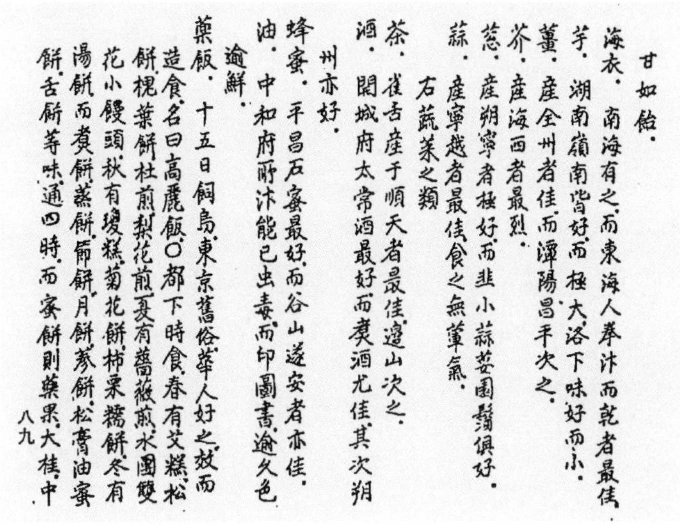

甘如飴.
海衣. 南海有之.而東海人拳汁而乾者最佳.
芋. 湖南嶺南皆好.而極大.洛下味好而小.
薑. 産全州者佳.而潭陽昌平次之.
芥. 産海西者最烈.
葱. 産朔寧者極好.而韭小蒜荽園鬚俱好.
蒜. 産寧越者最佳.食之無葷氣.
右蔬菜之類
茶. 雀舌産于順天者最佳.邊山次之.
酒. 開城府太常酒最好.而煑酒尤佳.其次朔
州亦好.
蜂蜜. 平昌石蜜最好.而谷山遂安者亦佳.
油. 中和府所汁能已虫毒.而印圖書.逾久色
逾鮮.
藥飯. 十五日飼烏.東京舊俗.華人好之.效而
造食.名曰高麗飯.○都下時食.春有艾糕.松
餅.槐葉餅.杜煎.梨花煎.夏有薔薇煎.水團.雙
花.小饅頭.秋有瓊糕.菊花餅.柿栗糯餅.冬有
湯餅.而煑餅.蒸餅.節餅.月餅.麥餅.松膏油蜜
餅.舌餅等.味通四時.而蜜餅則藥果.大桂.中
八九

그림 3-16《도문대작》의 수단, 상화, 소만두

하지만 한국의 고유 명절인 유두나 추석은 물론 중국과 같은 세시풍속이라 해도 한민족식으로 변형되었다. 한민족은 새해와 겨울밀이 나오는 여름 세시인 유두, 칠석, 백중에 밀로 만든 만두류의 음식을 먹었다.

17세기 이후에 상화는 칠석이나 백중 같은 여름 절식으로 자리를 잡았다. 이는 한반도의 밀이 6월 이후에 수확되는 것과 관계가 깊다. 음력 6월 유두에 밀로 만든 국수나 수단(水團)을 먹는 것도 같은 이유다. 칠석날 중국에서는 교자를 먹는데 이는 정교한 바느질 솜씨를 기원하는 것이다. 한국의 상화를 절기 음식으로 먹은 이유를 확실히 밝힌 문헌은 아직 없다.

《도문대작》에는 서울의 여름 음식으로 수단(水團), 상화(雙花), 소만두(小饅頭)가 등장한다.

17세기 초반 고상안(高尙顔, 1553~1623)의 《태촌집(泰村集)》에는 중원(中元: 음력 8월 15일) 신도미(新稻米: 햅쌀)를 올려야 하는데 너무 일러 쌀이 나오지 않으면 상화병(霜花餠)을 이용한다고 나온다. 6월에 수확하는 밀을 이용해 상화병을 만들었음을 알 수 있다. 하지만 만두류는 여름의 세시뿐만 아니라 설 등 다양한 세시에 쓰였다.

설날

새해 첫날은 전 세계 어디서나 가장 중요한 세시다. 농경사회 조선에서도 설은 가장 중요한 명절이었다.

김안국(金安國, 1478~1543)의 《모재집(慕齋集)》에 나오는 "새벽에 떡국을 먹고 설을 맞는다."라는 구절은 우리나라에서 설날에 떡국을 먹는 풍습에 관한 첫 기록이다. 예부터 설날에는 떡국뿐만 아니라 만둣국을 같이 먹었다. 고상안의 《태촌집》에도 "정조(正朝: 설날)가 일 년의 첫날이니 면(麵)은 만두를 쓰고, 떡은 떡국에 쓴다."고 했고, 이식은 《택당집》에서 "정조(正朝)에는 각 자리마다 병탕(餠湯: 떡국)과 만두탕(饅頭湯)을 한 그릇씩 놓는다."고 했다.

떡국과 만둣국은 조선 중기 이후 설날의 시식으로 빠지지 않고 등장한다. 19세기 중반에 쓰인 《군학회등(群學會騰)》에는 중

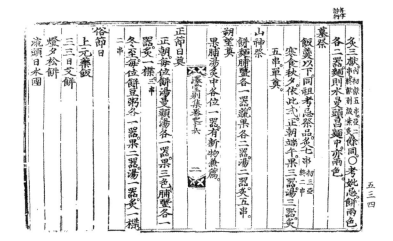

그림 3-17 《택당집》의 병탕과 만두탕

국식 만둣국인 혼돈(餛飩)이 나오는데 한글로 '만두떡'이라는 설명이 붙어 있다. 잡지 《여성》 1938년 2월 1일자에는 "정초 음식으로는 별미로 만둣국이 손꼽는데, 국수장국에 만두를 넣든지 떡국에 만두를 넣든지 해서 손님을 대접하는" 음식이라고 설명했다.

17세기 초반에 쓰인 조극선(趙克善, 1595~1658)의 일기인 《인제일록(忍齋日錄)》에도 새해 음식으로 만두가 등장한다. 그런데 《인제일록》의 만두가 등장하는 날짜를 보면 설날(음력 1월 1일)이 3회 등장하고, 나머지 12회는 12월 27일에서 1월 15일 범위에서 등장한다. 설이 음력 1월 1일에서 대보름(음력 1월 15일)까지 이어지는 것을 감안하면 사실상 《인제일록》의 만두는 설날 음식으로 볼 수 있다.

표 3-3 《인제일록》의 만두 기록

구분	일자	내용
인제일록	1615년 12월 27일	青陽兄來而自內薦饅頭及酒果父主與青陽兄, 子翼各以酒酌于叔主旣昏
	1616년 1월 3일	子明家朝送饅頭來
	1616년 1월 4일	朝與一兄陪父於下宅食饅頭及酒
	1616년 1월 6일	朝設饅頭奉叔主
	1616년 1월 15일	朝內供饅頭
	1616년 12월 29일	聘家使來(一器饅頭)
	1617년 1월 3일	嫂氏設饅頭/鄭愛壽進饅頭
	1617년 1월 4일	主家先設饅頭及酒
	1619년 1월 6일	過石谷禾谷到聘家(早入飮食餠湯而出)
	1620년 1월 4일	設饅頭行觴
	1621년 1월 1일	鄭嫂進饅頭
	1622년 1월 1일	婢論介送獻饅
	1622년 1월 11일	子瞻內子爲作饅頭
	1623년 1월 1일	入見嫂氏及阿晏婦而喫餠湯也
	1623년 1월 4일	鄭得之亦至吾家作饅頭來饁, 余又使取素包饅頭以供焉又使作包石華饅頭以供

출처: 주영하, 〈1609~1623년 忠淸道 德山縣 士大夫家의 歲時飮食: 조극선의 《忍齋日錄》을 중심으로〉, 《藏書閣》 제38집, 2017.

한국학중앙연구원 주영하 교수는 《인제일록》의 세시 음식을 분석해 "17세기 초반까지 서울의 일부 집안에서 餠湯(떡국)과 饅頭(만두)를 正朝(정조)의 茶禮(다례)에도 올리고 세찬으로 먹기도 했다."[36]며, 흰색을 선호한 조선 선비들의 백색(白色) 선호 때문에 메밀로 만든 만둣국은 쌀로 만든 하얀 떡국으로 점차 대체되었다고 주장한다. 하지만 만둣국을 설날에 먹은 기록은 19세기까지 꾸준하게 등장한다.*

20세기 들어서는 설날의 떡국과 만둣국은 자주 나오고 두 가지가 섞인 떡만둣국**도 등장한다. 신년에는 복만두를 넣은 만둣국도 먹었다.

복만두는 조그맣게 빚은 새끼 만두를 보통 크기의 만두 속에 3~4개씩 넣어 만든다. 정월 초하룻날 만둣국 속에 복만두 한 개를 넣고 국을 끓이는데 이 복만두를 먹는 사람은 그해에 남보다 복을 많이 받는다고 하였다. 한편 정월 원일(정월 초하루)에 황해도·평안도 지역에서는 세찬으로 떡국 대신 만둣국을 쓰는 것이 특징인데, 만둣국에는 돼지고기, 꿩고기, 김치 등을 넣고 송편 모양으로 네 귀가 나게 빚은 섬만두를 넣어 먹었다. 그 뜻은 일 년 농사가 잘되라고 기원하는 뜻이었다고 한다.[37]

* 유운룡(柳雲龍, 1539~1601)의 《겸암집(謙菴集)》 "속절(俗節)의 시식(時食)으로 설날 저녁에 떡국과 만두를 올렸다."; 이담명(李聃命, 1646~1701)의 《정재집(靜齋集)》 "설날에 떡국과 만두(元日 餠羹及饅頭)"; 유척기(兪拓基, 1691~1767)의 《지수재집(知守齋集)》 "떡국과 만두를 만들어 새해를 센다[湯餠饅頭作歲更]. 새해 아침에 떡국과 만둣국 1기씩을 준비한다[節日正朝. 餠湯饅頭湯各一器]."; 정약용 《다산시문집》 〈연을 심는 사연(種蓮詞)〉 "만두가 비록 동글동글하다지만[饅頭雖團圓], 떡국이 있는 데야 누가 후회하리[湯餠誰噬臍]."
** 떡만둣국이 대중화되는 것은 혼분식 장려 운동이 추진된 1960년대 이후다. 당시 신문 기사에 "구정(설날) 상 차리기에는 콩가루와 밀가루 섞어 만두를 빚고 가래떡(정부혼합곡으로 떡을 해도 쫄깃쫄깃하고 맛있다.)으로 떡을 만들어 떡만두국을 만들어 먹으라."(《매일경제신문》 1976년 1월 29일)고 나온다.

송편에 관한 시를 지은 바 있는 한말의 문신 김윤식은 1865년 제야(除夜: 음력 12월 30일)에 제사를 지낸 후 만두에 관한 시*를 지었다.

강가 마을에서는 이날 새봄의 술을 담고	江鄕此日釀新春
수제비며 만두며 별미를 차렸지만	餺飥饅頭味品珍
한 젓가락인들 어찌 일찍이 입으로 들어갔으리오	一箸何由嘗入口
벼슬살이 하다 보면 출가인처럼 된다네	做官好作出家人

상원

상원(上元: 음력 1월 15일)은 도교 용어인데, 한국에서는 달이 가장 큰 첫날이라는 의미로 정월 대보름이라 부르며 성대히 즐겼다. 중국에서는 원소절(元宵節)이라 하고 찹쌀로 만든 위안샤오를 먹었다. 이명오(李明五, 1750~1836)는 《박옹시초(泊翁詩鈔)》에서 대보름 저녁에 두터운 만두를 올린다[莫嗔供具饅頭厚 爲愛今晨令節名]고 적었다.《한국세시풍속사전》에서는 정월 대보름날 저녁에 섬만두를 만들어 먹었다고 나온다.[38]

---

*《운양집(雲養集)》卷一 詩 健齋除夜過享後次丁研園贈別詩韻 乙丑臘月.

단오

단오(端午: 음력 5월 5일)는 1년 중에서 가장 양기(陽氣)가 왕성한 날이라 여겨지는데, '단(端)'은 처음을 뜻하고, '오(午)'는 오(五)를 뜻한다. 즉 음력 5월 5일을 말하는데, 조선 시대에는 설, 추석과 함께 3대 명절로 여길 정도로 중요한 명절이었다. 신국빈(申國賓, 1724~99)은 《태을암문집(太乙菴文集)》에서 '단오 때 만두(饅頭)나 수단(水團) 모두가 새로운 맛[端午樂詞並小叙 小麥靑靑大麥黃 載刈載穫盈倉庚 楝花消息雨濛濛 已占西成人四鄽 櫻葉成陰櫻子紅 異味何須大宛枸 饅頭水團皆新味]이라고 했다.

유두

유두(流頭: 음력 6월 15일)는 신라 시대부터 있었던 우리 고유의 절기로, 고려 김극기(金克己, 1379~1463)의 《김거사집(金居士集)》에 "동도(東都: 경주)의 풍속에 6월 15일 동류수(東流水)에 머리를 감아 액을 떨어버리고, 술 마시고 놀면서 유두 잔치를 한다."고 기록되어 있다. 《고려사》 명종 15년(1185) 조에는 "6월 병인(丙寅)에 시어사(侍御史) 두 사람이 환관 최동수(崔東秀)와 더불어 광진사(廣眞寺)에 모여 유두음(流頭飮)을 마련하였는데, 나라 풍속은 이 달 15일 동류수에 머리를 감아 상서롭지 아니함을 없애며 이 회음(會飮)을 유두음이라 부르게 되었다."고 기록되어 있다. 유둣날 머리를 감는 풍습이 나쁜 기운을 없앨 수 있다는 믿음에서 온 것임을 알 수 있다. 김종직(金宗直, 1431~92)은 《이준록(彝尊錄)》에 유두에는 만두(饅頭), 속칭 상화류[霜華之類]를 쓴다고 썼다. 유두는 한반도의 겨울밀이 나오는 음력 6월의 명절이다. 이맘때 밀로 만든 음식을 만들어 먹은 것이다. 서유구는 《옹희잡지(甕饎雜誌)》에서 유두에 먹는 수단과 상화병 만드는 법 [菘菜饅頭方, 卞氏饅頭方, 雉饅頭方, 霜花餠方]을 적었다. 장지연(張志淵)은 《조선세시기》(1916~17)에서 유둣날 먹는 시식으로 수단과 상화병을 들고 있다. 여름에 발효시켜 찐 만두인 상화를 먹는 게 인상적이다. 《조선무쌍신식요리제법》(1924)에서도 유월 유두에 먹는 편수를 소개했는데, "늙은 누른 오이를 껍질과 씨를 빼고 실같이 썰어 쇠고기, 마고, 석이버섯과 흰 부분을 잘게 이긴 것 [밀가루]과 함께 간장과 기름을 치고 주물러 놓고 밀가루 반죽한 것을 얇게 밀어 이 소를 넣고 만두처럼 빚어 틀에 역서 참기름을 바르고 잣가루를 뿌리고 초장에 찍어 먹는다."고 했다.

칠석

칠석(七夕: 음력 7월 7일)은 견우와 직녀의 사랑 이야기로 유명한 절기다. 중국에서 유래한 것인데 직녀(織女)는 선녀의 옷을 만드는 사람으로 여자들의 바느질 솜씨의 표상이자 상징이다. 중국에서는 정교한 교자를 만들면 바느질 솜씨가 좋다는 속설이 있다. 하지만 교자 문화가 별로 없는 한국에는 교자를 만드는 풍속이 없다. 한국에서는 칠석에 밀떡, 밀부꾸미, 밀전병처럼 밀로

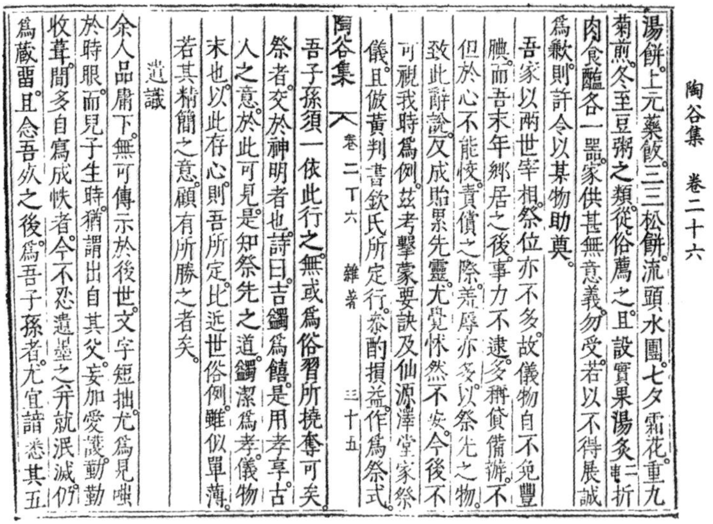

湯餅上元藥飯三三松餅流頭水團七夕霜花重九
菊煎冬至豆粥之類從俗薦之且設實果湯炙二折
肉食醢各一器家供甚無意義勿受若以不得展誠
爲歉則許令以某物助奠

吾家以兩世宰相祭位亦不多故儀物自不免豐
體而吾末年鄉居之後事力不逮多辦貨備薦不
但於心不能恔責償之際荒疼亦爻以祭之物
致此辭謗及成貽累先靈尤覺怵然不安今後不
可視我時爲例茲考擊家要訣及仙源遂菴家祭
儀且倣黃判書欽氏所定行祭酌損益作祭式

陶谷集　卷二丁六　雜著　三十五

吾子孫須一依此行之無或爲俗習所撓奪可矣
祭者交於神明者也詩曰吉蠲爲饎是用孝享古
人之意然此可見是知祭先之道蠲潔爲孝儀物
末也以此存心則吾所定比近世俗例雖似單薄
若其精簡之意顧有所勝之者矣

遺識

余人品庸下無可傳示於後世文字短拙尤爲見嗤
於時眼而見子生時猶謂出自其父妄加愛護勤
收葺間多自爲成帙者今不恐遺墨之升就泯滅仍
爲蔵雷且念汝之後爲吾子孫者尤宜諸恋其五

그림 3-18 《도곡집》의 칠석 상화

만든 음식을 주로 먹는다. 여름에는 밥보다는 시원한 면식을 먹
는 게 한민족의 음식 풍습이다. "칠석날에는 밀전병을 부치고 가
지, 고추 같은 햇것을 천신하고 나물을 무쳐서 햇곡식 맛을 보는
풍습이 있다. 찬바람이 불기 시작하면 밀가루 음식은 철이 지나
밀 냄새가 난다고 하였으므로, 이때가 밀 음식의 마지막 향연이
되는 셈이다."[39] 한민족의 보리와 밀은 음력 6월에 수확해 쌀이
나기 전의 한여름에 사용한 곡식이었다.

《택당집》에는 "칠월 칠석에는 상화(霜花) 종류를 올린다."고 쓰
여 있다. 17세기 중반의 《약헌집(約軒集)》은 칠석의 절기 음식으
로 상화(霜花)를 들었다. 18세기 중반 《청천집(靑泉集)》에는 음력
7월 15일 밤에 상화병(霜花餅) 모양의 구운 만두를 먹는다 했고,

18세기 중반의《지수재집(知守齋集)》에는 칠석상화(七夕霜花)가 등장하며,《오천집》에도 "칠석에 인절미나 상화[荐七 引餠或霜花]" 를,《도곡집(陶谷集)》에는 "칠석(七夕)의 상화(霜花)"로 쓰여 있다. 이를 통해 조선 시대에는 상화를 늦여름 칠석의 별식으로 즐겼 음을 알 수 있다.

백중

백중(百中: 음력 7월 15일)은 백종(百種), 중원(中元)이라고 도 한다. 농사 막바지의 잠깐의 농한기에 "노동을 풀어주는 축 제다."[40] 그래서 머슴날로도 불렀다. 머슴들은 이날 술과 음식을 먹고 즐겼다. 17세기 초반의《태촌집》에는 중원에 신도미(新稻米: 햅쌀)을 올려야 하는데 너무 일러 쌀이 나오지 않으면 상화병(霜

표 3-4 여름철의 상화 만두 사용

문헌	저자	계절/절기	내용	연도
도문대작	허균	서울의 여름 음식	수단(水團), 상화(雙花), 만두(饅頭)	1611
태촌집	고상안	중원(음력 8월 15일)	쌀이 나오지 않으면 상화병(霜花餠) 을 이용	17세기 초반
택당집	이식	칠석(음력 7월 7일)	상화(霜花)	18세기 중반
오천집	이종성	칠석(음력 7월 8일)	인절미(引餠)나 상화(霜花)	18세기 중반
도곡집	이의현	칠석(음력 7월 9일)	상화(霜花)	1766
담헌서	홍대용	백종(음력 7월 15일)	상화(霜花)	18세기 후반
약헌집	송징은	칠석(음력 7월 7일)	상화(霜花)	19세기 초반

花餅)을 이용한다고 나온다. 18세기 중반《청천집》에는 음력 7월 15일 밤에 상화병 모양의 구운 만두가 등장하고, 18세기 후반의 《담헌서(湛軒書)》에는 상화가 백종에 먹는 절기 음식으로 등장한다.

동지

동지(冬至: 양력 12월 22-23일 무렵)는 음의 기운이 최정점에 오른 날이다. 낮이 가장 짧고 밤이 가장 길다. 동지를 '작은 설'이라는 뜻에서 아세(亞歲)라 불렀고, 한민족뿐 아니라 중국에서도 오래전부터 중히 여긴 절기다. 중국에서는 이날 귀가 얼지 말라고 교자를 먹지만 한민족은 주로 팥죽을 먹는다. 권만(權萬, 1688~1749)은《강좌선생문집(江左先生文集)》에서 한성에서는 동지에 팥죽이나 만두를 먹는다[漢城至日, 豆粥饅頭冬至回]고 기록했다.

손님 접대와 선물에 만두를 쓰다

지금이야 만두가 중국집 서비스나 분식집 메뉴 혹은 길거리 음식이나 집에서 간식으로 먹는 일상의 음식이 되었다. 그렇지만 만두(饅頭)라는 단어가 처음 등장한 고려 말부터 조선 말기까지, 만두는 왕가나 양반들이 먹는 혹은 사신 접대용으로 쓰던 고급 음식이었다.

손님 접대용 만두

《목민심서(牧民心書)》(1818)는 손님 접대에는 밥보다는 떡, 국수, 만두를 내는 것이 예라고 설명했다. "빈객의 접대는 한결같이 옛 예를 따라 그 격식을 정하고, 비록 법은 세우지 않는다 하더라도 예는 항상 강명(講明)해야 할 것이다. 궤(簋)는 밥그릇인데 오늘날 풍속에는 향례(饗禮)—곧 다담(茶啖)—에 밥을 쓰지 않으니, 떡 종류 6가지와 국수·만두로써 8궤에 충당하고, 식례(食禮)에는 떡을 쓰지 않으니 비록 태뢰의 찬(饌)이 있다 하더라도 다만 홍백(紅白) 두 그릇의 밥만을 갖추고 그 이상 더하지 말 것이다[簋者. 飯器也. 今俗饗禮. 不用飯. 卽茶啖. 宜用餅糕. 六品及一麪一饅. 以充八簋. 食禮不用餅. 則雖太牢之饌. 但具紅白二飯. 不可加也]."

한치윤(韓致奫, 1765~1814)의 《해동역사(海東繹史)》 '교빙지(交聘志)'는 청나라 사신들의 기록을 모아둔 것인데, 그중 사신들을 위해 베푼 연회에 관한 다음과 같은 기록이 있다. "왕이 뒤따라와서 연회를 베풀었는데, 희생(犧牲)에는 소·양·돼지·거위 네 종류가 있는데, 모두 익혔다. 마지막에 나오는 한 상에는 대만두(大饅頭) 한 소반이 있는데, 위에는 은으로 덮개를 만들어서 덮었다. 한 대신이 칼을 가지고 들어와서 희생을 자르고 나서 큰 만두의 껍질을 갈랐다. 그 안에는 작은 만두가 가득 들어 있었는데, 크기가 호도만 하여 먹기에 아주 좋았다." 이를 통해 사신 접대

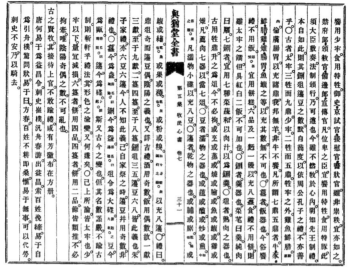

그림 3-19 접대의 예를 서술한《목민심서》〈예전〉'빈객 편'의 만두

용으로 대만두를 사용한 것을 알 수 있다. 이 대만두는 하나의 커다란 만두가 아니라 큰 만두 안에 작은 만두 여러 개가 들어간 것이 특이한데, 허균은《도문대작》(1612)에 "대만두: 의주(義州) 사람들이 중국 사람처럼 잘 만든다. 그 밖에는 모두 별로 좋지 않다."라고 썼다. 현재 중국의 대만두는 동북 지역의 명물인데 이름 그대로 커다랗고 소가 없는 만터우로, 조선 시대의 대만두와는 전혀 다른 음식이다. 이 대만두는 고종 39년(1902) 〈임인진연의궤〉에 대만두과(大饅頭果) 1그릇으로 등장한다.

또 허균은《추관록(秋官錄)》에서 다음과 같은 시를 읊었다.

큰 만두 뢰구[大饅牢九] 찌면 맛을 보아 무엇 하리

나는 문득 군침이 입가에 흐르누나

집에 와서 자랑 삼아 아내에게 말했는데

이윽고 계집종이 바깥문을 두들겨라

사각 소반 큰 석짝 대청에 벌여놓으니

하얀 떡이 빛나 빛나 눈에 가득 놀래이네

온 집안 기뻐하고 아들 딸 환장하여

둘러앉아 먹어대라 골짝을 메우듯이.

여기에 등장하는 뢰구(牢九)는 중국에서 소를 넣고 발효시켜 찐 만두를 가리키는 별칭이다.

선물 만두

고려 문신 이규보의 시문집인 《동국이상국집》에는 6월 28일에 조정의 우두머리인 수상 최시중(崔侍中)이 병든 이규보에게 보내온 술과 얼음, 혼돈(餛飩)에 대해 사례한다는 시가 있다. 여기서 등장하는 혼돈은 지금의 교자, 즉 소가 있고 발효하지 않은 반죽으로 빚은 교자류다. 고위 관료에게 내릴 정도로 귀한 음식이었던 것이다.

고려 말에서 조선 초까지 살았던 이색(李穡, 1328~96)은 음식에 관한 다양한 글을 남겼다. 그의 시를 묶은 《목은시고(牧隱詩藁)》에 〈이랑(二郎) 집에서 아침에 만두를 보내오다[二郎家朝餉饅

그림 3-20 조선 궁중의 대만두 재현(한복려 궁중음식연구원장 고증·재현, 2019년 11월)

頭])라는 시가 실려 있다. "외면은 둥글어 하얗게 어린 눈빛 같은
데, 속에 맺힌 기름은 새벽에 거듭 찐 거로세, 굳이 많은 술을 다
시 마실 필요 없어라, 나는 평생 마신 게 두어 되에 불과한걸."이
라 읊고 있다. 그가 선물 받은 하얗게 어린 눈빛 같은 만두는 밀
가루로 찐 만두임이 분명하고, 속에 맺힌 기름은 만두소로 육고
기를 사용했음을 알려준다.

　평생 화려하고 평탄한 길을 걸었던 서거정(徐居正, 1420~88)
은 친구이자 마찬가지로 고위관직에 있던 자고(子固) 김뉴(金紐,
1436~90)와 송이버섯 같은 비싼 음식을 주고받았다. 만두도 당시
에는 사치품에 속하는 귀한 먹을거리였다. 그의 문집《사가집(四
佳集)》에 〈김자고(金子固)가 만두를 보내준 데에 사례하다[謝金子
固送饅頭])라는 시가 실려 있다.

붉은 통을 처음 열어보니　　　　　　朱櫝初開見

만두가 서릿빛처럼 희어라　　　　　饅頭白似霜

보드라움은 병든 입에 딱 알맞고　　軟溫宜病口

달착지근함은 쇠한 창자를 보하네　　甛滑補衰腸

　서릿빛처럼 희고 병든 입에 딱 알맞은 보드라운 만두는 중국
의 삼국 시대(220~280)에 등장해 송대(960~1279)에 꽃을 피운
찐 발효 만두다. 발효 덕에 피가 부드러워 중국에서도 아이들이
나 여성, 특히 이가 부실한 노인들이 좋아하는 음식이다. 그런데
'달착지근함[甛]'이라는 단어로 보아 소로 고기나 채소가 아닌

조청이나 꿀로 단맛을 더한 팥이 들어갔을 가능성이 매우 높다.

조선 중기의 문신이자 학자인 안방준(安邦俊, 1573~1654)이 쓴 당쟁 기록인 《혼정편록(混定編錄)》에는 "만두반(饅頭盤), 정인홍이 만두를 좋아하여 찾아가는 자들이 반드시 이로써 공궤하였다. 주찬(酒饌) 뇌물이 그 문에 미치지 않은 까닭에 모두 탄핵을 만나 떠나게 된 것입니다."라고 나와 만두를 쟁반[盤]에 담아 당시 권력자인 정인홍(鄭仁弘, 1535~1623)에게 바친 뇌물로 쓰인 귀한 음식이었음을 알 수 있다.

미식으로서의 만두

고려 말의 학자이자 정치가 이색은 미식가였다. 그가 남긴 음식에 관한 글은 방대하고 세밀하다. 그의 문집 《목은시고》에는 만두에 관한 기록이 여럿 나온다. 관악산 신방사(新房寺)에 머물 때 스님이 준 "푹 쪄낸 흰 눈처럼 쌓인 만두"를 먹고 "은혜 어떻게 갚을 수 있을는지"라고 고마워했고, 송이버섯이 익어가는 초가을에 경기도 여주의 물가에서 놀면서 "만두 쪄 내오면 맛이 또 그만이리니"라며 만두 맛을 예찬했다. 그는 또 〈여흥음(驪興吟)〉이라는 시에서 여름철의 먹을거리를 이야기하면서 만두의 맛을 노래한다.

은어는 비를 얻어 장천을 거슬러 올라오고　　銀魚得雨遡長川
솔 아래 새 버섯은 맛이 오전해지려는 때　　松下新芝味欲全

양곡의 만두 쪄 내오면 맛이 또 그만이시니　　　暘谷饅頭蒸得好

가을쯤엔 남쪽으로 나도 놀러갈 생각이오　　　南游準擬及秋天

　원천석(元天錫, 1330~?)도 비 오는 날 곡성에서 온 손님과 "만
두들 가득 채우고 술동이도 채워" 노는 시를 썼다. 이처럼, 만
두를 술안주로 먹은 기록이 제법 있다. 김시습(金時習, 1435~93)
은 전국을 돌며 놀고 시를 짓던 사람답게 〈명주일록(溟州日錄)〉이
라는 시에서 명주(溟州: 지금의 강릉)에서 아이를 시켜 내기한 만
두를 얻어와 실컷 먹고 늘어지게 잔 이야기[催兒賭得饅頭盤. 旨酒
禁釀不可得. 淹菜糯飯日日飽. 飽後偃臥又入睡]를 전한다. 장유(張維,
1587~1638)는 《계곡집(谿谷集)》에서 "점심을 잘 먹었더니 저녁은

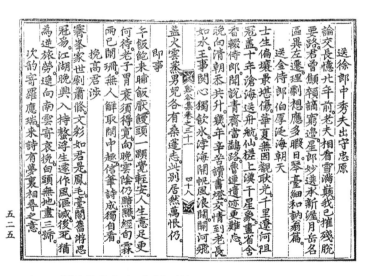

그림 3-21 《계곡집》에 나오는 식사용 만두

생각 없어[午飯飽來晡飯厭] / 만두 하나로 때우니 속이 마냥 편안하네[饅頭一顆覺輕安]."라며 식사용으로 먹은 만두 이야기를 한다.

모임에서의 만두

만리현(萬里峴: 지금의 서울 공덕동 만리재) 아래에 있는 향로회(鄕老會)에서는 여름에는 점심을 마련하고 겨울에는 만두를 장만하는데, 술은 약간 내놓는다. 임진년 여름에 난리를 만나 흩어졌다가 갑오년 겨울에 서울에 돌아와 모이니, 생존자는 다만 송서교(宋西郊: 송찬), 안죽계(安竹溪: 안한), 나 심청천(沈聽天: 심수경) 3명뿐이었다. 3명도 모두 난리로 집이 없어져서 성중(城中)에서 협방(夾房)살이를 하므로 서로 찾는 일이 매우 드물었다. 을미년 가을 9월에 서교가 말하기를, "옛날 계(契)에서 아직 3명이 살아 있으니, 돌아가며 계모임을 하자."고 하여 내가 먼저 만두와 술을 차렸는데, 옛날에 비해서 더욱 간소하였다[萬里峴下 鄕老之會. 日長時則設點心. 日短時則設饅頭. 而酒則畧設焉. 壬辰夏. 遭亂離散. 至甲午冬. 還集都下. 生存者只宋西郊安竹溪沈聽天三人而已. 三人皆蕩無家舍. 僑寓城中. 相訪甚稀. 乙未秋九月. 西郊曰. 舊契三人. 猶可以輪會修契事也. 聽天 先設饅頭及酒. 視舊尤畧].

위 인용문은 조선 중기의 문신 심수경(沈守慶, 1516~99)이 지은 《견한잡록(遣閑雜錄)》의 내용으로, 당시 80대였던 심수경과 친구들이 임진왜란 후에 다시 모인 비장한 술자리에 안주로 등장할 정도로 선비들이 사랑한 음식이자 술안주가 만두였다.

정약용은 미식가답게 작은 모임에서나 친구들을 만날 때 만두를 함께 먹은 기록을 많이 남겼다. 《다산시문집》에는 〈청유 김재곤과 광산 박종유가 조그만 모임을 갖고 만두를 차려 내오다[靑猷金 在崑 匡山朴 鍾儒 小集設饅]〉라는 시도 있고, 〈십이월 삼일에 문산이 왔는지라, 그 후 삼 일째 되던 날 밤에 만두를 장만하고 장구를 지어 권유하다〉라는 긴 제목의 시에서는 "늙은 아내의 만두는 세상 기호에 따른 거라, 응당 자타갱(紫駝羹)*보다 많이 못하진 않을 걸세[十二月三日文山至 越三日夜設饅頭 侑以長句 老婦饅頭由世好, 不應多羡紫駝羹]."라며 만두의 맛을 찬미하고 있다. 그리 부유하지 못했던 정약용을 생각하면, 적어도 19세기가 되면 만두는 일반 사람들도 별식으로 먹을 정도의 음식이 되었음을 알 수 있다. 상화가 반드시 밀가루로 피를 사용한 것과 달리 만두는 피로 메밀을 사용하는 경우가 많았다. 만두는 상화보다 더 저렴하고 일반적인 음식이었기 때문에 서민들도 명절이나 특별한 날 먹을 수 있었다고 추정된다.

혼례 만두

조선 예학의 완성자 김장생의 《가례집람(家禮輯覽)》(1599) 중 혼례(昏禮) 의식에 만두가 등장한다. "종자가 소반에 밥이나 만두

---

* 밤색 털을 지닌 낙타의 고기로 끓인 국. 이 고기가 대단히 맛이 좋다고 알려져 있다.

를 담아 신부에게 주면, 신부가 직접 이를 받들고 시부모의 앞으로 나아가 탁자 위에 놓는다." 신부가 가서 시어머니가 남긴 것을 먹고 신부의 시종은 시아버지가 남긴 것을 먹는다. 신랑의 시종은 신부가 남긴 것을 먹는다. 여기에서 만두나 밥을 먹는 것은 시부모를 따른다는 의미이지만, 현대 중국에서 결혼식에 먹는 만두는 아이를 잘 낳으라는 의미가 더 강하다. 조선에서 제사나 예법에 만두가 등장하는 것은 《주자가례》의 영향이 절대적이었다.

10장

사신들이 경험한
만두들

조선 왕조 500여 년간 명과 청에 1,000여 회에 육박하는 사신을 파견한 바, 당시 북경 가는 길을 이끈 삼사(三使: 정사, 부사, 서장관) 및 수행원(군관 반당, 역관 등)이 남긴 연행록도 대략 500여 종 이상으로 추산된다.[41] 사신과 수행원들이 남긴 사행록을 연행록이라 부른 까닭은 당시 명과 청의 수도 북경을 연경(燕京)으로 불렀기 때문이다. 당시 사행길은 명나라 때는 의주를 출

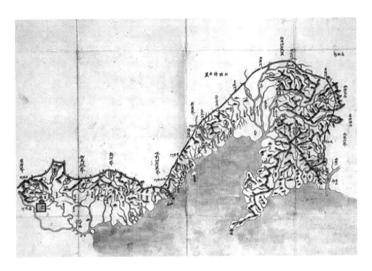

그림 3-22 〈여지도〉에 나오는 사행도

발하여 요동을 경유하여 북경으로 이어지는 경로가 일반적이었고, 명·청 교체기에는 바닷길 사행을 시행하기도 했지만, 청대에는 성경(盛京, 지금의 선양瀋陽)을 경유하여 북경으로 들어가는 경로가 확립된다.[42] 왕복 40여 일 정도의 사행길에는 기본적으로 음식을 가져갔지만, 현지에서 조달하기도 했다. 연행록들에 의하면, 사행길에서의 접대와 북경에서의 연회 및 황제의 하사품으로 만두가 제법 등장한다. 또한 명·청 왕조가 모두 밀과 조를 주식으로 하던 만주와 북방 지역에서 발흥한 탓에 당시 북방의 음식문화가 연행록에 생생하게 묘사되어 있다.

사행길에서 먹은 만두

성현(成俔, 1499~1504)이 지은 《용재총화(慵齋叢話)》(1525)에는 만두를 여행 식품으로 가지고 다녔음을 짐작하게 하는 다음과 같은 기록이 있다. "세조(世祖, 1417~68)가 왕자 시절에 명나라에 경사(京師)로 갈 때[1452년 10월] '매양 말똥을 주워 만두(饅頭)를 구워 먹었다[每拾馬糞燒饅頭而食之].' 그 후에 세조께서 여러 신하들과 더불어 말씀하시면 늘 홍일휴(洪日休, 1412~64)를 놀려 '이 사람은 깨끗하지 못하니 향관(享官: 제관)을 시키지 말라.' 하였다." 홍일휴는 세조 때 문신으로 중국어에 능해 여러 차례 북경을 왕래했는데, 제사에 올리는 만두를 불결한 말똥으로 구워 먹은 것으로 놀린 것이다.

이후에도 조선 사신이 청나라 수도 북경으로 가는 길에서 만두를 먹은 기록이 나오는데, 만두가 휴대하기에 편해 여행자의 음식이었음을 여러 사행 기록을 통해 알 수 있다. 특히, 조선의 국경 의주를 벗어나서 북경으로 가는 길목 일대는 중국에서 만두 문화가 가장 발달한 지역이라, 가는 여정 중에 숙소나 시장에서 만두를 먹은 기록이 많다. 또한 연경(북경)에서의 기록 또한 풍부하다. 그중 하나인 한글로 쓰인 《무오연행록(戊午燕行錄)》*에 '변시'가 등장한다. 여기에 등장하는 변시는 만둣국이다.

* 1798년 10월 19일에서 이듬해 4월 2일까지 왕복 160일 동안의 삼절연공 겸 사은사(三節年貢兼謝恩使) 사행에 서장관으로 동행한 서유문의 기록.

무령현에 이르니, 유관에서 20리라. 또 십자각이 있으니 사면에 현판을 달았으며 높이가 열 길이 지날지라, 공중에 아득하더라. (중략) 서문 안에 이르니 말을 갈아타는 곳이라. 이곳에 '변시'라 하는 음식이 먹음직하다 하거늘, 사오라 하여 먹으니, 우리나라의 만두 모양같이 만들고 신맛이 있으며 더운물에 띄웠더라.

순조 28년(1828)에 진하 겸 사은사행(進賀兼謝恩使行)의 기록인 《주견제사(主見諸事)》에는 중국의 지리·풍속·역사·산업 등 여러 분야에 관한 내용이 풍부하게 담겨 있는데, "책문(柵門)*에 들어온 뒤 술안주를 차리는데, 익힌 저육(猪肉)과 양신(羊腎), 양간(羊肝), 초오(炒熬), 백숙(白熟), 닭고기 및 향개채(香芥菜), 죽순채(竹筍菜) 등과 마른 떡 여러 가지, 잡채 등과 고기만두[肉饅頭] 등이었다."라는 기록도 있어. 중국인들이 조선인 관리들을 접대하는 자리에 다양한 고기요리와 함께 고기만두를 제공했음을 알 수 있다.

발발에 대한 기록도 있다. 임백연(任百淵, 1802~66)의 연행기록인 《경오유연일록(鏡浯遊燕日錄)》(1836)에 "아침 일찍 발발(餑餑, 중국음 보보)을 파는 자가 소쿠리 하나를 짊어지고 왔다. 이른바 '발발'이라는 것은 겉을 둥글게 만들고 속을 비워 설탕이나 채소를 채운 것이다."라는 되어 있다. 남이익(南履翼)의 연행록인 《초

---

* 조선의 국경에 접한 청의 변방 지역. 조선과 청을 오가는 통로로서 무역 활동이 활발하게 이루어졌다.

자속편(椒蔗續編)》(1822)에서는 연경 가는 길목을 묘사하며 "요동(遼東)과 심양(瀋陽) 사이에는 모두 수수로 밥을 지어서 두부와 채소만을 곁들인다. 고기 또한 드물고 귀해서 생활이 소박하다."라고 당시 요동과 심양 주민들의 식생활을 기록했다. 당시 만주인들이 살던 요동과 심양의 주식은 수천 년 동안 수수나 조가 주식이었다.《초자속편》에는 이어서 자세한 설명이 나온다. "시장에서 파는 음식은, 수숫가루에 물을 타서 고르게 반죽하여 속에 볶은 돼지고기와 양고기를 넣어서 찐 것을 '발발(餑餑)'이라 하고, 메조에 팥을 섞은 것을 '점고(黏糕)'라 하며, 좁쌀가루에 달걀을 섞은 것을 '계란고(鷄卵糕)'라 한다. 수숫가루를 물에 타서 휘저어 뽑아내 면을 만들어서, 굳으면 끓는 물에 넣고 부드럽게 풀어서 초간장·두부·생강·파 등을 곁들이는 것을 '분탕(粉湯)'이라 하고, 찹쌀을 가루로 만들어서 그 속을 비우고 설탕 따위로 채워서 삶은 것을 '면고(麵糕)'라 하는데, 밀가루로 만두(饅頭)를 쪄내는 것도 있다."

돼지고기와 양고기를 넣어서 찐 발발은 발효시킨 피에 소를 넣고 찐 포자다. 당시에 이 지역에서는 포자를 발발로 불렀음을 알 수 있다. 고기만두(肉饅頭,《주견제사》), 밀가루로 쪄낸 만두(饅頭,《초자속편》)는 해석의 여지가 있다. 당시 북방 지역의 만두(만터우)는 주로 소 없이 쪄낸 것이었고 소가 들어간 것은 포자(빠오즈)로 구분했다. 이 기준으로 보면《주견제사》의 고기만두는 포자일 가능성이 높다.《초자속편》에 나오는 '밀가루로 쪄낸 만두'는 소 없는 만터우일 것이다. 특히 앞에 나오는 발발이 포자인 것을 감안하면, 당시에 이런 구분이 있었던 것 같다. 19세기의 청나라 북경과 요동 지역에서는 발발은 밀가루나 조, 수수 혹은 찹쌀로 피를 만들고 소를 넣은 음식임을 알 수 있다.

연경의 만두·교자류 풍속

사신들의 연행 기록에는 중국의 유박아(柔薄兒)를 우리의 만두나 상화와 비슷한 음식으로 표현한 구절이 자주 등장한다. 박지원의 《열하일기(熱河日記)》, 홍대용의 《담헌연기(湛軒燕記)》와 더불어 3대 연행록으로 꼽히는 《노가재연행일기(老稼齋燕行日記)》(1712) 중 당시 북경 유람 기록인 〈산천풍속총록(山川風俗總錄)〉은 중국음식 유박아를 묘사하면서 조선의 상화, 만두와 같은 음식이라고 설명했다.

이른바 '유박아(柔薄兒)'란 우리나라의 상화떡처럼 밀가루로 만든 것인데, 우리나라의 만두처럼 가장자리가 쭈글쭈글하다. 이것은 옛 만두로 돼지고기와 마늘을 다져서 만들며 그곳의 병이(餅餌) 중에서 가장 맛이 있었다[所謂柔薄兒. 以麵造. 似我國霜花. 而皺其縫. 似我國饅頭. 此蓋古之饅頭也. 其啗猪肉和蒜爲之. 彼處餅餌中味最佳].

내용이 조금씩 바뀌지만, 조선 말기까지 연행기록 중 풍속에 관한 조항에는 유박아에 대한 언급이 자주 등장한다. 이유준(李

有駿)의 《몽유연행록(夢遊燕行錄)》(1849)에는 중국에서 잘 쓰지 않는 단어인 편식(餻食)이 유박아와 비슷한 음식으로 함께 등장했다.

조선에서는 잘 먹지 않는 중국의 발효병[만터우饅頭]과 비발효병을 사신들이 정확하게 구분하지 못한 혼란이 연행일기들에 가득하다. 유박아를 설명하면서 상화와 만두가 같이 쓰인 것이 그 예다. 조선에서 상화는 발효병인 중국의 만두나 포자를, 조선의 만두는 중국의 비발효병인 교자류를 가리키기 때문이다. 그런데 유박아(柔薄兒)는 중국에서는 사용하지 않는 단어다. 그래서 이름과 묘사를 통해 어떤

그림 3-23 청나라 《황청직공도(皇淸職貢圖)》에 실린 조선 사신의 모습

음식인지를 추정해야 한다.

유박아는 음식의 상태를 묘사한 이름으로 보인다. 부드럽다는 의미의 유(柔)자로는 발효병인지 비발효병인지 알기 어렵다. 그런데 박아(薄兒)라는 단어를 보면 비발효병인 교자류를 떠올릴 수 있다. 박(薄)은 얇은 피를 연상시키고, 아(兒)는 교자의 다른 이름인 교아(餃兒)에 붙이는 접미사이기 때문이다. 《몽유연행록》에 쓰인 편식(餻食)도 교자류일 가능성을 높인다. 《노가재연행일기》

표 3-5 **연행록에 기록된 유박아와 비슷한 음식들**

자료	내용	연도
노가재연행일기	霜花, 饅頭	1712
경자연행잡지(庚子燕行雜識)	霜花餠, 饅頭	1720
북원록	霜花 饅頭	1760~61
계산기정	霜花餠, 饅頭	1803
북경록(北京錄)	饅頭	1826
연원직지	霜花, 饅頭	1832
몽유연행록	餠食	1849

에서 유박아의 "가장자리가 쭈글쭈글하다."고 묘사한 것도 교자
일 가능성을 높여준다. 만터우는 주름이 없고 발효병인 빠오즈
는 주름이 가장자리가 아닌 중앙 상부에 있지만 교자는 가장자
리를 맞물린 뒤 대개 주름을 잡기 때문이다. "이것은 옛 만두로
돼지고기와 마늘을 다져서 만들며"라는 구절의 '소가 있는 옛 만
두'는 청나라 중기 이전의 소가 있는 만두를 가리킬 가능성이 매
우 높다.《노가재연행일기》가 기록될 당시에 중국의 만두는 소가
없는 지금의 만터우의 모습을 갖추고 있기 때문이다.

1760년에서 1761년의 사행록인《북원록(北轅錄)》에도《노가재
연행일기》의 〈산천풍속총록〉을 기본으로 한 내용이 나온다. 유
박아의 내용도 그대로 등장하는데, 만두의 다른 이름인 도(饀)가
처음으로 등장하고 찹쌀로 만든 우리의 경단에 해당하는 원소병
(圓小餠)도 나온다.

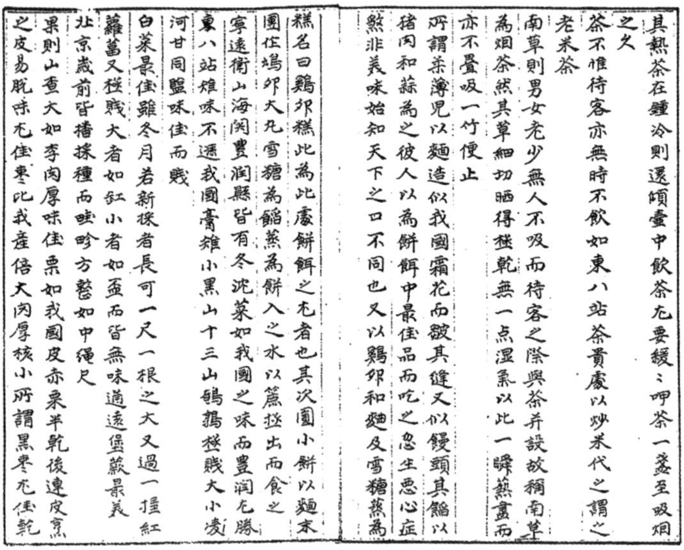

其熱茶在鍾冷則還傾臺中飲茶尤要緩〻呷茶一盞至吸烟
之久

茶不惟待客亦無時不飲如東八站茶貴處以炒米代之謂之
老米茶

南草則男女老少無人不吸而待客之際與茶并設故稱南草
為烟茶然其草細切晒得極乾無一点濕氣以此一瞬蒸盡而
亦不置吸一竹便止

所謂杀薄児以我國霜花而餃其饒又以饅頭其餡以
猪肉和蒜為之彼人以為餅餌中最佳品而吃之忽生恚心症
然非美味始知天下之口不同也又以鷄卵和麪及雪糖蒸為

糕名曰鷄卵糕此為此康餅餌之尤者也其次圓小餅以麪末
團佐塲卵大丸雪糖為餡蒸為餅入之水以箬挺出而食之

寧遠衛山海閭縣皆有冬沈菜如我國之味而豊潤尤勝

東八站雄未不通我國菁雜小黑山十三山鵠鵝桟賤大小處
河廿同鹽味佳而戰

白菜最佳雖冬月若新採者長可一尺一根之大又過一攌紅
蘿葍又楪戰大者如紅小者如盃而皆無味適遠遍巖景美
北京蔵前暦播種而蛭吟方蓉如中縄足
果則山查大如李肉厚味佳票如我國皮亦柔羊乾味遠遜
之皮易脫味无住枣此我産倍大肉核小两謂黑枣尤佳乾

그림 3-24《북원록》의 유박아 묘사

도(餡)는 돼지고기에다 마늘을 섞어서 만든다. 저 사람들은 떡 가운
데 가장 맛있는 것으로 여겼다. 그런데 그것을 먹어보면 오심증(惡心
症: 속이 메스꺼운 증상)이 생겨서 갑자기 좋은 맛이 아니게 되니 비로
소 세상 사람들의 입맛이 같지 않다는 것을 알게 된다. 또 계란을 누
룩과 설탕과 섞어서 쪄서 떡을 만들어서 계란고(鷄卵糕)라 하였으니
이것이 이곳의 떡 중에서 더욱 좋은 것이었다. 그다음으로 원소병(圓小
餅)은 곡물 가루[麪末]를 둥글게 비둘기 알과 같은 크기의 커다란 환
으로 만들어서 설탕으로 소를 만들고 쪄서 떡으로 만들어서 물에다
넣었다가 조리로 건져내서 먹게 된다.

1832년에서 1833년까지 동지사 겸 사은사 서경보(徐耕輔)의 서장관(書狀官)으로 중국에 다녀온 김경선(金景善)의 사행기록인 《연원직지(燕轅直指)》 '음식' 조에는 중국의 만두·교자류에 관한 다양한 기록이 나온다.

분탕(粉湯)이라는 것은 밀가루 재료에다 돼지고기로 소를 만든 것이고, 혼돈탕(餛飩湯)은 흘락(紇絡)을 사용한다. 물국수[水麵]에다 파, 마늘, 돼지고기를 섞은 것이다. 원소병(元宵餠)이란 하얀 찹쌀가루[白屑]로 경단을 만들어 설탕가루를 묻힌 것이다. 자산(赭饊)이란 설탕가루에 수박씨로 소를 만든 것인데, 빛깔이 누런 것을 황강자(黃糠子), 희고 둥근 것을 지병(枳餠), 참깨로 무친 것은 태색병(苔色餠)이라 한다. 이른바 절고(切糕)란 황률로 떡을 만들어 잘라서 먹는 것인데, 설탕만 넣은 것을 당불(餹餑), 돼지고기로 소를 넣은 것을 탕불(湯餑)이라 한다[粉湯者用麵. 餡以猪肉. 餛飩湯者用紇絡. 水麵 雜以蔥蒜猪肉. 元宵餠者. 用白屑作團. 和以糖屑. 赭饊者. 用糖屑. 餡以西果仁. 其黃者曰黃糠子. 白而團者曰枳餠. 糝以芝麻者曰苔色餠. 所謂切糕者用黃栗作餠. 切而啖之. 全以糖屑調勻者曰餹餑. 餡以猪肉者曰湯餑].

혼돈탕은 만둣국이다. 그런데 김경선은 "혼돈탕은 흘락을 사용한다."고 했다. 하지만 또 다른 연경 기행문인 《계산기정》에는 "면을 흘락(紇絡)이라 한다."*면서 "흘락은 다 포인미(包仁米)로 면을 만드는데, 정결하고 쫄깃쫄깃하기가 메밀가루보다 도리어 낫다고 한다."라고 부연했다. 흘락은 잡곡으로 가루를 내 반죽해 찰기가 별로 없기 때문에 한국의 냉면처럼 구멍을 낸 틀에 반죽을 밀어 내리는 면을 말한다. 포인미는 옥수수다. 지금도 동북 지방에서는 옥수수로 만든 면을 먹는다. 옥수수 피를 이용한 혼돈탕은 중국 문헌에 잘 나오지 않지만 당시 만주 지역의 잡곡 문화를 알 수 있는 내용이다. 혼돈탕의 소로 파, 마늘, 돼지고기를 섞어 사용했는데, 파는 예나 지금이나 만주 지역의 특산물이다. 돼지고기와 마늘을 넣은 소는 후에 일본 교자의 한 특징이 된다.

1837년의 연행록인 《경오유연일록》에는 북경 식당에서 식사한 경험을 기록했다. "요리사[厨人]가 접시 몇 개를 가지고 왔는데 훈채(葷菜: 고기)와 초장(醋漿)뿐이다. 연이어 면 4그릇을 내오고 또 잡채(雜菜) 4접시, 전병(煎餅) 2접시, 백탕만두(白湯饅頭) 6그릇을 내오니 탁자가 가득 찼다." 백탕만두라는 음식은 《경오유연일록》에만 등장하는데 해석이 좀 애매하다. 조선에서 백탕(白湯)은 맹물 끓인 것을 가리키는 경우가 대부분인데, 중국에서는 우리의 곰탕같이 뼈를 오랫동안 끓여 국물이 우유처럼 하얗게 된 것을 이야기하기 때문이다. 백탕 뒤의 만두 역시 해석이 쉽지 않다. 당시 청나라의 만두는 소 없이 피를 발효시킨 일종의 빵인데 이것을 탕에 넣어 먹지는 않기 때문이다. 이것을 쓴 사람

---

* (앞쪽)《薊山紀程》卷之五 附錄〈飮食〉"麵曰紇絡. 餡以猪肉和麵曰粉湯. 雜以葱, 蒜, 猪肉曰餛飩. 用白屑作團. 和以糖屑曰元宵餅. 飽餀皆用包仁米造麵. 精潔糾緊. 反勝於牟麵."

이 조선 사람임을 감안하면 이는 혼돈탕, 즉 만둣국을 조선식으로 표현한 것일 수 있다. 그게 아니라면 북경 식당의 메뉴에 백탕과 만두가 같이 나왔을 가능성도 있다.

《초자속편》과 《경오유연일록》에 나오는 발발은 발효시킨 피에 소를 넣고 찐 포자(包子)다. 서민들이 먹는 포자의 피는 밀가루 외에 수숫가루로도 만들었음을 알 수 있다. 소로 넣은 돼지고기와 양고기는 한족과 만주족이 섞여 살던 당시 음식 문화의 융합을 보여준다. 양고기를 즐겨 먹은 만주족과 돼지고기를 주로 먹던 한족의 음식 문화가 나란히 포자 속에 들어가 있다. 《경오유연일록》에 나오는 설탕이나 채소를 채운 발발에도 당시 청나라 서민들의 사정이 녹아 있다. 고기보다 저렴한 채소 포자인 발발은 서민들이 주로 먹었던 것이다.

한족이 중심인 중국이지만 이민족의 지배를 받은 적도 여러 번이다. 몽골족이 세운 원나라와 만주족이 세운 청나라가 대표적인데, 한족의 음식 문화와 몽골족, 만주족의 음식 문화가 섞이면서 중국의 만두, 포자, 교자 문화도 복잡 다양해진다. 음식의 내용은 물론이고, 이름 또한 복잡해진다. 청대에 들어서 중국의 만두는 소가 있는 것에서 없는 것으로 변하고 소가 있는 것은 포자로 고정된다. 그러나 만주족의 근거지인 동북 지역에서는 포자를 발발로 불렀다. 게다가 발발은 포자만을 지칭하는 게 아니라 손에 들고 먹을 수 있는 밀가루 음식의 총칭이 되면서 혼란을 가중시킨다. 당시 중국을 오가던 사신들도 음식과 명칭의 이해에 혼란을 겪었다.

권상하(權尙夏, 1641~1721)는 "만두는 《운회(韻會)》*에 병(餠)이라 하였네. 그러나 이런 식물(食物: 음식)의 이름은 중국과 우리나라가 크게 다르니 어찌 억지로 해석할 수 있겠는가[饅頭韻會餠也. 此等食物之名. 中原與我東絶異. 何可强釋乎]."라고 말하며 중국음식 해석의 어려움을 토로했는데, 이는 조선음식 연구의 난점을 짚는 말이기도 하다. 또한 조선 시대 기록의 혼란은 오늘날 우리에게 그대로 전수되고 있다.

황제의 하사품

청나라 건륭제(乾隆帝)는 조선의 최장수왕 영조와 정조대를 재위한 중국 최장수 황제였고 조선 사신들에 대한 관심도 있었다. 그는 음식에 조예가 깊었는데, 조선 사신들에게 만두류의 음식을 하사한 기록이 여럿 남아 있다. 외국 사신에게 하사할 정도로 만두류는 귀한 음식이었다.

서호수(徐浩修)의 사행 기록인 《연행기(燕行紀)》 1790년 8월 1일자에는 "연희를 마친 뒤에 우관(寓館)에 돌아오니, 예부에서 건륭황제의 뜻에 좇아 어선발발(御膳餑餑)과 과품(果品) 각종을 나눠 보내왔다."라고 쓰여 있다. 건륭제는 8월 7일과 14일에도 발

---

* 원나라 초기 황공소(黃公紹)가 편집한 운서로, 《고금운회(古今韻會)》의 약칭.

발을 보냈다. 특히 8월 7일에 내린 발발 위에는 금박으로 '만국
내조(萬國來朝: 만국의 사신이 청나라 황실에 왔다)'라는 네 글자가
씌어 있었다. 1794년(정조 18) 1월 6일에 연경에 있던 동지정사
황인점(黃仁點)과 부사 이재학(李在學)은 청나라 예부상서 기균
(紀均)의 방문을 받았는데, 이때 어선방(御膳房: 황제의 주방) 관원
이 황제의 명령으로 만두 한 그릇을 사신들에게 주었다.*

동지사 민종현(閔鍾顯)과 진하사 이병모(李秉模) 등은 1795년
(정조 19) 12월 6일 오후에 건륭황제가 보낸 양고기 1기(器)와 만
두 1기를 받았다. 당시 만두는 이미 민가의 서민들도 먹던 보통
음식이었으므로 사신들에게 황제가 내리는 선물이라는 게 좀 독
특하긴 하다. 만두 위에 금으로 '만국 내조(萬國來朝)'라는 문구
를 찍을 수 있는 것처럼 만두가 가진 독특한 특성 때문에 그럴
가능성이 있다. 하얀 만두는 중국에서 풍성함의 상징이자 글자
를 써 넣기에도 좋은 음식이기 때문이다.

---

* 《日省錄》甲寅(정조 18년) 2월 22일 "十三日禮成後皇帝幸圓明園臣等因禮部知會當
日曉頭詣三座門班次禮部尚書紀均押班御膳房官員以皇旨齎來饅頭一器頒給臣等於班
次平明皇帝出來閣老和珅傍奏臣等柢迎之意皇帝自轎窓諦視臣等因禮部知會仍爲隨詣
圓明園住接於行宮近處午後通官引臣等入山高水長閣就外班向夕皇帝出御閣門之前諸
般雜技及燈戲次第設行內務府以果盒熟肉元宵餠等饌饋臣等內務府大臣 和珅 金簡等
出來監視十四日臣等又入山高水長皇帝御座後令臣等入內班賜酪茶一巡後出就外班燈
戲及饋饌一如"

통신사가 본 일본의 만주

조선 내내 일본과의 교류의 핵심이던 조선통신사의 기록에는 일본의 만주(饅頭)로 접대받은 일화가 자주 등장한다. 조선의 사신들은 일본의 만주를 예외 없이 조선의 상화로 표현했다.* 조선이나 일본이나 귀한 밀로 만든 하얀 만주나 상화는 왕족이나 양반만이 먹을 수 있거나 사신 접대에 쓰인 귀한 음식이었다.

정약용은 《여유당전서(與猶堂全書)》에서 일본 나가사키의 모습을 묘사하면서, 네덜란드 상인들이 "항상 면병(麪餠)을 먹으면서 그것을 일컬어 파모(波牟)라 하며, 마치 만두와 같으면서 속이 없는 것이다[食雞猪及諸肉, 皆不用箸, 常食麪餠, 呼之曰波牟. 如饅頭無餡者].'라고 기록했는데, 여기서 언급한 '만두 같은 속이 없는 면병'인 파모는 빵을 말한다. 에도 시대에 데라시마 료안(寺島良安)이 편찬한 백과사전 《와칸산사이즈에(和漢三才図会)》(1712) 만두 조에는 "증병, 즉 만두는 소가 없는데 네덜란드 사람들이 매일 두 개씩 먹으며 波牟(ハン, 한)라 부른다[蒸餠即饅頭無ㄴ餡者也、阿蘭陀

* 《동사상일록(東槎上日錄)》 "8월 밤에 하총(下摠), 채녀(采女) 등이 와서 두병(豆餠), 상화병(床花餠) 두 색깔의 떡을 바쳤다."; 《동사록(東槎錄)》 "해안사에서 머물렀다. 조홍이 무[菁根] 한 그릇을 보냈으므로 바로 주방(廚房)에 내려 보냈다. 밤에 의성이 상화(霜花) 1합(榼)과 생전복[生鮑], 소라(小螺) 등을 보내왔으므로 일행 원역(員役)과 사후하는 왜인에게 나눠주었다."; 《동사록(東槎錄)》 임술년(1682, 숙종 8) 7월 21일 "비전 태수(備前太守)가 호행 왜인을 시켜 상화밀병(霜花蜜餠)을 보냈는데 가지가지가 맛이 좋았다."; 《해유록(海游錄)》 "또 만두(饅頭)란 것이 있어 우리나라 상화병(霜花餠) 같은데 겉은 희고 안은 검고 맛은 달다."

人每用二一箇一為二常食一彼人呼曰二波牟(ハン)]."고 나와 있다. 波牟
(ハン, 한)는 네덜란드 사람들이 먹던 빵이었다. 당시 일본에서도
구운 서양식 빵과 발효 후 쪄낸 중국식 증병의 구별이 쉽지 않았
던 것 같다. 당시 밀가루로 만든 음식은 귀한 것이었다.

11장
외식으로서의
만두

외식의 시작

고려의 상화점이 외국인이 운영하는 가게였던 것처럼, 한반도에서 만두가 외식 메뉴가 된 것도 청나라 사람에 의해서 시작되었다.

중인 지규식(池圭植)이 쓴 《하재일기(荷齋日記)》 1897년 10월

27일자에는 "청나라 사람 다사 (茶肆: 식사와 차를 마시는 곳)에 들어가 이영균(李永均)과 만두 한 주발을 먹었다[喫饅頭一椀]." 라는 기록이 나온다. 1882년 발생한 임오군란 때 서울에 주둔한 청나라 군대를 따라 중국식 만두식당이 서울에서도 영업을 시작한 덕이다. 만두가 외식으로 등장한 것이다. 기록상 최초의 만두가게는 1889년에 서울에서 문을 연 복성면포방(福星麵包房)이다.[43] 이름으로 보아 포자(包子)와 면을 파는 집이었을

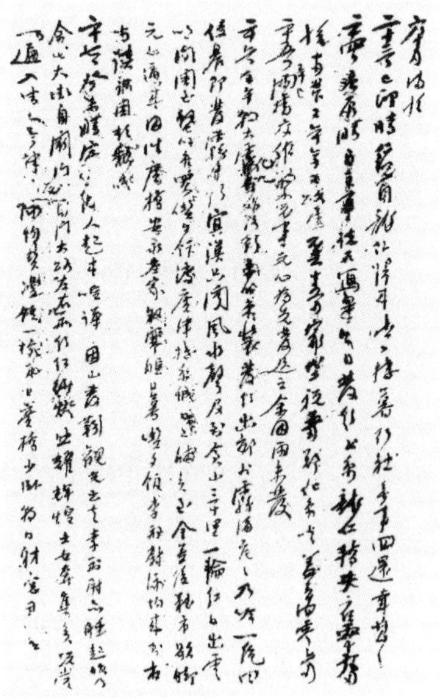

그림 3-25 《하재일기》에 실린 최초의 외식 만두

것이다. 중국인들은 1882년 인천으로 들어온 뒤 1883년부터 서울에서 터를 잡았다. 《하재일기》에서 보듯이, 중인들이 만두류를 파는 식당을 출입할 정도로 인기가 있었다.

1910년 경성의 화교는 모두 2,062명이었다. 한성화상총회(漢城華商總會)의 1910년 10~12월의 기록에는 중화요리점이 50개소이고, 이 중 중화요리 음식점이 33개소, 호떡집이 17개소로 나와 있다.[44] 호떡집을 지금 먹는 음식 호떡만 판매하는 곳으로 인식해서는 안 된다. 당시는 중국에서 온 모든 것에 호(胡)를 붙였다. 한자 병(餠)은 떡으로 해석했다. 호떡집은 호병(胡餠), 즉 중국식 밀

가루 음식을 판매하며 종업원 한두 명을 둔 저렴한 식당이었다. 당시 호떡집에서 팔던 음식은 당화소(糖火燒), 계란빵[鷄蛋餅], 깨빵[芝麻餅], 구운 빵[烤餅], 강두[鋼頭], 만두(饅頭), 포자(包子) 등 이었다.[45]

1922년 중화요리음식조합의 자료에 의하면, 당시 호떡집은 태평로2가, 종로5~6가, 서소문동, 소공동, 을지로4~5가 부근에 많았다.[46] 당시 조선총독부는 중화요리점의 규모와 판매하는 메뉴에 따라 '중화요리점' '중화요리 음식점' '호떡집'의 세 종류로 구분했다.[47] 조선총독부가 1930년에 실시한 '전국국세조사(全國國勢調査)'에 의하면, 화교가 운영하는 고급 중화요리점과 중화요리 음식점은 전국에 1,635개, 호떡집은 1,139개로 총 2,774개소에 달했다.[48] 중국음식을 파는 식당이 20년 만에 55배로 늘어난 것이다. 중화요리와 호떡집의 발전은 중국인뿐만 아니라 조선인의 수요가 있었기 때문에 가능했다. 만두와 호떡은 "조선인의 기호에 맞고 그들의 음식으로서 비교적 값이 싸기 때문에 조선인 노동자가 이를 많이 먹는다."라고 《전국국세조사》에 나온다.[49]

1940년대부터 전시 통제로 인해 밀가루, 설탕 등이 배급제로 전환되어 중식당들은 어려움을 겪었다. 하지만 1942년에 중화민국의 총영사관 주경선이 본국 교무위원회에 보고한 내용을 보면 조선인들에게 호떡이나 만두 포자 모두 여전히 인기를 얻고 있었음을 알 수 있다.

작은 음식점인 만두집, 포자(包子)집, 호떡집 등이 영세하지만 일반 조선인으로부터 큰 환영을 받고 있으며 영업은 대단히 활발히 이뤄지고 있다. 요컨대 조선 거주 화교 경영의 각 영업 가운데 그 성적이 가장 좋고 전도유망한 것은 요리 음식점이 제일이다.[50]

1924년 6월 28일자《동아일보》기사는 "부내(경성) 설넝탕집이 대략 100군데, 호떡집이 대략 150군데나 된다고, 중국 호떡장사가 용해서 이 모양이 아니라 조선 양반들이 설넝탕보다 호떡을 잘 먹으니까 이러케 될 수밧게. 이러케 되여야 조선 사람이 얼는 죽지."라고 지적하고 있는데, 당시 조선인에게 호떡이 얼마나 인기가 있었는지 알 수 있다.

당시 호떡의 가격은 개당 5전이었고, 설렁탕은 한 그릇에 15전,[51] 우동 한 그릇은 20~30원이었다.[52] 경성의 중국음식 식당은 중일전쟁(1931년) 직전 중화요리점은 193개, 호떡집은 211개였다가 중일전쟁으로 감소하여 1942년 6월에 고급 중화요리점 및 중화요리점은 158개, 호떡집은 121개소였다.[53]

평양은 "(만주)사변(1931년) 이래 선내의 중요 병참기지로서 비약적 발전"[54]을 이룬다. 1927년 114,371명이던 인구는 1937년 185,419명, 1938년 234,726명으로 말 그대로 폭발적으로 늘어난다. 주로 젊은 남성인 군인과 군속, 상업 종사자들의 급증으로 외식도 발전한다. 1939년의《평양상업조사(平壤商業調査)》에는 528개의 요식업이 나오는데 외국인(거의 중국인)이 운영하는 지나만두집이 14개, 조선인이 운영하는 지나만두집이 23개로, 37개의 지나만두집이 있었다. 결코 적지 않은 만두집이 영업 중

표 3-6 **평양 식당 통계**

		내지인	조선인	외국인	계
일류요리점					50
이류요리점		2	5	13	20
음식점		53	50		103
오뎅		12	3		15
스시		4			4
2류카페		12			12
커피숍			3		3
술집			157		157
조선소바(냉면)			127		127
식당			6		6
온반			41		41
벤토		3			3
지나만두			23	14	37
계		86	415	27	528

출처: 평양상업조사 소화 14년(1939) 평양상공회의소

이었는데 조선인들이 운영하는 만두집이 많은 것은 전쟁으로 중
국인이 운영하던 식당들이 문을 닫았기 때문이다. 조선인들이
운영할 정도로 만두집의 인기가 많았다는 것을 알 수 있다. 지나
만두라는 표현을 쓴 것은 일본의 만주(饅頭)와 구분하기 위한 것
이었다. 당시 평양에는 조선소바집(냉면집)이 127개나 있는데, 증
언에 의하면 당시 냉면집에서는 지금처럼 만두를 팔지 않았다.

냉면가게에 만두가 등장하는 것은 1960년대 분식 장려 운동 이후에 생긴 일이다.

일제강점기 조선의 일본 만주

20세기 초반부터 조선이 일본의 영향권 안에 속하면서 일본 음식들이 조선에 들어온다. 일본식 과자인 일본 만주도 선보이자마자 조선에서 상당한 인기를 얻은 듯하다. 일본식 만주는 소로 팥과 설탕을 사용하고 피는 밀가루를 사용해 찐 것이었다. 만주 가게에서는 물론이고 고학생들이 저녁에 행상으로 만주를 판매한 기록이 여럿 나온다. 1915년 일본어 소설 〈만두 파는 아이들(饅頭賣ノ子供)〉(《신문계(新文界)》 23호)에는 '갈돕만두'라는 희한한 이름이 등장한다. 이 만두에 관한 당시의 신문 기사다.

> 시내 견지동에 있는 고학생갈돕회에서 해마다 학생의 학자를 엇기 위하야 갈돕만두를 파는 일은 세상이 다 아는 바어니와 금년에도 임의 가을이 와서 만두의 철이 되얏슴으로 어제밤부터 갈돕회 안에서 만두를 만들기 시작하얏다더라.[55]

갈돕은 조선고학생갈돕회가 1922년 8월 25일자로 창간한 기관지 《갈돕》의 이름이었다. '갈'은 순우리말의 나란히, 똑같이, 마주, 서로의 뜻이고 '돕'은 돕다의 줄임말이다. '만주노호야'라는 말에서 갈돕만두가 일본식 만주임을 명확히 알 수 있는데, 호야

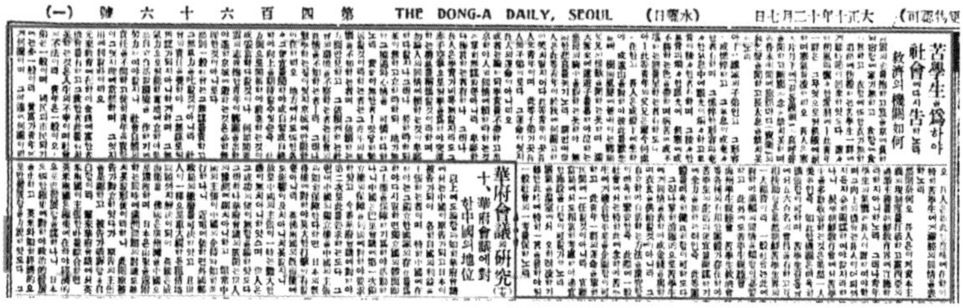

그림 3-26 갈돕만두에 관한 기사가 실린 《동아일보》

는 김이 모락모락 난다는 의미의 일본어다. 1960년대까지도 고학생 조직의 겨울 만주 팔기 문화가 있었는데, 이때까지도 '만주나호야호야'라는 말을 썼다.[56]

1920년대에서 1940년대 초반까지 경성의 외식은 지금처럼 유행을 탔던 것 같다. "1920년대 중반에 경성 골목마다 가득했던 일본식 만두집, 玄米(현미) 빵집이 다 쑥 들어가고 露西亞(러시아) 빵이 대유행한다. 이 유행 때문에 고학생들의 만두노호야호야, 겐마이(玄米)빵 소리에 귀가 아팠는데 소리도 사라졌다."[57]는 기록이 있다. 1920년대 경성은 중국식 만두 일본식 만주, 러시아 빵 등 다양한 분식이 유행하던 독특한 공간이었다.

일제강점기 조선 식당의 만두 판매

경성에서 중국인의 만두와 일본의 만주가 큰 인기를 얻자 조선의 식당에서도 만두를 팔기 시작한다. 외식이 본격화되는 일제강점기부터 1980년대까지, 한국음식을 파는 식당은 한 가지 음식만을 파는 전문 식당보다는 여러 가지 한식을 같이 취급한 경우가 많았다. 설렁탕집도 여름에는 냉면을 팔았고, 냉면집도 겨울에는 설렁탕을 팔았다. 1930년 경성 시내 음식점 조합 결의에 의해 음식 값을 내리는 결정을 내리는데, 당시의 중요 외식 음식이 거의 다 나온다.

> 랭면, 장국밥, 어복장국, 떡국, 대구탕반, 만두, 상밥, 비빔밥 등 종래 20전 하든 것을 모다 15전으로 하고[58]

국물을 좋아한 한국인은 이때부터 만둣국을 외식으로 팔았다. 사실 만둣국은 한국인에게 칼국수와 더불어 가장 오래된 분식이었다. 조선 시대 내내 만둣국은 떡국과 함께 설날의 시절 음식이었다. 음식점에서는 떡국, 냉면, 설렁탕, 비빔밥, 장국밥, 만둣국 등을 팔았다.[59] 중국인의 만두가 돼지고기를 소로 사용한 것과 달리 한국인은 김치나 두부, 숙주나물 등을 넣었다. 당대를 대표하던 요리사 조자호는 1937년 《동아일보》에 조선식 만두법을 소개했다.

> 만두
> 먼저 꿩을 살만 국직국직하게 썰어 양념해 볶아서 다시 곱게 다저놉니다. 다음 숙주를 아래위 따서 삶고 미나리도 줄거리만 삶어서 백채 통김치 하얀 줄거리만 비어 속을 떨어버리고 물에 잘 빨어 곱게 다저서 먼저 다저논 꿩과 정육을 한데 섞고 무나물을 가늘게 썰어 볶아서

두부와 전부 한데 섞어 가진 양념을 해놓습니다.

그다음 백면가로에다 밀가로를 삼분지 일만 섞어서 국수를 끌른 물에 빨어가지고 그걸로 반죽을 해서 적은 밤톨만큼하게 잘러서 속을 얕게 파고 양념해논 속을 너코 실백을 두어 개씩 너허서 아뭅니다. 그런데 다 막지 말고 한쪽 귀를 조금만 남겨야 장국이 그 속에 들어가 맛이 더욱 조홉니다. 그다음 맑은 장국을 끄리다가 만두를 너허 삶되 국물 우흐로 뜨면 다 익은 것입니다. 다 익은 뒤에 그릇에 뜨고 그 우에는 정육을 곱게 다져 볶아 언습니다.[60]

일제강점기 때의 글은 아니지만 일제강점기에 먹던 만두의 모습을 알 수 있는 자료가 있다. 내방가사 연구가 조애영이 1973년에 쓴 〈조상들이 즐겨 먹던 음식〉이라는 기사에서 어린 시절 먹던 설 만둣국이 소개되었다.

만두: 내가 어릴 때 설이었다. 콩을 갈아 두부를 하는가 했더니 밀가루와 메밀가루를 섞어 만두를 빚는데 만두 속은 무우를 솩솩 긁어서 두부와 깨소금을 섞어 간을 맞춘다. 밤새워 만든 만두를 깡깡 얼도록 내어 두었다 떡국과 반반씩 섞어 끓여 수백 명 손님을 먹도록 하는 것을 보았다. 만두가 모자라면 두부도막을 넣어 같이 끓여 고루 나누어 먹었으니 밀가루를 절약하는 방법도 된다고 본다.[61]

떡만둣국이 설날 음식의 쌍두마차 떡국과 만두의 물리적 결합을 통해서 만들어진 것임을 알 수 있는 글이다. 당시의 외식

그림 3-27 정월 음식 만두를 소개한《동아일보》

은 집에서 먹는 음식의 연장선에서 보는 것이 일반적이다. 식당의 메뉴도 전문화되기보다는 다양한 한식을 파는 것이 일반적이었다.

본격 분식 시대의 전개와 만두류의 발전

해방 이후 북한 인구의 유입, 귀향 인구 급증과 기반 시설 부족으로 대한민국은 심각한 식량 부족 사태를 겪었다. 1950~53년의 전쟁은 이런 현상을 가속화시켰다. 전쟁 이후에 시작된 베이

비붐, 북한 인구의 대량 유입, 도시화*가 겹치고, 1962~63년에 엎친 데 덮친 격으로 가뭄과 병충해로 인한 흉년과 곡가파동이 벌어진다. 1966년에 식량 증산 정책으로 보리 증산이 이루어지자 미국의 원조로 들여온 저렴한 밀을 배경으로 한 혼분식 장려 운동이 시작된다.

저렴한 식량을 전제한 저임금을 바탕으로 고도성장, 경제개발을 목표로 삼은 박정희 정권의 정책 목표가 더해져 혼분식 장려 운동은 1960~70년대의 생활방식이 되었고, 1963년에 인스턴트라면이 선보이면서 분식은 일상이 된다. 1969년에 전국에 분식센터가 우후죽순 들어서고, 같은 해에는 수요일과 토요일 11~17시까지 식당에서 쌀밥을 못 팔게 하는 무미일(無米日)까지 시행되면서 외식의 중심에 분식이 자리 잡게 된다. 혼분식 장려 운동이 시작되면서 한식당의 대명사였던 한일관에서는 쌀밥을 못 팔게 되자 냉면, 온면, 만둣국만을 점심 때 팔았다. 1973년 설을 전후해 정부는 설에 쌀로 만든 떡국 대신에 밀가루로 만든 만둣국을 먹을 것을 대대적으로 권장, 홍보한다. 중국음식점이나 분식집에서는 기름에 튀긴 만두가 군만두라는 이름으로 정착한다.

일제강점기까지 쌀밥의 보조 역할에 그쳤던 분식은 이때를 계기로 '제2의 주식'으로 등극하면서 오늘에 이른다.

* 도시화 비율은 1955년 24.5%, 1966년 33.5%, 1975년 48.4%으로 증가한다.

그림 3-28 중국음식점이나 분식점에서 팔리는 군만두

식량 절약 및 식생활 개선 주요 행정명령 경위

일자	주요 내용
67. 6. 14	국내 식당 탕반에 25% 이상 혼합 및 탕반 외는 맥류만 판매
	음식판매업소 25% 이상 혼식
68. 2. 24	음식판매업소 25% 이상 혼식
68. 9. 24	제분업소 맥류 및 국산 옥수수의 사용금지
69. 1. 23	매주 수, 토요일 11~17시까지 쌀원료 음식 판매 금지
	구내식당 쌀원료 음식판매 금지
71. 11. 1	매주 수, 토요일 11~17시까지 쌀원료 음식 판매 금지
	즉석 솥밥 판매 금지

73. 7. 20	모든 판매 음식에 25% 이상 혼식
73. 3. 14	모든 판매 음식에 25% 이상 혼식
	쌀원료, 과자류, 엿류 생산 금지
74. 12. 3	음식에 7분도 이내 쌀 사용
	떡에 보리쌀 30% 이상 혼합
	공기밥 제공
76. 12. 31	7분도 이내 쌀 판매
	혼합곡 분리 판매 금지
77. 10. 15	7분도 해제
	공기밥 해제
77. 11. 9	쌀원료 엿, 과자류 제조 허용
	즉석 솥밥 해제
79. 11. 1	모든 판매 음식에 맥류 20% 이상 혼합

자료: 농림부 식량정책조사관실, 1997, 〈양정자료〉.

냉동 만두의 대중화

한국인과 한식당은 발효되지 않은 교자식 만두를 주로 만 둣국으로 소비했고, 분식집 등에서는 발효해 찐만두 형태로 냉 면과 함께 팔았다. 중국음식 식당에서는 찐만두, 군만두, 물만 두를 팔았다.[62] 하지만 당시의 교자식 만두 시장은 여전히 영세 한 수준에 머물러 있었다. 한국에 교자식 만두가 본격화된 것은 1979년에 교자 만두 기계를 도입한 후 일본에서 냉동 교자를 들

그림 3-29 시장이 급격히 확대되고 있는 냉동 만두

여와 생산하기 시작하면서부터다. 한국에서 기업형 냉동 만두는
일반적으로 교자를 의미한다. 1970년대 말부터 성장한 국내 만
두 시장은 영세 제조업체들에 의해 가정용 만두와 재래시장 중
심의 업소용 만두로 구분되어 성장했다. 1981년은 만두의 대중
화가 시작된 해로 생산 설비의 현대화에 따른 양산 체계 구축이
점차 확대되었다. 1987년 해태제과, 제일냉동, 롯데햄우유와 같
은 기업들이 만두 시장에 진출하여 본격적인 시장 확대의 기반
을 마련했다.[63] 각 가정의 냉장고 보급도 냉동 만두 시장 확대에
한몫한다.

　이후 국내 만두 가공품 시장 규모는 1990년에 500억 원,

표 3-7 1인당 연간 만두 섭취량(만두 455g짜리 제품 기준)[64]

구분	2012	2013	2014	2015	2016
만두(판매 제품 기준)	1.16(2.5봉지)	1.16(2.5봉지)	1.53(3.4봉지)	1.87(4.1봉지)	2.30(5.1봉지)

국민영양통계, 한국보건산업 진흥원

1990년대 중반 700억 원, 2002년에 1,700억 원 규모로 급성장했으나 2004년 '쓰레기 만두 파동'으로 1,500억 원 정도 규모로 축소되었다.[65] 그러나 1인 가구 증가 등에 힘입은 냉장식품 등의 현저한 성장세와 맞물려 냉동 만두 시장은 급격히 확대되고 있다.

만두 생산액은 2013년 4,042억 원에서 2017년 5,194억 원으로 28.5% 증가했으며, 같은 기간 생산량은 15만 6,560톤에서 18만 1,870톤으로 16.2% 증가했다. 만두 생산량은 2013년 이후 꾸준히 증가세를 보이다 2017년 다소 감소했다. 반면 생산액은 증가세를 유지하고 있다. 냉동 만두가 2016년 이후 양적 성장에서 질적 성장으로 전환되면서 프리미엄 제품이 늘어났기 때문에 생산액에 비해 생산량이 다소 줄어든 것으로 보인다. 여전히 냉동 만두 시장은 성장하고 있는 것으로 나타났다. 최근 가정간편식(HMR) 시장이 커지고 냉동 만두가 '편의식'으로 각광받고 있는데다 혼술·홈술 문화가 확산되며 '간편 안주'로도 꾸준한 인기가 있어 생산 규모는 증가 추세로 나타난 것으로 보인다.[66]

찐만두류: 증빵, 찐빵, 호빵

찐만두류가 초기 외식에서 어떤 형태로 나타났는지 규명하는 것은 두 가지 문제로 어렵다. 첫째는 자료의 부족이고, 둘째는 여러 가지 단어와 내용의 혼재 때문이다. 사실 두 번째 문제가 가장 힘든 부분이다. 조선 시대에 중국식 만두를 상화라 부른 것부터 문제였다. 상화가 사라지자 삶은 것이든 쪄낸 것이든, 소가 있든 없든, 발효를 했든 아니든 모두 만두로 불렀기 때문이다. 이 구분은 1980년대 비발효병인 교자가 냉동 만두로 고정되고, 발효병인 중국식 만두나 포자, 일본식 만주가 찐빵이나 호빵류로 분리되면서 비로소 명확해진다.

현재의 찐빵이나 호빵은 중국식 빠오즈(포자)의 형태와 내용을 기본으로, 일본의 만주가 결합되어 있는 형태다. 중국식 빠오즈는 기본적으로 고기소나 채소소를 기본으로 한다. 물론 팥이 들어간 만주 형태의 빠오즈도 있다. 일본의 만주는 단팥을 기본으로 하지만 고기소를 넣은 니쿠만(肉饅)도 있다. 《하재일기》 1897년 10월 27일자의 "청나라 사람 다사(茶肆)에 들어가 만두 한 주발을 먹었다."라는 기록에서 '한 주발'이라는 표현에 주목할 필요가 있다. 이 만두는 빠오즈일 가능성이 크다. 교자류는 중국에서도 북방에서 설날에나 먹던 별식이었다. 음식 특성상 주발에 담으면 얇은 피가 터진다. 피가 두터운 빠오즈나 만터우는 주발에 수북이 담아 먹는다. 소가 없는 만터우는 외식보다는 중국의 서민이나 군인이 많이 먹었다. 소가 없기 때문에 반찬과 함께 먹어야 하는 음식이다. 반면 빠오즈는 소가 있기 때문에 단독으로 먹기 좋고 외식으로 인기를 얻었다. 다사에서 차와 함께 단팥을 넣은 빠오즈를 먹었을 수 있다.

중국식 만두가 외식의 첫발을 내디딘 후 일본식 만주가 조선에서 커다란 인기를 얻었다. 정확한 시기는 확정하기 어렵지만 한일병탄 전후일 것이다. 일본식 빵집이나 고학생들의 행상으로 판매한 만주가 커다란 인기를 얻었다. 당시 중국의 호빵집에서도 팔려나갔다. 만주 대신 한국식 명칭인 찐빵이 처음 등장하는 것은 1932년 《별건곤》 기사에 나오는 호떡가게의 "찐빵 하나"다.[67] 즉석 찐빵은 밥 찌는 통만 있으면 다른 도구 없이 집에서도 해먹을 수 있는 빵[68]으로 인기가 많았다. 그런데 찐빵이라는 말이 나온 경로를 알 수 있는 자료가 비슷한 시기에 나온다.

1940년 경찰서의 경제정보 보고에 〈京城蒸빵製造業組合 創立總會 開催에 관한 件〉[69]이 있다. '蒸빵'이라는 표현이 중국과의 전쟁으로 중국어 표기를 쓰기 어려웠을 것으로 추정되는 당시의 사정을 보여준다. 증병(蒸餠)은 중국 발효병의 초기 이름으로, 발효된 밀가루 반죽을 쪄서 만드는 것을 의미한다. 중국의 만두류는 모두 쪄서[蒸] 만든다. '蒸빵'이라는 이름은 중국식 발효 만두 만드는 방법과 밀가루 반죽을 구워서 만든 서양식 음식인 빵이 결합된 형태의 어정쩡한 단어지만, 발효된 반죽을 쪄서 만든 오늘날 중국의 만터우류가 분명하다. 중국의 병(餠)이 서양식 빵으로 변하면서 어정쩡한 '蒸빵'이 된 것이다.

당시 경성증빵제조업조합의 임원진 이름을 보면 창씨개명한 한국인이 대부분인데, 일본인인지 창씨개명한 한국인인지 구분하기 힘든 일본식 이름*이 셋이나 등장한다. 경성증빵제조업조합은 만주(饅頭) 관련 단체가 아니라 만터우류를 만드는 사람들로 구성된 단체로 추정된다.

해방 이후의 밀가루 문화

일제강점기에 중국인과 일본인의 밀로 만든 분식에 어느 정도 익숙해진 한민족이지만, 밀을 이용한 본격적인 분식은 해방 이후에 시작된다. 식량 부족과 잉여 농산물이 넘쳐나던 미군정의 시작이 결정적이었다.

우리나라에는 해방 직후 미군정하의 GARIO 원조와 휴전 후 받아들인 ICA 원조, PL480호에 의한 미 잉여 농산물 도입, UNKRA 원조, CRIK 원조 등이 있었다. 그중 특히 PL480호에 의한 미 잉여 농산물 원조는 우리나라의 동업 경제 및 식생활 분야에 적지 않은 영향을 미쳤다. 즉 해방과 더불어 실시된 미군정하의 GARIO 원조와 그후 PL480호에 의한 막대한 농산물 원조

---

* 이름: 赤尾(京城商工會議所 業務課長, 京城蒸빵製造業組合 顧問), 大野(京畿道 産業課 屬), 戶次(京城府 時局總動員課 經濟係員), 김택(京城蒸빵製造業組合 設立委員長), 文寶辰一(京城蒸빵製造業組合 理事), 李丙瑞(京城蒸빵製造業組合 理事), 富川正雄(京城蒸빵製造業組合 理事), 金谷鶴碩(京城蒸빵製造業組合 理事), 崔玄薄(京城蒸빵製造業組合 理事), 都景俊(京城蒸빵製造業組合 理事), 鄭在仁(京城蒸빵製造業組合 顧問), 金海源平(京城蒸빵製造業組合 理事), 朴勝喆(京城蒸빵製造業組合 理事), 德山岩(京城蒸빵製造業組合 理事), 德川容禧(京城蒸빵製造業組合 理事), 姜昌熙(京城蒸빵製造業組合 顧問), 李源祥(京城蒸빵製造業組合 顧問), 崔鎭煥(京城蒸빵製造業組合 顧問), 李康燐(京城蒸빵製造業組合 顧問)

는 극심한 식량난을 어느 정도 해소하는 데 도움을 주었다.[70]

초기에 도입된 원조 농산물은 밀이 40%, 원면·보리·쌀이 50%였다.[71] 이렇게 도입된 밀은 이후의 식품 소비 패턴의 변화를 초래했다.[72] 밀가루로 만든 찐빵은 거리에 "찐빵장수"[73]를 등장시켰고 '맛 좋고 값싼 찐빵'은 어린이들과 서민들의 지지를 받으며 성장했다.[74] 해방 이후 일본인들이 운영하던 빵가게나 공장은 한국인들이 이어받았다. 1945년 10월에 개업한 상미당은 1966년 삼립산업 제빵공사로 상호를 변경하며 본격적인 빵의 공장 생산을 시작한다.

단팥빵, 크림빵 같은 회사 빵들이 분식의 시대를 맞아 전성기를 구가하고 있었지만, 찐빵만은 영세 상인들과 중식당의 전유물이었다. 당시 시중에는 삼립식품을 비롯해 서울식품, 기린식품, 고려당, 뉴욕제과 등 유수의 제빵회사들이 온갖 고급 빵을 만들어냈음에도 불구하고, 거리의 영세 빵집에서 파는 찐빵은 도저히 무너뜨릴 수 없는 아성이었다. 이유는 간단했다. 제빵회사들의 포장 빵은 차가운 식품인 데 반해 찐빵은 모락모락 김이 나면서 그야말로 더운 식품을 좋아하는 우리 국민의 입맛에 딱 맞았던 것이다.[75] 구멍가게에서도 만화책들을 늘어놓거나 호떡이나 찐빵을 만들어 그 많은 동네 어린이들의 코 묻은 돈이라도 긁어모으던 시절이었다.[76]

호빵의 시대

1971년 10월 시장에 선을 보인 삼립식품의 호빵은 김이 피기만 하면 팔릴 정도로 인기가 많았다. 호빵이라는 이름은 호병(胡餅)이

그림 3-30 겨울의 상징 호빵

나 호떡에서 온 것으로 생각하는 것이 논리적이지만, 삼립식품에
서는 '따뜻한 찐빵을 호호 불며 먹는다.'라는 의미로 붙인 것이라
고 이야기한다. 예나 지금이나 호빵의 소는 단팥이 주를 이룬다.
호빵의 성공 요인은 찜기를 동시에 공급했기에 가능한 일이었다.

호빵의 내용물과 찜기의 이용은 1964년에 일본에서 시작된 이
무라야(井村屋)의 찜기를 통한 고기만두(니쿠만), 단팥만두(안만)
의 영향으로 보인다. 1996년에는 찐빵 시장은 300억 원대로 성장
한다. 삼립호빵 관계자에 의하면, 2015년 이후에는 매년 1억 개의
호빵이 팔린다고 한다. 추위가 시작되는 10월에서 2월 사이에 매
출의 대부분이 발생한다. 출시 후 2019년 현재까지 호빵의 누적
판매량은 59억 개로, 연평균 1억 2,000만 개씩 팔려나갔다.[78]

4부

일본의
만주와 교자

12장

일본 만주
발달사

일본에서 만주(饅頭)는 기본적으로 과자다. 양갱과 더불어 일본 고유의 과자인 와가시(和菓子)를 대표한다. 소는 단팥이 기본이다. 고기가 들어간 만주는 근대 이후에 탄생한 문화다. 만주의 기원은 크게 두 가지로 대별된다. 첫 번째는 남송에서 돌아온 쇼이치 국사(聖一国師) 엔니벤엔(円爾弁円)이 아마자케(甘酒: 감주)를 사용한 사카만주(酒饅頭)를 찻집에 전하면서 시작되었다는 설,

두 번째는 린자이슈(臨済宗)의 승려 류산토쿠켄(龍山徳見)이 원나라에서 귀국할 때 동반한 중국인 린조인(林浄因)이 나라(奈良)에 정착해 만주가게를 열면서 시작되었다는 설이다. 두 가지 설이 존재하는 이유가 엔니가 전래한 만주는 소가 없는 것이고, 린조인이 가져온 만주는 소가 있는 것이었기 때문이라 추정하기도 한다.[1] 하지만 이전에도 만주와 비슷한 음식은 있었다.

만주 이전의 만주류

만주라는 말은 송나라에서 왔다

饅頭를 현대 중국에서는 '만터우'로 읽는다. 일본의 '만주'라는 발음은 당송음(唐宋音)이자 남송(1127~1279) 시대 수도 임안 지역의 발음이다.[2] 에도 시대에 궁중에서는 만주를 '만(まん)'이라고 했고, 후대에 민간에서는 '오만(おまん)'으로도 불렸다.[3] 무로마치(室町, 1338~1573) 시대의 사전인 《운보이로하슈(運步色葉集)》(1548)의 '만(滿)부'에는 만지우(饅頭, マンヂウ)가 등장한다.

중세 시대 언어 등의 학습서인 《데이킨오라이(庭訓往來)》(1472)에는 만치우(饅頭, マンチウ)로 조금 다르게 나온다. 일본어-포르투갈어 사전인 《닛포지쇼(日葡辞書)》(1603~04)에는 "Mangiu. 밀로 만든 작은 빵으로, 증기로 찐 것이다."[4]라고 나온다. 현대의 만주라는 표기는 메이지(明治, 1868~1912) 시대에 편찬이 시작돼

1932~37년에 발간된 사전《다이겐카이(大言海)》에 만주(マン-ヂュ
ウ, 饅頭)로 등장한다.

만주의 조상, 단키

　앞서 소개한 두 가지 설이 만주의 일본 유래에 관한 정설처럼
돼 있지만, 만주라는 단어 이전에 만주와 비슷하거나 같은 음식
으로 보이는 음식들이 일본에 있었다. 7세기 이후 당나라에서 일
본에 전해진 과자를 당과자(唐菓子)라고 한다. 일본어로는 '가라
쿠다모노(からくだもの)', '가라가시(からがし)', '도가시(とうがし)'라고
읽는다. 가라쿠다모노에 관한 기록은 10세기 문헌인《엔키시키
(延喜式)》(927)나《와묘루이주쇼(倭名類聚抄)》(931~938)에 나온다.
귀족들의 한자사전인《와묘루이주쇼》에는 바이시(梅枝), 도우시
(桃枝), 갓코(餲餬), 게이신(桂心), 덴세이(黏臍), 히치라(饆饠), 쓰이
시(䭒子), 단키(團喜)의 '여덟 가지 가라쿠다모노(八種唐菓子)'가
등장한다.
　여덟 가지 가라쿠다모노는 다른 과자와 뚜렷이 구별된다. 천
황의 즉위식이나 황태자의 원복의식(元服の儀), 1년 중 가장 중요
한 새해에 따르는 의식연, 정월 대신가의 대향(正月大臣家の大饗),
임대신대향(任大臣大饗)과 같은 공적인 의식에 쓰인 특별한 과자
였다.[5]
　그중 하나인 단키를 당시에 간키단(歡喜團)으로도 불렀는데,
이것을 일본식 만주의 원형으로 보는 것이 일본 과자 연구자들

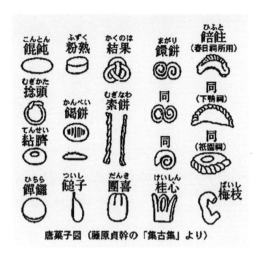

그림 4-1 《슈고즈(集古圖)》에 실린 가라쿠다모노

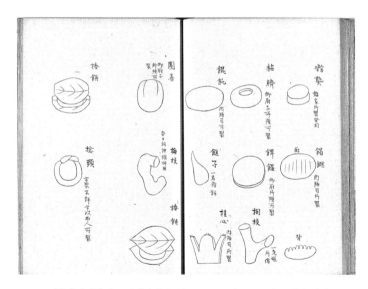

그림 4-2 《후나바시카시노 히나가타(船橋菓子の雛形)》(1885)에 그려진 단키

의 공통된 시각이다. 일본에서 가장 오래된 요리책인《주사류키(厨事類記)》(13세기 말~14세기 초)에 단키는 작은 만주인 단고(だんご)과 비슷한 음식으로 나온다. 간키텐(歡喜天)은 부와 이익을 주는 부부 화합의 신으로 신앙의 대상이었는데, 이 신을 모티브로 간키단이라는 단고가 만들어졌다.[6]

단키보다 더 만주와 가까운 음식은 주지

헤이안(平安, 794~1185) 시대에 발간된 사전인《이로하지루이쇼(色葉字類抄)》(1177~81)에는 '주지모치(十字餠)'가 나온다. 같은 시대에 발간된 가마쿠라(鎌倉) 막부의 역사서인《아즈마카가미(吾妻鏡)》(1192) 11월 29일자에는 참석자들에게 주지(十字)를 줬다는 기사가 나온다. 일본 불교의 한 종파인 니치렌슈(日蓮宗)에서는 새해 첫날에 증병인 '무시모치주지(蒸十字)'를 먹는 전통이 있었다. 〈우에노도노답장(上野殿御返事)〉(1278년 1월 3일)이라는 글에서도 "원삼(元三: 새해) 가운데에 주지 90장, 보름달과 같다[元三の内に十字九十枚, 満月の如し]."라는 문장이 등장하는데, 이후에도 이런 표현이 같은 책에 여러 번 나온다. 니치렌슈의 개조인 니치렌은 많은 서신을 남겼는데 1280년 1월 11일자에도 '주지 60개[十字六十枚]'를 보낸 기록이 남아 있다.

이 주지는 어떤 음식이었을까?《아즈마카가미》에 "니주지(二十字)는 증만주다."라고 나온다. 에도 시대의 백과사전인《와칸산사이즈에(和漢三才圖會)》(1712)에는 "주지는 조베이(蒸餠)로, 만주(饅

頭)의 다른 이름"이라고 나온다. 이를 통해 주지는 '쪄서 익히는 만주'로 볼 수 있다. 만주에 '주지'라는 말이 쓰인 까닭은 중국에서 찾을 수 있다. 중국 송나라 때의 《사물기원(事物紀原)》 9권 증병(蒸餠) 조에는 진(晋)나라 하증(何曾, 199~278)이 증병을 먹을 때 열십자[十字]를 그어서 터뜨리지 않으면 젓가락을 대지 않았다는 대목이 나오는데, 여기서 온 것이다. 에도 시대의 풍속을 기록한《기유쇼란

그림 4-3 《와칸산사이즈에》에 그림과 함께 설명된 만주(饅頭)와 주지(十字)

(嬉遊笑覽)》(1830)에는 "만주에 빨간 점을 찍는 것은 주지에서 온 것이다."라고 나온다. 만주에 빨간 점을 찍는 것은 복숭아를 상징하는 중국의 풍습으로, 장수를 기원하는 의미다.

만주의 시작

일본인이 기록한 만주(만두)는 일본인 승려 조징(成尋, 1011~81)이 북송을 여행한 뒤 쓴《산텐다이고다이산키(参天台五台山記)》1072년 10월 8일자에 처음 나오는데, 조징 일행이 북송의

수도 개봉에 들어서기 전에 그들을 호위하던 정진(鄭珍)이 만주 20개를 사와서 모두에게 배포했다[崇斑志送饅頭甘丸]고 기록되어 있다.

《산텐다이고다이산키》에는 여행자의 다양한 휴대용 식품이 나온다. 만주는 물론, 구워 먹는 호병(胡餠), 단맛이 나는 당병(糖餠), 준함(餕餡), 사함(砂餡)도 등장한다. 준함은 콩을 넣은 불가의 음식인 정진만두(精進饅頭)이고 사함은 껍질을 제거한 하얀 팥소가 들어간 만두다.[7] 만두류를 여행식으로 많이 먹었음을 알 수 있다. 《산텐다이고다이산키》에 기록된 다양한 소를 넣은 음식은 당시 송나라의 풍성하고 정교한 음식 수준을 보여주는데, 만두를 즐겨 먹던 송나라의 불교 음식 문화가 일본으로 전해졌음을 알 수 있는 중요한 내용들이다.

일본 소토슈(曹洞宗)의 개조 도겐(道元)이 쓴 소토슈의 근본 경전인 《쇼보겐조(正法眼藏)》(1231~53)에 국왕의 탄생일을 축하하는 법요식에서 "만주 6, 7개를 그릇에 담고 젓가락을 놓는다."라고 적혀 있다. 당시에는 만주를 먹을 때 젓가락을 사용했다. 만주를 먹을 때 젓가락을 사용하는 기술은 가마쿠라·무로마치 시대의 다른 기록에서도 볼 수 있는데, 그중 하나가 절에서 식사를 만드는 담당자들이 지켜야 할 사항을 기록한 《시코인분(示庫院文)》(1246)이다. 여기에는 송나라의 절에서는 신자들이 만두를 보내면 다시 쪄서 승려들에게 주는데 "청정(淸淨)하게 하기 위한 것이고, 찌지 않는 것은 승려에게 제공하지 않는다."고 하면서, 일본에서도 마찬가지로 만주를 찌도록 요구했다.[8] 이를 통해 일본의 만주 문화가 송나라의 사찰 문화에서 온 것을 알 수 있는데, 승려들이 먹는 음식인 만큼 손으로 집어 먹지 않고 젓가락을 이용해 깨끗하게 먹도록 한 것이다.

선종(禪宗)은 규율이 엄격하고 검소한 생활을 중시하여 음식을 먹는 것도 수행의 하나로 여겼다. 이런 생각은 무사 정권의 정신과도 통했기 때문에 선종과 선종이 중시한 다도, 그리고 만주로 대표되는 점심과 채식을 기본으로 하는 쇼진요리(精進料理)와 콩 음식의 발전이 이루어졌다.[9]

《쇼보겐죠》의 기록 때문에, 과자 전문가인 나카야마 게이코(中山圭子)는 일본 만주의 시작을 도겐으로 본다.[10] 그러나 대체적인 시각은 만주 전래에 관한 두 가지 설로서 쇼이치국사 엔니벤엔의 사카만주(酒饅頭)와 린조인(林浄因)의 시오세만주(塩瀬饅頭)를 일본식 만주의 기원으로 여긴다. 사카만주는 쌀누룩을 이용해 발효시켜 독특한 풍미와 말랑말랑한 피의 식감으로 인기를 얻었고, 시오세만주는 달달한 단팥소로 사랑받았다. 사카만주의 피와 시오세만주의 소가 결합되어 일본식 만주가 완성된 것이다.

만주 피의 완성, 사카만주와 엔니

엔니는 닌지(仁治) 2년(1241) 송나라에서 하카타(博多: 현재 규슈 후쿠오카)로 돌아와 조텐지(承天寺) 등을 건립하던 때에 도라야(虎屋)라는 찻집의 주인 구리나미 기치에몬(栗波吉右衛門)에게 송나라에서 배워 온 만주 만드는 법을 가르쳤다. 이후에 이 만주는 찻집의 이름을 따서 도라야만 주라고도 불렸다. 아직 건재한 조텐지에는 엔니가 구리나미 기치에몬에게 써준 '어만두소(御饅頭所)'라는 간판과 우동교자발상지(饂飩蕎麦発祥之地) 기념비가 있다. 엔니는 당시 선종과 면요리가 성행하던 남송에서 양갱과 만주, 면 음식의 조리법을 가져왔다. 그뿐 아니라 송나라 선찰의 설계도인 《대송제산도(大宋諸山圖)》도 가지고 왔는데, 《대송제산도》에는 물레방아[水磨]에 대한 설명과 함께 밀을 가는 물레방아 설계도[水磨圖]가 그려져 있다.

그림 4-4 쇼이치 국사 엔니의 초상

맷돌의 대중화

맷돌과 밀은 분식의 필요충분조건이다. 《니혼쇼키(日本書紀)》 (720)에는 7세기에 고구려 승려 담징(曇徵)이 맷돌을 일본에 전해주었다는 기록이 있다. 하지만 맷돌은 왕족이나 귀족, 승려 같은 최상층의 전유물이었고, 에도 시대 초기까지도 권력과 재력을 가진 계층만이 사용했다. 가마쿠라 시대(1192~1333) 말기에 일본의 선승과 귀족들은 중국의 북송대에 만들어져 일본에 전해진 사마(茶磨)라는 차 전용 맷돌을 가지고 있었다.

일본사에서는 11세기 말에서 16세기 말까지를 중세로 구분하는데, 이때 중국과의 교류와 불교를 통한 음식 문화의 전래가 일본 분식의 획기적 계기가 된다. 당시 무사계급과 관리, 왕족들은 쌀을 주식으로 했고 농민들은 잡곡을 주식으로 했다. 헤이안 시대의 거듭된 밀농사 장려책도 무시해온 농민들이 가마쿠라 시대에 접어들어 밀 재배를 자발적으로 하게 된 것은 가마쿠라 막부가 황무지를 개간해 만든 논이나 밭에서 심은 밀에 대해 과세하지 않은 것이 결정적이었다. 가마쿠라 막부의 공식 문서인 《간토미교쇼(関東御教書)》 1264년 4월 26일자에는 "제국(諸国)의 백성이 벼를 수확한 후에 만드는 논맥[田麦]에 과세하는 것을 금지한다. 논맥은 농민의 수입으로 삼아라. 이를 비후(備後: 현재 히로시마현의 동부) 지역과 비젠(備前: 지금 오카야마현의 일부) 지역의 고케닌(御家人: 쇼군과 직접적으로 주종관계의 인연을 맺은 무사) 등에게 하명하라."는 구절이 나온다.* 농민들은 이익이 생기는 밀의 생산에 적극적이었다.

밀의 생산량이 늘어나고 중국의 분식을 선호했던 불교의 대

---

* 《関東御教書》"諸国百姓苅取田稻之後 諸國百姓苅取田. 稻之後, 其跡蒔麥, 号田麥, 領主等徵取件麥之所當云云 租稅之法 豈可然哉 自今以後 不可取田 麥之所当 宜爲農民之依怙 存此旨可令下知備後備前両."

중화를 기반으로 면식이 확산된다. 우동과 소면 같은 면식은 이런 배경으로 일본의 음식으로 성장한다. 하지만 면류와 달리 설탕 같은 고급 식재료와 정교한 기술이 필요한 만주는 에도 시대(1603~1867) 초기까지는 여전히 고급 음식이었다. "맷돌이 농가의 필수품으로 보급된 것은 에도 시대 중기 이후다. 그로 인해 농민의 식생활에 큰 변화가 생긴다. 잡곡이나 쌀을 가루 내거나 보리밥용으로 보리를 타거나 경사스러운 날의 진수성찬으로 손으로 쳐서 만드는 면류나 두부를 만드는 것이 가능하게 되었다."[11]

선승에 의한 중국 문물의 도입, 하카타와 나라

일본에 처음 만주를 소개한 선승인 도겐이나 엔니는 모두 하카타를 중심으로 활동했는데, 당시 하카타는 외국 문물 교역의 중심지였다. 중세의 하카타는 중국 대륙 및 한반도와 일본 열도를 잇는 무역의 거점으로 크게 번성했다. 외국인이 많아지면서 자연스럽게 다이토가이(大唐街)라 부르는 외국인 마을도 형성되었다. 당시 唐(とう)은 중국은 물론이고 외국의 총칭이었다. 하카타를 기반으로 활동하던 선승들은 무역에 관여했을 뿐 아니라 문화 전래자였다. 가마쿠라·무로마치 시대에 걸쳐 선종 사원은 막부의 대외 관계와 관련이 깊었다.

중국 상인은 선단을 짜서 왕성하게 무역을 행했는데, 당시 중국 상인은 고슈(綱首)로 불렸다. 이들은 일본의 사찰과 관계를 맺

그림 4-5 바다를 건너는 일본의 승녀들 고보타이시 구카이(弘法大師空海), 도지
(東寺) 소장

고 승려들을 중국으로 오가게 했다. 엔니의 법통은 도후쿠지 세
이치파(東福寺 聖一派)로 불리며, 교토의 도후쿠지를 중심으로 번
영했다. 세이치파는 특히 송과의 교역에서 주역이었다. 또한 엔니
가 건립한 쇼텐지(承天寺)는 도후쿠지의 말사로서 대외관계에 중
점을 두고 있었다.[12] 13세기 후반부터 14세기 전반까지는 남송과
일본 선승의 교류가 가장 활발했던 시기로, 도쿄대 역사학과 명
예교수 무라이 조스케(村井章介)는 이 시기를 '도래승의 세기(渡来
僧の世紀)'라고 불렀다. 중국에서도 가장 화려한 문화 번성기이자
선종 전성기 시절의 수많은 문화가 선종 승려를 통해 일본에 전
파되었다.

단팥소의 완성, 린조인과 시오세만주

매년 4월 19일이면 일본의 만주업자들은 나라시의 간고진자 (漢國神社) 내에 있는 린진자(林神社)에 모여 만주 축제(饅頭まつり)를 연다. 4월 19일은 나라만주와 일본식 단팥 만주의 시조인 린조인을 기리는 기일이기 때문이다. 린조인은 중세에 일본과의 교류가 활발했던 중국 보닝(寧波) 출신이다. 당시 원나라에 유학 중이던 겐닌지(建仁寺)의 승려 류잔 도쿠켄(龍山德見)의 제자가 되어 류잔과 함께 일본에 들어왔다.* "린조인은 한동안 덴류지(天龍寺)에 머물렀지만 당시 수도인 교토는 남북조의 대립, 그 대립과 깊은 관계가 있는 무로마치 막부의 아시카가 다카우지(足利尊氏), 아시카가 다다요시(足利直義)의 대립과 같은 정정 불안이 있었기 때문에, 이를 피하기 위해 나라에 거처를 정했다. 당시 나라는 불교의 수도인 동시에 식량, 생활용품, 무기 같은 상공업의 경제 활동이 활발했고 또한 외국 귀화인도 많았다."[13]

시오세만주의 또 다른 별칭인 나라만주(奈良饅頭)는 린조인이 지금의 나라 린진자 근처에서 만주를 만들어 팔았기 때문에 붙었다. 당시 단맛은 감이나 밤을 말린 것으로 냈기 때문에 단맛이 약했다. 그러나 린조인의 아마조라(甘葛煎)를 섞은 단팥소 만주는 단맛이 강해 인기가 많았다. 아마조라는 담쟁이덩굴의 수액

---

* 이들이 일본에 온 해가 랴쿠오(曆応) 4년(1341)이라는 설과 조와(貞和) 5년(1349)이라는 두 가지 설이 있다.

그림 4-6 일본 만주의 핵심인 단팥소

을 졸여 만든 것으로, 설탕이 극히 귀한 시절에 엿과 함께 쓰인 감미료였다.[14]

만주에 들어가는 소를 일본어로 '안(あん)'이라 한다. 보통 소를 지칭하는 일본어 안코(餡子)가 여기서 온 말이다. 한자 餡의 한음(漢音)은 '칸', 현대 중국어 발음은 '쉐'다. '안'이라는 발음은 만주와 같은 송음(宋音: 송나라의 발음)이다. 에도 시대의 백과사전인 《와칸산사이즈에》에는 餡을 "한음으로는 칸으로 발음하는데 일본의 속칭으로는 안(あん)이라고 한다."고 나와 있다.[15]

에도 중기의 일본어 사전인 《와쿤노시오리(倭訓栞)》(1777)에는 "인도의 만주는 새와 짐승의 고기를 사용하고, 일본에서는 팥과 설탕을 사용한다."고 나와 있다. 1554년에 쓰인 이마이 무네히사(今井宗久)의 《차노토닛키(茶の湯日記)》(다도일기)에는 시로안모치(白餡餠)라는 단어가 나온다. 시로안모치는 껍질을 제거한 하얀 팥소를 넣은 모치(떡)다. 하얀 팥소는 팥소의 기술적 완성을 의미하므로, 안코가 일반화된 시기는 16세기경으로 추정된다.[16] 16세기에는 중국이나 유럽과의 교역으로 수입이 본격화된 설탕이 사용되면서 팥소가 더 달아져 만주 수요가 늘어난다.

에도 시대 교토의 지방지였던 《요슈후시(雍州府志)》(1684)의 만주 조에는 "그 모양은 한쪽이 둥근 것을 나라만주라 한다. 만주의 외피는 곱게 거른 밀가루로 만들고 소는 설탕과 팥을 섞어서 사용하였다[饅頭, 其形狀片團是稱奈良饅頭, 饅頭外皮貴精白內杏重甘羹凡饅頭幷餅納砂糖幷赤小豆粉]."고 나와, 17세기가 되면 팥에 설탕을 섞은 안코가 든 나라만주가 일반에게 널리 알려져 있었음을 알 수 있다. 린조인의 시오세만주를 단팥이 들어간 일본식 만주의 시작으로 보는 시각이 일반적이다. 하지만 아다치 이와오(安達巖)는 《일본 음식 문화의 기원(日本食物文化の起源)》에서 "중국에서는 '두사(豆沙)'라고 부르는 팥소도 사용되었으니 이것이 특별히 새로운 취향은 아니었다."[17]라면서 만주에 팥소를 넣은 것은 일본 고유의 발명품은 아니라고 주장했다. 북송의 풍물을 기록한 《산텐다이고다이산키》에도 하얀 팥소를 넣은 사함이 나온다. 팥을 소로 넣은 것은 일본 고유의 문화는 아니지만 단 것이 가미된 팥소는 일본식으로 발전한 고유의 만주 문화다.

시오세만주의 번성

중세 일본에서 만주의 주 소비층은 승려와 귀족, 황족이었기 때문에 린조인은 나라에 있으면서도 기회가 있을 때마다 교토를 찾았다. 그때 린조인이 가지고 간 만주는 사찰에 모이는 상류층 사람들의 마음을 사로잡았다. 발효된 밀가루 피에서 나는 기분 좋은 향과 푹신푹신한 부드러움과 윤기, 그리고 팥소의 달콤함 등을 골고루 갖춘 눈처럼 하얀 만주는, 당시로서는 획기적인 과자로 큰 호평을 받았다. 린조인의 만주는 선승들의 주선으로 구게(公家: 귀족과 고급 관리)의 손을 거쳐 고무라카미 천황(後村上天皇, 재위 1339~68)에게 헌상되었다. 고무라카미 천황은 만주를 매우 좋아했기 때문에 린조인은 궁중에 자주 드나들었다.[18]

당시에는 선종이 융성하여 조정과 막부 양쪽에서 극진히 비

호를 받았다. 차 마시는 풍습이 보급되면서 선종 사원을 중심으로 교토에서 다과회(お茶会)가 열리게 되어 린조인의 장사 대상은 주로 사찰이나 교토의 다과회가 되었다.[19]

차를 마실 때는 달달한 과자를 곁들여 먹었다. 1467년에 교토에서 발생한 오닌의 난(応仁の乱, 1467~78)은 교토를 초토화시켰다. 전란을 피해 교토를 떠난 린조인 가문은 호족 시오세(塩瀬) 가문의 도움을 받아 미카와국(三河国)의 시타라군(三設楽郡) 시오세무라(塩瀬村: 지금의 아이치현 신시로시)로 이주하고 시오세로 성을 바꾼다. 시오세만주라는 이름은 이때부터 시작된 것이다. 린조인의 자손들은 나라의 미나미 가문(南家)과 교토의 기타 가문(北家)으로 나누어진다.[20] 전란이 끝난 후 교토로 돌아온 교토 기타 가문은 '시오세만주야(塩瀬饅頭屋)'를 열었고, 주변에 만주야초(饅頭屋町)라 부르는 거리가 생겨날 정도로 번성한다.[21]

시오세만주는 무로마치 시대와 에도 시대 내내 번성한다. 무로마치 막부의 8대 쇼군 아시카가 요시마사(足利義政, 재위 1449~73)로부터 '일본 제1의 만두소 린씨 시오세[日本第一番本饅頭所林氏塩瀬]'라는 간판을 받았고, 도코노미야코몬 천황(後土御門天皇, 재위 1464~1500)에게서는 황실 문양이 새겨진 '고시치노기리(五七の桐)'*라는 어문을 받았다.[22]

시오세만주는 미카와국 출신인 도쿠가와 이에야스(德川家康)

---

* 57개의 오동나무라는 뜻이다. 오동나무[桐]는 봉황을, 57은 중앙 5개, 양측의 7개의 오동나무 꽃을 상징한다.

그림 4-7 차를 마실 때 곁들이는 달콤한 만주

와도 인연이 깊다. 1575년의 나가시노 전투(長篠の合戰) 때 7대째 린조인이 팥소를 넣고 피를 얇게 만든 일명 혼만주(本饅頭)를 도쿠가와 이에야스에게 바쳤다.[23] 1600년대 에도(지금의 도쿄)에 막부가 들어서면서 시오세만주도 에도에서 영업을 시작한다. 린조인의 가문이 운영한 시오세만주야는 막부나 천황가와의 관계를 바탕으로 지금까지 일본 최고의 만주가게로 영업을 이어오고 있다.

무로마치 시대와 에도 시대의 만주

만주의 주요 판매처는 절이었다

현재와 같은 만주의 원형인 사카만주(酒饅頭)는 무로마치 시대(1336~1573) 말기인 16세기 후반에 완성되었던 것 같다. 당시에는 밀가루 반죽을 아마자케(감주)로 발효시켜 피를 빚었고, 소는 설탕을 사용한 사토만주(糖饅頭)와 소금에 절인 채소를 넣은 사이만주(菜饅頭) 두 종류가 있었다.[24]

무로마치 시대부터 만주는 절에서 차와 함께 즐겨 먹었던 간식이었다. 1405년에 교토의 선종사원 난센지(南禪寺)의 승려가 만주와 아쓰모노(羹: 국물 음식)를 선물한 기록이 있으며,[25] 무로마치 시대 중기에 교토의 쇼코쿠지(相国寺)와 로쿠온인(鹿苑院)의 공용 일지인 《인료켄니치로쿠(蔭凉軒日録)》 1459년 1월 25일자에는 로쿠온인에서 점심으로 사탕, 양갱, 만주가 나왔다고 적혀 있다.

일본 중세 시대 장인들에 대한 설명을 글과 그림을 기록한 《시치주이치반쇼쿠닌우타아와세(七十一番職人歌合)》(1500) 18번 조에 만주 파는 사람이 등장한다. 종이 목판에 만주를 파는 그림과 함께 "사토만주, 사이만주, 모두 잘 쪄서 좋다[きたうまんぢう, さいまんぢう, いづれもよくむして候]."라고 나온다.

사토(설탕)만주와 사이(채소)만주는 소의 차이뿐 아니라 여러 가지로 구별된다. 귀한 설탕을 넣은 사토만주는 차와 함께 먹는

그림 4-8 일본 중세의 만두 파는 사람

점심이었다. 하지만 사이만주는 차에 곁들인 게 아니라 식사로 먹었을 가능성이 높다. 식사 예절이 자세히 나와 있는 무로마치 시대 상류층의 예법서인 《소고오조우시(宗五大草紙)》(1528)의 그림에는 젓가락과 그릇에 담긴 작은 만주 3개가 국과 채소초절임이 함께 나와, 만주가 요리로 먹었음을 확실히 하고 있다.

제조 후 단단해지는 성질을 가진 사카만주는 저장과 운반에 편리했을 것이다. 물론 단단해진 사카만주는 현재와 마찬가지로 다시 찌거나 굽거나 해서 먹을 수 있었을 것이다.[26] 《시치주이치반쇼쿠닝우타아와세》에 나오는 사이만주는 채소를 넣은 만주로, 여행자가 휴대 식사용으로 먹었을 가능성이 높다.

무로마치 시대 교토 고잔젠린(五山禅林)의 선승들의 글을 기록한 《유야마렌쿠쇼(湯山聯句鈔)》(1504)에는 만주 소로 팥을 사용했다는 구절이 나오는데, 이를 통해 무로마치 말기에는 팥을 넣은 소가 완성되었음을 짐작할 수 있다.

에도 시대에 들어서면서 팥에 설탕을 넣은 사토만주가 주류가 된다. 중세 시대 일본에서 절은 무병장수와 복, 지혜를 기원하는 장소였다. 절 앞에 있는 차야(茶屋: 중세에서 근세까지 차와 단 것을 팔던 휴식소)에서는 약효를 기대하며 차를 마시고 양갱이나 만주 같은 과자를 곁들여 먹었다. 에도 시대가 되면 신사, 절과 제과점의 관계는 더욱 깊어져 신사나 절의 문양을 찍은 만주를 팔았는데, 특히 역병이 돌 때는 성황을 이루었다. 불로 가볍게 표면을 익힌 떡이라는 의미의 아부리모치(あぶり餅)는 역병을 씻어낸다는 의미로 쇼노모치(勝の餅: 승리의 떡) 혹은 모양 때문에 고당고(小團子)로 불렸다.[27] 일본 중세에 생긴 연극 교겐(狂言)에 '만주(まんじゅう)'라는 노래가 나온다. 만주 장사가 만주를 모르는 지역의 다이묘(大名)에게 만주를 속여 팔려다 도리어 자기가 속는 이야기다. 당시까지만 해도 교토와는 달리 지방에서는 만주라는 외래 식품이 익숙하지 않았던 것을 알 수 있다.[28]

관료들의 만주 문화

황실에 식재료를 납품하는 구고닌(供御人)을 관리하던 구기요(公卿: 조정 신하)였던 야마시나(山科) 가문은 방대한 양의 일기를 남겼는데, 이 일기는 1400년에서 1600년까지 교토의 중류 구기요의 식생활을 알 수 있는 귀중한 기록이다.[29] 여기에 등장하는 만주에 관한 기록으로 당시 상류층의 만주 소비 상황을 엿볼 수

있다. 야마시나 가문은 조쿄(長亨, 1487~89) 시기에 직접 만주를 만들기도 했다.[30]

야마시나 가문의 일원이었던 야마시나 도키쓰구(山科言継, 1507~79)의 일기인 《도키쓰구쇼키(言継卿記)》(1527~76)에는 1533년 8월 5일에 오다 다쓰카쓰(織田達勝)가 만주 1하쓰(鉢: 100개 정도)를 들고 자신을 방문했다는 기록이 나온다. 당시 귀한 음식이었던 만주는 고급관리들이 방문할 때 선물로 종종 등장한다. 1575년 4월 23일, 구기요인 요시다 가네미(吉田兼見, 1535~1610)의 일기인 《가네미쿄키(兼見卿記)》에는 훗날 도요토미 히데요시(豊臣秀吉)로 이름을 바꾸는 하시바 히데요시(羽柴秀吉)의 집을 방문하며 만주 50개를 선물로 바친다(1575년 4월 23일)는 내용이 있다. 이 일기에는 이외에도 고급관리들의 집을 방문할 때 만주를 바친 기록이 자주 등장한다.* 만주를 황실에 바친 기록도 있다.**

다모인(多聞院)의 주지 에이슌(英俊, 1518~96)은 1581년에 당시

---

* 《兼見卿記》天正 6年(1578) 3月 2日 "吉田兼見, 村井貞勝を訪問し, 村井貞勝へは 饅頭50個, 村井貞成へは鮒10匹を進上."; 天正 6年 3月 25日 "吉田兼見, 新邸宅落成 にあたり猪子高就(「猪兵」)へ両種2荷·饅頭30個·鯉2匹を, 村井貞成には蕨1折, 三条西 実枝へは蕨1折を贈る."; 天正 7年(1579) 5月 4日 "吉田兼見, 村井貞勝(「村長」)へは薪 20把を, 村井貞成(「佐右衛門尉」)へは饅頭20個を持参し訪問."

** 《兼見卿記》天正 8年(1580) 3月 25日 "吉田兼見, 二条御所を退出し明日の禁裏御 舞曲に饅頭100個を献上."; 天正 10年(1582) 5月 7日 "吉田兼見, 禁裏へ祗候し「上階」 の礼として酒肴·饅頭50個·鯉5匹を献上. 万里小路充房が披露した."(正本『兼見卿記』で は5月 6日の記事)[『兼見卿記』二(別本)]; 天正 10年(1582) 6月 23日 "吉田兼見, 桑原貞也 (「鍬原」)へ見舞の使者として鈴鹿右正を派遣し饅頭50個を贈る."

만주를 만들던 린조인의 장례식에
참석했던 기록*이 있다. 당시 만주
를 만들던 사람들과 승려, 관료들
이 친분관계를 유지했을 정도로 만
주는 상류층 최고의 기호품이었던
것이다.

야마시나 가문의 13대 당주인
야마시나 도키쓰네(山科言経, 1543~
1611)의 일기인 《도키쓰네쇼키(言経
卿記)》에는 만주와 더불어 튀긴 만
주[油饅頭]가 등장한다. 1594년 7월
에는 도쿠가와 이에야스가 도키쓰
네의 집을 방문하는데, 이날 야마
시나 도키쓰네는 만치우(マンチウ:

그림 4-9 만주에 관한 기록이 풍성한
야마시나 도키쓰구의 일기인 《도키쓰
구쇼키》, 일본 국립국회도서관 소장

만주), 아부라아케만치우(油アケマンチウ: 튀김만주), 아부라모노(油
物: 튀김) 등을 대접한 것으로 나온다. 튀김을 너무 많이 먹어서
죽었다는 설이 있을 정도로 만년에 튀김을 좋아한 도쿠가와 이
에야스의 식성을 고려해 만주를 튀겨서 낸 것 같다.[31]

만주는 또한 에도 시대에 조선통신사들이 오면 빠지지 않고
제공되던 선물이었다.

*《多聞院日記》天正 9年(1581) 7月 11日 "饅頭屋宗二(「マンチウヤ宗二」), 霍乱のため
に死去す."

만주의 대중화

에도 시대에는 서민의 음식 문화가 번성해 거리에는 음식점이 즐비했다고 하지만, 1700년대 초반에는 에도 거리에 만주가게는 거의 없었다.[32] 밀가루와 설탕이 고가의 식재료였던 탓이다.

설탕은 만주 발달에 밀, 팥과 함께 빠질 수 없는 재료다. 일본에서 설탕에 관한 가장 오래된 기록은 일본의 겐카이(元開, 722~785)가 저술한 당나라 승려 감진(鑑眞)의 전기인 《당대화상동정전(唐大和上東征傳)》에 나오는데, 754년에 당나라 승려 감진이 사탕[蔗糖]을 가져왔다는 것이다. 하지만 설탕이 감미료로 일본 역사에 본격적으로 등장하는 것은 16세기다. 당시 일본은 무역을 통해 유럽과 중국 등에서 설탕을 수입했는데 카스텔라, 별사탕, 캐러멜 등의 난반가시(南蛮菓子: 남만과자)*의 도입, 다도와 연계된 과자(양갱·만주)의 보급으로 설탕 수요가 늘어났기 때문이다.[33] 수입과 더불어 본격적인 사탕수수 재배와 설탕 제조가 17세기 후반부터 시작되었다.[34] 18세기 초기부터 막부는 스스로 사탕수수 재배와 설탕 제조를 보급하는 데 주력했다. 생활수준 향상으로 설탕에 대한 수요가 높아졌기 때문이다.[35]

에도 초기에 설탕 제조법이 전해지면서 18세기에 일본에서 백설탕의 생산이 본격적으로 이루어졌다. 이후 과자 문화가 급속

---

* 난반은 에도 시대에 포르투갈, 스페인, 네덜란드 등의 서양을 일컫는 말이다.

도로 퍼져나갔고 서민도 먹을 수 있게 된다.[36] 만주의 대중적 보급도 이때부터 시작된다. 하지만 에도 중기에 본격적으로 보급된 만주는 여전히 비싼 것이어서 평시에 먹는 음식이라기보다는 선물로 많이 쓰였다.[37] 서민들도 평상시에 만주를 먹을 수 있게 된 것은 메이지 시대 들어서다.

에도 시대에 일본 과자의 종류가 다양화되는 가운데, 16세기 포르투갈 상인들이 전한 서양의 난반가시가 이 시대에 살아남을 수 있었던 배경에는 설탕 생산량의 증가가 있다. 설탕 공급이 원활해짐과 동시에 소비량도 증가했다. 히구치 히로시(樋口弘)의 《일본당업사(日本糖業史)》(内外経済社, 1956)에는 에도 시대 설탕과 과자 사정이 자세히 나오는데,[38] 그 내용은 요약하면 이렇다.

에도 시대에 설탕이 가장 대량으로 소비된 분야는 과자 원료다. 일본 황실 교토고쇼(京都御所)와 막부 및 각 번주 등을 단골로 하는 관용 과자관청 고요카시쓰카사(御用菓子司)가 이 무렵부터 정착한다. 상류층은 비싼 백설탕을 사용했지만 서민은 정제도가 낮은 저렴한 설탕을 사용한 잣가시(雜菓子: 잡과자)를 먹었고 잣가시는 다가시(駄菓子)로 이름이 바뀌어 오늘에 이르고 있다.[39] 조카마치(城下町)로 불리는 지역 중심지에도 제과점, 싸구려 과자가게, 경단가게가 생겼다. 그러나 서민 가정에서는 설탕이 귀했으며 일상생활에서 사용되는 경우는 거의 없었다. 설탕을 직접 소비했던 것은 다이묘 등의 고위층, 부유한 상인 등 한정된 계층으로, 과자 등의 가공 식품에서의 소비가 대부분이었다. "이 당시 설탕의 산액을 5,000만 근(斤)으로 하고, 이것을 2,500만 명

의 인구로 나누면 1인당 2근(1.2kg)"이었다.[40]

18세기 들어 설탕 소비가 일상화하면서 설탕 구매 비용으로 나가는 은의 유출을 막기 위해 실시된 몇 차례의 무역 제한으로 설탕 가격이 상승했고, 이에 일본 내에서 설탕을 생산하려는 시도가 따랐다. 에도 막부의 8대 쇼군 도쿠가와 요시무네(德川吉宗)는 1727년 설탕 수입을 제한하고 설탕의 일본 생산을 장려한다. 사탕수수 재배에서 백설탕 제조까지 본격적인 생산이 시작된 것은 18세기 중반 이후다.[41] 메이지 시대에 들어서면서 설탕의 생산이 늘어나면서 소비도 덩달아 증가한다.

메이지 시대의 (설탕) 최대 소비량은 메이지 41년(1908)의 4.8kg이다. 한편, 다이쇼 시대의 최대 소비량은 다이쇼 15년(1926)의 12.71kg으로 대폭 증가했다. 쇼와 시대에 들어가면, 전쟁 전에서는 쇼와 14년(1939)의 15.94kg이 피크다. 종전 시 쇼와 20년(1945)의 0.64kg, 다음 해인 쇼와 21년(1946)의 0.20kg을 최저치로, 우리 경제의 부흥과 함께 설탕 소비량도 증가하고 있다. 1953년에는 13.0kg에 달하여 전후 10년간의 피크를 기록하고 있다.[42]

다양한 만주의 등장

에도 시대에 만주 피 반죽 방법은 세 가지로 정착된다. 탄산수 [重曹] 등의 화학적 팽창제로 반죽을 팽창시키는 야쿠만주(藥饅

頭), 조요(薯蕷/山芋: 마과의 식물)를 이용해 반죽을 팽창시키는 조요만주(じょうよまんじゅう), 마지막으로 술의 효모[酒種]를 이용해 미생물의 발효 시 나오는 이산화탄소로 밀가루 반죽을 팽창시키는 사카만주(酒 まんじゅう)다.[43]

밀과 설탕 같은 식재료의 공급이 원활해지고 피 반죽 방법이 완성되면서 만주는 에도, 교토, 오사카 같은 도시에서 유행한다. 에도의 음식점과 과자점 390여 개를 기록한 《나나주고니치(七十五日)》(저자 미상, 1787)에는 과자가게가 200개 이상 나오는데, 대표적인 과자로 스만주(酢まんじゅう: 식초만주), 가마보코만주(蒲鉾まんじゅう: 어묵만주), 아와만주(粟まんじゅう: 좁쌀만주)를 들었다.[44]

18세기에 들어 만주는 에도의 명물로 정착하면서 기록에 자주 등장한다. 에도의 지방지인 《에도부쓰카노코(江戸名物鹿子)》(1733)에는 시오세만주가, 《(재판증보)에도소카노코메이쇼타이젠(再版増補江戸惣鹿子名所大全)》(1751)에는 시오세만주, 도리카이만

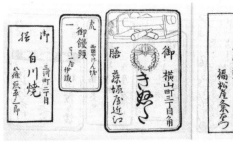
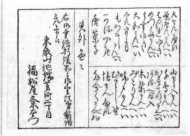

그림 4-10 《나나주고니치》에 실린 만주가게들

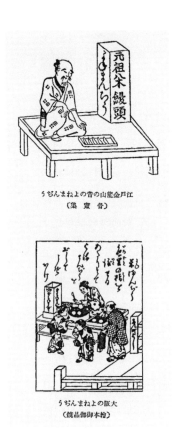

うぢんまねよの昔の山龍金戸江
（集　蟲　骨）

うぢんまねよの阪大
（饒品御御本袷）

그림 4-11 에도 시대 에도(위)와 오사카
(아래)의 만주가게들

주(鳥飼饅頭), 기교야만주(桔梗屋饅頭)가 에도의 명물로 나온다. 에도 명물 평판기 《도치만료(土地萬兩)》(1777)는 린씨시오세만주(林氏鹽瀨饅頭)를 "일본 제일의 우두머리" 만주라고 소개했고, 더불어 만주가게 '도리카이이즈미(鳥飼和泉)'의 튀김만주인 구주만주(九重まんぢう), '아사쿠사 긴류잔(浅草金龍山)'의 쌀로 만든 만주를 기름에 튀긴 아게만주(あげまんじゅう) 등을 소개했다. 당시 유명한 만주가게들의 이름이 책에 기록될 정도로 만주가 에도 사람들의 사랑을 받은 것이다.

에도 시대의 과자 제법서 《가시와후나바시(菓子話船橋)》(1841)에는 다양한 만주 만드는 법과 밀가루를 반죽해 만주 피 만드는 방법이 자세히 소개되어 있는데, 그를 대략 요약하면 다음과 같다.

에도 시대에는 다양한 기법의 만주가 만들어진다. 일부러 껍질을 두껍게 하여 찌고 나서 표피를 까서 거친 피를 드러나게 하고 팥소가 희미하게 보이는 것을 오보로만주(朧饅頭)라 했다. 팥고물에 소금을 가

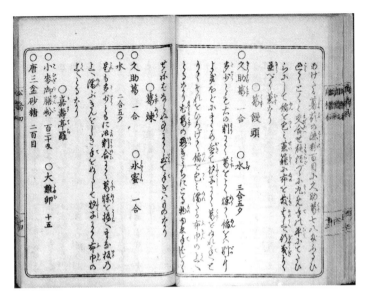

그림 4-12 《가시와후나바시》에 게재된 다양한 만주 만드는 법

미한 시오미만주(塩味饅頭)도 에도 초기에 유행했지만, 말기에는 쇠퇴했다. 에도 말기에는 양갱으로 만들어 피가 투명해 물(미즈)이라 부르는 미즈만주(水饅頭), 오구라안(小倉餡: 팥알 형태를 살린 팥과 으깬 팥을 섞은 것)을 넣은 오구라만주, 시로안(白餡: 흰 강낭콩 또는 흰 팥을 삶은 것을 으깨어 설탕 또는 꿀로 단맛을 낸 흰색의 팥소)에 팥을 섞은 하기만주(萩饅頭), 칡가루를 사용하여 반투명한 반죽으로 팥소를 싸서 찐 구즈만주(葛饅頭), 밀가루·설탕·달걀을 물에 푼 반죽에 팥소를 넣어 구워 카스텔라 같은 형태의 가라만주(唐饅頭), 밀가루에 백설탕과 물엿[求肥飴]을 넣어 반죽해 희고 반투명하여 탄력이 있는 규히만주(求肥饅頭), 반죽에 미소(味曽: 된장)를 섞어 피를 빚은 미소만주(味曽饅頭) 등이 교

토와 오사카에서 유행했다.[45]

간사이 만주와 간토 만주의 차이

에도 시대 말기의 풍속지 《모리사다만고(守貞漫稿)》의 만주(饅頭) 편에는, 에도에서는 어느 과자점이나 만주를 만들었지만 오사카에서는 오직 도라야(虎屋)에서만 과자와 만주를 둘 다 팔았고 나머지는 과자점과 만주점은 분리되어 있었다고 나온다. 포장지도 게이한(京坂: 교토와 오사카)에서는 만주를 대나무 껍질에 싸서, 에도에서는 종이봉투에 넣어 팔았다고 나온다.* 또한 교토와 오사카는 사카만주를 즐겨 먹었고 에도에서는 야쿠만주를 좋아했다고 한다.[46]

만주는 에도 말기 이래 내용과 소비 형태가 크게 변함없이 오늘에 이르고 있다. 현대에 들어서도 간사이 지역과 간토 지역에서는 여전히 만주의 기호가 다르다. 간사이에서는 한입에 먹기 좋은 작은 만주가 많다. 피는 얇고 투명해서 소가 보이기도 한다. 형태는 원형이나 타원형에 솟은 모양이 주를 이룬다. 그에 반해 간토에서는 피가 두껍고 큰 만주가 넓게 분포하고 있다. 형태는

---

* 喜田川季莊,《守貞漫稿》, 饅頭: "又, 江戸ハ何レノ菓子屋ニモ專ラ饅頭ヲ製ス, 大坂ハ虎屋ノミ菓子卜饅頭ヲ売ル, 其他ハ專ラ菓子屋卜饅頭屋ハ別戸ニ売ルコト卜ス, 其製ハ專ラ3錢 也,往 往2錢ノ物モアリ, 卜モニ黒餡也, 又, 上巳ノ節ハ一文饅頭ヲ売ル店アリ. 又, 京坂ハ饅頭ヲ竹皮二包ム, 江戸ハ紙袋二入ル, 音物ニモ京坂折詰稀卜ス, 江戸ハ折詰多シ."

원형이 대다수이고 간사이에 비해 편형이 많다.[47]

니쿠만의 등장

과자 만주가 아닌 중국식 만터우

1637년에 일어난 일본 천주교 신자들의 시마바라(島原)의 난 이후, 에도 막부는 전쟁을 도운 네덜란드 이외의 모든 서양과의 교역을 끊는다. 또한 당시 유행하던 빵, 케이크, 소바, 우동, 만주 의 판매를 금한다. 소바, 우동처럼 당시로서는 미식으로 먹던 일 본음식마저 금할 정도였다. 그 결과 빵과 난반음식은 나가사키에 만 남게 되고 막부의 감시를 경계한 서민들은 빵을 소를 넣지 않 은 만주, 즉 '소 없는 만주'라는 의미로 '안나시만주(餡なし饅頭)'라 불렀다. 이때 중국인들은 나가사키에 계속 거주할 수 있었는데, 중국인들은 중국식 만터우(饅頭)를 먹었다. 이것을 일본인들은 조베이(蒸餅) 혹은 가라만주(唐饅頭)라 불렀다.[48]

일본에서는 팥소를 넣은 만주가 과자로 정착했고, 고기소를 넣고 반죽을 발효시켜 쪄 먹는 중국식 만터우나 빠오즈는 근대 이후에나 나타난다. 고기를 넣은 중국식 만터우를 과자인 만주 와 구별하기 위해 니쿠만(肉まん), 주카만(中華まん), 부타만(豚まん) 등으로 불렀다.

일본에서 고기를 넣은 중국식 만터우는 야마시나 도키쓰구의

コレヲタヽキ爲メ多ク食ヘ
サキ胛胃ヲ妨ク不可食凡如此陳腐ノ物性惡シ氣ヲフ
○ホロ味噌味ト佳可爲何品其法新ギヨキミソヲ
煎ノ上ニコロゲ庵刀ニテコマカニタヽキ大豆ヲ切クタキ
油ヲ少ヌリテ庵刀ニ付ミソヲ三ツカハクホド炒其間ニ
刀チ少シ大ビヲ以クタキトリアゲフルヒニテフルフルヒ
ヨリモラヌ父父炒ミテフルフ其後イリコゲレ山椒
味不變天低ノ病人食レテ無毒○金山寺豆鼓法
杏仁カヤニクルミ父ト好ニ隨テ加フ久レクコケレ

居家必用十二卷ニ出タリ大和國達磨寺ニモ其
法ヲ傳フ今世間ニコレヲ佗ルモノ多シ味ヨレ稀薯
豉ノ法多シ淡豉ハ不用鹽法ナリ
蒸餅　麵ニテ作ル專酒ニテ製スル形饅頭ノ如ニテ大ナリ
筒ナレ長崎ニ佗ル中華人味山西人朝夕ノ飯トス味淡
ク不停薄病人食レテ無妨又餡アルモアリ味ハ日本ノ
饅頭ニアトレリ○東鑑二十卷二十六足蒸餅饅頭ナル
ヿナス消化レ易キ故也蒸餅ナクハ軟粳米粙米ヲ蒸
ニ和ガ田藥ヲ丸スル二煮餅ヲ水ニ浸レレクタキ煮糊
ヘ諸書自何目聖豪蒸餅ヲ上ニ拆上字則不食○

乾レ代ヘ用ユ是化レ易レヽ是本艸時珍カ說也
ニ來リクル牧山ニ南都ヲ始トス又ヘ京都江戸ニ名
産アリタノ今子ニ塞鳥長宿痛為心腹痛生蟲損
窩小兒食レ不可又生冷食ハ能生諸病窩胛胃爲性爲崔亂病人
不可食炒ノ太テ後蒸藻レ熟食ス消化レ易レヤス
レ蒸ノ後奈皮々奈テ皮ヲレ皮レ不本テ冷食スレハ
胛胃ヲ傷レレ凡饅頭ハ輕粗ニ蒸饅頭八々
ナリ胃ヲヅ傷饅頭ハ米饅頭アリ皮ヲ葛粙ニテ佗ル
ク港テ凡饅頭ハ輕鬆ニ過レ衆人世常ニ慾シ不可

○缺也
麥芽　大麥ノ萌生也ホシテ藥トスヨク殻食ヲ消ス
麥芽ノ圓釋法ニ三法アリ糯ヲ佗ル者ヨク是ヲ圓麥實
ヨク入タルヲ用ユヽ二三月ノ間芽ヲ生レヤス
レ新麥ョリ舊麥レヤス菜フシテ食スルアリ或ハ
炒ヘン炒過ス○クラス炒過セレ外ハ色不變レテ內ハ黑ツ
ナル藥研ミテクダキ消ス故殼食ノ過タルニ用ユ效アリ○凡麥
芽ヨク殼ヲ消ス故殼食シ過タルニ加ルハ麥芽ヲ用ヨク
甲糯米ヲケシテ化スル故ナリアメハ糯米ヲ
米ヲケレテ化スルハ故ナリ欲モヂト飯ヲ多ク食レ陽

《도키쓰구쇼키》 중 〈중국의 상인이 온 일화〉(1570)에 이노시시만주(猪饅頭: 멧돼지 만주)로 등장하지만, 예외적인 경우다. 1630년대부터 쇄국이 진행되면서 에도 막부의 공식적인 유일한 대외 교역 창구였던 나가사키에는 중국 상인들을 한군데 모아놓은 도진야시키(唐人屋敷)가 1689년에 만들어진다. 이런 이유로, 과자로서의 만주가 아닌 중국식 음식으로서 만터우에 관한 기록이 나가사키에서 처음 등장한다. 가이바라 에키켄(貝原益軒)의 농학서 《야마토혼조(大和本草)》(1709) 4권 조양류(造釀類) 조에 만주와 함께 한(ハン: 蒸餅)이 나온다. "증병은 밀가루로 만들어 감주를 넣어 완성한다. 형태가 만주처럼 크다. 나가사키에 있다. 중화인, 특히 산서(山西) 사람들이 늘 먹는다. 맛이 담백해 물리지 않고 환자식으로도 먹고 소가 있는 것도 있다. 맛은 일본의 만주보다 떨어진다."

당시 일본의 만주(饅頭)와 한자가 같았기 때문에 둘을 구별하기 위해 만터우(饅頭)를 증병(蒸餅)으로 표기한 것을 알 수 있다. 蒸餅과 함께 쓰인 일본어 한(ハン)은 빵을 의미한다. 당시 빵은 한(ハン)이나 빵(パン)으로 표기했다.[49] 중국식 만두를 일본식 만주와 다른 빵으로 본 것이다. 17세기 일본의 나가사키 중화촌에서 먹었던 만터우는 19세기까지는 지역에서만 소비되었다. 고기가 들어간 중국식 만터우나 빠오즈 같은 음식이 전국적으로 선보이게 되는 것은 공식적으로 육식의 금지가 풀린 메이지 시대 들어서면서다. 일본에서 메이지 시대 이전에는 육식이 터부시되었고 무사 계급 이상에서 먹던 육식은 쇠고기가 주류였다. 돼지

고기 소를 기본으로 하는 중국식 만터우는 돼지고기의 보급을
전제로 하는데, 그것은 19세기 후반에 들어서면서부터다.

니쿠만의 시대

일본에서 돼지고기를 넣은 만터우 문화는 1920년대에 시작
된다. 1924년 9월 29일자 도쿄《아사히신문》의 가정요리란에 '지
나니쿠만지우(支那肉まんぢう)'의 레시피가 실렸는데, 소의 재료는
돼지 살코기, 표고, 껍질콩, 파, 생강이다.[50]

상업적으로 판매된 니쿠만(肉まん)은 1927년 도쿄의 '나카무
라야(中村屋)'에서 팔았던 '천하일품 시나만두(天下一品 支那饅頭)'
를 최초로 본다. 물론 나카무라야가 중화 만터우를 판매하기 이
전에도, 중화요리점에서는 고기를 넣은 빠오즈를 팔고 있었다.
1915년, 고베(神戸)의 난징초(南京町: 중화거리)에서 상하이 출신
의 요리사였던 소쇼키(曹松琪)가 '노쇼키(老祥記)'를 개업한다. 소
쇼키는 유명한 중국의 톈진 빠오즈(天津包子)를 일본인의 입맛에
맞게 중국식 양념 대신 간장으로 맛을 낸 뒤 부타만주(豚饅頭)라
는 이름으로 팔기 시작했는데, 이것이 간사이권 부타만(豚まん)의
원조로 여겨진다. 시부카와 유코(澁川祐子)는 부타만이 편의점에
서 파는 일반적인 니쿠만에 비해 큰데, 껍질은 쫄깃하고 소의 양
이 많아서 본고장(중국)의 맛에 가깝다[51]고 평했다. 그는 〈주카만
이 편의점 겨울의 기본 상품에 오르기까지(中華まんが「コンビニ冬の
定番」に上りつめるまで)〉라는 글에서 주카만의 시대적 발전 상황을

자세히 설명하고 있다.

나카무라야의 시나만주(支那饅頭)는, 발매 초기에는 고기가 들어간 것은 1개에 6전, 단팥이 들어간 건 4전이었다. 당시 라멘 한 그릇이 6전 정도였다고 하니 '시나만주'가 얼마나 고급품이었는지를 알 수 있다. 주카만(中華まん)이 지금처럼 서민을 위한 스낵으로 확산되는 것은 제2차 세계대전이 끝난 후부터다. 1955년, 대기업 제빵회사인 야마자키제

그림 4-14 대중화된 만주 중 하나인 단팥소가 들어간 안만

빵(山崎製パン)이 주카만의 생산을 개시해 수천 개의 판매 특약점을 통해 전국의 빵집에서 간편하게 살 수 있게 됐다. 1964년에는, 제과회사 이무라야(井村屋)가 시장에 참가한다. 이무라야는 전년 여름부터 아이스크림 판매를 시작하고 있었는데 이 냉장 케이스를 겨울에도 활용할 수 없을까 하고 니쿠만(고기만두)과 안만(あんまん: 단팥 넣은 만주)을 발매했다. 다음 해에는 찜기를 도입해 선반에 주카만을 늘어놓고 탱크에 물을 넣은 뒤 스위치를 올리면 매장에서 쉽게 쪄낼 수 있었다. 갓 쪄낸 것을 살 수 있다는 점 때문에, 이 찜기의 도입이 주카만의 인기를 단번에 끌어올렸다. 1969년 1월 25일 《아사히신문》에는 '주카만주(中華まんじゅう) 대인기'라는 기사가 실렸다. 사진에는 신주쿠역 승강장에서 아

침식사 대용으로 주카만주를 먹는 직장인의 모습이 나온다. 기사에 의하면, 각지의 역에서 주카만주가 등장하기 시작한 것은 1965년의 일이라고 한다. 마침 이무라야가 찜기를 도입한 해다. 그로부터 4년 만에 신주쿠역에서는 세 곳의 매점에서 하루 1,300여 개를 팔게 되었다고 하니 놀랍다. 이후 주카만의 인기는 1970년대에 등장한 편의점으로 무대를 옮겨 계승된다. 1976년에는 이무라야가 '카레만(カレまん)'을, 1978년에는 야마자키제빵이 '피자만(ピザまん)'을 발매. 1980년대 이후 주카만주는 백화요란(百花繚亂: 많은 뛰어난 인물이 나타나 훌륭한 업적을 남김)의 시기를 맞는다.

마이보이스콤(マイボイスコム)의 설문조사(2011년)에 따르면, 편의점에서 조리품을 산 적이 있다고 답한 사람 가운데 최근 1년간 구입한 적이 있는 상품은 주카만이 54.1%로 단연 1위, 이어 가라아게(から揚げ: 닭튀김) 36.9%, 어묵(오뎅おでん) 36.1%다.[52]

중국식 만터우 문화를 수용한 일본의 '만(まん)' 문화는 고기를 넣은 니쿠만과 일본식 만주의 영향을 받은 팥소를 넣은 안만으로 발전한다. 니쿠만과 안만은 소매점의 찜통에 쪄서 먹는 제품으로 발전하면서 대중적인 인기를 얻게 됐고 한국의 호빵 문화에도 영향을 끼쳤다.

13장

일본 교자
발달사

교자는 일본인이 가장 사랑하는 국민식이다. 밥반찬이자 술
안주이며 라멘의 영혼의 짝이다. 라멘이 중국의 라미엔(拉麵)에
서 왔듯, 중국의 자오쯔(餃子)는 일본에서 교자가 된다. 교자에
관한 기록은 18세기부터 등장하지만, 교자가 일본에서 대중화된
것은 태평양전쟁이 끝난 1945년 이후다.

교자의 시작

에도 시대의 교자

중국 명나라의 정치가 주순수(朱舜水, 1600~1682)는 남부 소흥(紹興) 출신이다. 그는 독특한 이력의 소유자인데, 명 말기에 대만을 개척한 정성공(鄭成功)을 도와 일본에 파견된 뒤 나가사키에 정착한다. 주순수는 일본에서 메이지 유신에 큰 영향을 준 미토가쿠(水戸學)의 중심지 미토번(水戸藩)의 2대 번주 도쿠가와 미쓰쿠니(德川光圀)와 친했다. 때문에 주순수는 미토가쿠 학자들과 교류가 많았다. 주순수가 미토가쿠 학자인 아사카 단파쿠(安積澹泊)와 나눈 대담을 기록한 《슌스이슌시단키(舜水朱氏談綺)》(1708)에 중국 교자가 나온다. "교자, 중국 발음으로는 니키야우쓰우(ニキヤウツウ), 일명 포자(包子)라고도 한다. 민간에서는 탐관건(探官繭)*이라고 한다. 밀가루에 기름을 더해 만들고 속에는 다양한 소를 넣어 쪄낸다[餃子 唐音ニキヤウツウ, 一名包子, 俗ニ探官繭卜云. 麫粉ニ油ヲ加テ作リ, 中ヘ色々ノ餡ヲ入蒸タルモノナリ]."라고 나온다. 이것이 교자에 관한 일본 최초의 기록이다.

중국음식을 소개한 요리책 《다쿠시초오니카타(卓子調烹方)》(1778)에는 '튀기고, 굽고, 찌는' 세 가지 교자 조리법이 등장한다

---

* 당·송 시대의 설날에 고위 관리들이 먹던 발효 만두의 일종으로, 만두 표면에 관직을 쓰거나 오르고 싶은 관직을 써서 미래 희망을 표현했다.

[餃子が三か所: 油ニテアクル, 油ニテ煎ル, 勢いろにてむし]. 나카가와 다다테루(中川忠英)가 청나라 건륭제 때 중국의 서남 지역을 여행하고 기록한 《신조쿠키훈(清俗紀聞)》(1799)에는 청나라 강남 저장(浙江)의 풍속을 거론하면서, 찜통에 쪄 먹는 교자를 소개했다[餃子…蒸籠にて蒸し用ゆ]. 주순수와의 대담집이나 《신조쿠키훈》에 나오는 교자는 중국 남부 지역 음식답게 쪄서 먹었다. 중국 교자의 본고장 북부에서는 교자를 주로 삶아 먹는다. 18세기에 중국에서는 교자(餃子)보다도 편식(扁食)이라는 단어를 더 많이 사용했다. 중국의 선가 음식을 일본에 소개한 책인 《후차료리*쇼(普茶料理抄)》(1772)에는 편식을 한자로 片食이라 적고 옆에 일본어로 헨시라고

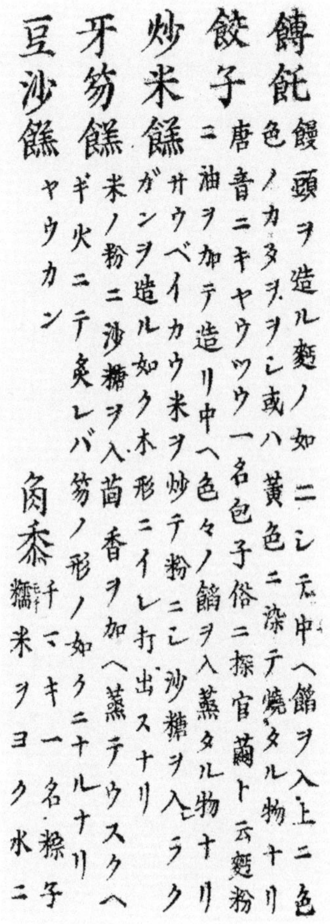
餺飥 饅頭ヲ造ル麪ノ如ニシ云中ヘ餡ヲ入上ニ色
色ノカタヲヲシ或ハ黄色ニ染テ焼タル物ナリ
餃子 唐音ニキヤウツウ一名包子俗ニ探官繭ト云麪粉
ニ油ヲ加テ造リ中ヘ色々ノ餡ヲ入蒸タル物ナリ
炒米餻 サウベイカウ米ヲ炒テ粉ニシ沙糖ヲ入ラク
ガンヲ造ル如ク木形ニイレ打出スナリ
牙筋餻 米ノ粉ニ沙糖ヲ入茴香ヲ加ヘ蒸テウスクヘ
ギ火ニテ炙レバ筋ノ形ノ如クニナルナリ
豆沙餻 ヤウカン 角黍 チマキ一名糉子
糯米ヲヨク水ニ

그림 4-15 일본 최초의 교자 기록이 나오는《슌스이슌시단키》

* 후차료리(普茶料理)는 오우바쿠슈(黄檗宗)의 승려가 에도 초기에 일본에 전한 중국풍 정진요리(精進料理)다.

표기했다.* 조리법도 나오는데, 헨시는 피를 우동처럼 두껍게 하고 삼각형 모양으로 만든 것으로 중국 북방의 교자인 편식이 분명하다. 헨시(片食)는 헨시(扁食)의 다른 표기다. 나가사키에 전해진 중국음식을 뜻하는 싯포쿠(卓子/卓袱) 요리를 기록한 《싯포쿠 시키(卓子式)》(1784)에도 헨시(扁食)가 나온다.**

하지만 18세기에 일본에 등장한 교자는, 일본의 음식이 아니라 중국의 음식 문화를 소개하는 것들이다. 일본인이 먹는 음식으로서 교자가 등장하는 것은 메이지 시대 들어서다. 메이지 28년(1895)에 간행된 《일용백과전집(日用百科全集)》(大橋又太郎 編, 博文館) 제3편 실용요리법(第三編実用料理法)에 헨시가 조리법과 함께 나온다. "소를 피에 싸서 빠르게 찐다. 피는 밀가루에 기름을 약간과 함께 물로 반죽한 것을 밀대로 편다. 피에 소를 놓고 키조개 모양으로 썬다. 끝은 제니구루마(銭車)라는 길이 9~12cm 정도의 자루에 깔쭉깔쭉한 커터가 달린 도구로 피를 끌듯이 자른다."*** 라고 나온다. 하지만 교자를 포함한 메이지시대의 중국요리는 극히 제한적인 음식이었다. 에도가와대학(江戸川大学) 도키 마사카즈(斗鬼正一) 교수는 일본에서 중국요리가 대중화된 것

* 《普茶料理抄》"片食 ヘンシー: 大根, 椎茸, 栗子, 麺筋, 牛房, 豆腐, 青菜. 子は菜包に同し, 是も小麦の粉を饂飩の厚にうち, 一寸六七分四方にきり, 其上に子を置き. 是をすみどりに包△三角にして, 留口は又指に水をつけて撫で, 醤油にて煮るなり."
** 《卓子式》"扁食: 前に出たるろんへいのあんを包て, さっとむす. かわは麦粉に油少入, 水にてこね, 麺めん杖ぼうにてのばし, あんを置く. 大はまぐりの形に切てむす. おりあみ笠のことくなり, はらを切に銭せに車くるまといふ物を用ゆ."

이 다이쇼(大正, 1912~26) 시대라고 본다.

메이지 시대의 교자

메이지 시대(1868~1912)에는 고베와 요코하마의 개항장에 중국음식점이 생겼지만, 손님은 거의 중국인뿐이었다. 도쿄의 첫 중국음식점은 1879년에 중국인 오우테키사이(王惕斉)가 도쿄 쓰키치이리후네초(築地入船町)에서 개업한 에이와사이(永和斉)였다.[53] 이후에 1883년 개점한 니혼바시가메지마초(日本橋亀嶋町)의 다이라쿠엔(偕楽園)은 중식당 가운데 가장 유명하고 비싼 식당으로 일세를 풍미했다. 당시 중식당은 상류층의 사교장이었다. 일본이 청일전쟁(1894~1895)에서 승리한 후 1896년부터 청나라에서 관비유학생이 일본에 들어온다.

청나라의 일본 유학 붐은 러일전쟁(1904~05)과 청나라의 과거제 폐지(1905) 때 정점을 이룬다.[54] 근대화에 성공한 일본을 배우려고 중국 유학생이 도쿄에 들어오면서 (그중에 루쉰魯迅, 장제스蔣介石, 저우언라이周恩来도 있었다), 그들을 상대로 하는 중국음식점이 생겨난다. 1906년에 일본의 청나라 유학생은 8,000명에

*** 《日用百科全集》"扁食(ヘンシー)前に出たる, あんへいの餡を包みてざつとむす, かはの要粉に油少入れ, 水にてこね, 麺枝にて延し, あんを置き, 大蛤の形に切りてむす, おりあみ笠の如くなり, はしを切るに銭車といふ物を用ふ, 眞鍮にて作る, 車銭の大さ紙にて菊花を折たる如し, 柄長さ三四寸, 車緩くして回るやうにし, 引くにって切れるなり."

달했다. 하지만 이때를 정점으로 중국인 유학생은 감소하기 시작해 신해혁명 이듬해인 1912년에는 1,400명으로 줄어든다.[55] 중국인 유학생들은 대학이 몰려 있는 도쿄 간다(神田)에 모여 살았고 중국음식점도 대학 주변에 주로 생겼다. 1899년에 간다에서 개업한 중국요리점 이신고(維新號, 설립 당시는 故郷飯店) 같은 대중적인 식당이었다.[56] 이신고는 지금까지 영업을 하고 있다. 일본은 청일전쟁 이후 러일전쟁에서도 승리한 후 중국 대륙에 진출하여 중국과의 교류가 많아졌고, 일본에는 중국 유학생들이 증가하면서 일본에 서민적인 시나요리(중국음식) 식당이 등장했다.[57]

게다가 청일전쟁, 러일전쟁을 거치면서 군인들이 대량으로 고기를 소비한 것을 계기로 일본인들은 육식, 특히 돼지고기에 익숙해진다. 돼지고기는 소에 비해 사육 기간이 짧고 기르기 쉽기 때문에 러일전쟁 시 군대의 수요 증가로 가격이 급등한 소 대신에 널리 사용되었다.

1916년에는 도쿄제국대학 교수인 다나카 히로시(田中宏)가 일본 조리법을 사용한 돼지고기 조리서인《다나카식 돈육 조리법(田中式豚肉調理法)》을 출간해 인기를 얻었다.[58] 《다나카식 돈육 조리법》에는 세 가지 니쿠만주(肉饅頭), 즉 무시만주(蒸饅頭), 아게만주(揚饅頭), 유데만주(茹饅頭)가 소개된다. 이 중 아게만주는 중국의 빠오즈와 비슷한데 튀겨 먹는 음식으로 소개했다. 돼지기름에 튀겨 껍질이 갈색으로 변하는데 소를 넣지 않으면 맛있는 과자처럼 되며 맛이 좋아 평시에 먹거나 도시락으로도 좋다

고 평했다. 아게만주는 교자 스
타일로 볼 수도 있고 고로케같
이 보이기도 한다. 유데만주는
이름은 만주지만 앞에 붙은 '유
데'(茹る, 삶다)라는 단어나 조리
법은 교자가 분명하다. 돼지고
기를 다져 넣고 발효시키지 않
은 밀가루 반죽에 싸서 찐 다
음 간장에 찍어 먹는 교자 제작
법을 따르고 있고 만주의 접는
모양이 그림과 함께 소개되어
있는데 모양도 역시 교자다.[59]
유데만주나 아게만주를 보면

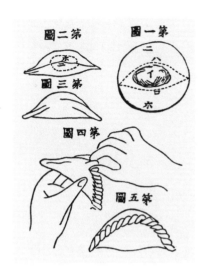

그림 4-16 《다나카식 돈육 조리법》이 보여
주는 유데만주 접는 법. 모양이나 내용이
교자와 같다.

과도기에 새로운 음식의 조리법과 명칭이 불안정함을 보여주는
대표적인 사례다. 당시 한국에서처럼 일본에서도 교자와 만두의
정확한 구분이나 제작법에 대한 혼란이 있었음을 보여준다.

도쿄의 음식점의 수는 《최신도쿄안내(最新東京案内)》(1907)
에 3곳으로 소개되는데, 29개의 서양음식점에 비하면 적다.[60] 하
지만 중국음식에 대한 관심은 서서히 높아져 1900년대 무렵부
터 가정식 메뉴로 '시나요리'를 소개한 출판물이 증가하기 시작
했다.[61] 중국요리에 관한 책들이 발간되면서 다양한 중국음식이
소개되었고 교자에 대한 정보를 접할 수 있는 기회가 늘어났다.
아지노모도(味の素)식품문화센터의 구사노 미호(草野美保)에 의

하면, 제목에 '시나(支那)'가 포함되는 요리 관련 서적 혹은 요리책은 아니지만 시나요리의 기술을 설명한 서적, 또한 요리·음식 관련의 잡지류 등 당시의 서적 약 730권 가운데 50권 미만에 교자에 대한 기록이 보인다고 한다.[62] 이 시기에 발매된 《월간 구이도라쿠(月刊食道樂)》에는 교자에 대한 소개가 세 번*이나 등장한다.[63]

그림 4-17 《월간 구이도라쿠》에는 교자에 대한 소개가 세 번이나 등장한다.

1910년에는 라이라이켄(来々軒)이 도쿄의 아사쿠사(浅草) 공원 근처에 개점했는데, 라멘과 샤오마이(焼売)로 유명했다. 샤오마이는 중국 광둥어로 슈마이(シウマイ)라고도 부르는 교자류의 일종으로, 일본에서 20세기 초중반에 교자와 함께 대중적인 인기를 얻는다. 1933년의 시라키 마사미쓰(白木正光)가 편찬한 《대도쿄 맛있는 것을 먹는 기록(大東京うまいもの食べある記)》에서도 라이라이켄은 호평을 받았다. 1930년대 일본의 대표적 코미디언 후루카와 롯파(古川綠波)도 《롯파의 히쇼쿠키(ロッパ悲食記)》에서 라이라이켄에 대해 "더럽지만 싸고 맛

---

* 《食道樂》第1卷 第1号, 1905年 「支那料理」餃子'; 第1卷 第7号, 1905年 「支那料理」 中等十碗或八碗 四点心 餃子'; 第2卷 第2号, 1906年 「支那料理」水餃子'.

있다."고 썼다.

당시 중국요리는 싸고 맛있고 양이 많은 음식이었고, 일본인에 의한 중국요리점 개업도 이어졌다.[63] 중국요리점이 늘어나면서 돼지고기를 주재료로 사용하는 중국요리의 특성으로 인해 돼지고기 소비가 폭발적으로 증가했는데, 돼지고기는 고기 소비량의 비율에서 다이쇼 초기의 15%에서 말기에는 40%까지 확대된다.[64] 다이쇼 시대

그림 4-18 가정식 메뉴로 중국음식을 소개한 당시의 요리책

에 들어가면 1913년에 주카소바(中華そば: 라멘), 1926년에 완탕(ワンタン: 만둣국)이 등장해, 중국요리에 대한 관심이 높아진다.

메이지 시대에 교자 보급이 늦어진 이유

이처럼 중국음식점이 문을 열고 가정요리를 위한 중국음식 요리책이 발간된 적도 있지만, 중국음식은 그리 빠른 속도로 대중화되지는 않았다. 메이지 시대에 발간된 《의식주 일상생활(衣食住日常生活)》(1907)에서 야마가타 가호(山方香峰)는 중국요리의 대중화가 늦어진 이유를 다음과 같은 다섯 가지로 들었다.[65]

1) 국물이 농도가 진하다.

2) 제비집[燕窠], 상어지느러미[魚翅]와 같은 것은 일본인에게는 진기
   하지만 맛이 없는 재료로 평가되고, 또 중국요리의 주재료인 돼지
   고기는 쇠고기만큼 일본인에게 맛있다는 평가를 받지 못한다.

3) 요리에 관한 책이 양식처럼 나와 있지 않다.

4) 서양의 문물을 흡수하기 위해 노력한 결과 그 풍속을 받아들였지
   만, 시나(중국)는 공부할 것은 많지만 배울 것이 적다.

5) 시나를 모멸하는 관념이 있다.

위의 다섯 가지 이유에 더해 교자가 일본에서 받아들여지지
않은 배경에는 고기를 금기시하는 오랜 사회의식도 있었다. 생활
문화사 연구자인 하라다 노부오(原田信男)는 "일본 육식의 금기
는 야요이(弥生) 시대(BC 300~AD 300) 후기에 그 싹이 보이고,
에도 시대에는 정점에 달했다."고 지적했다.[66] 메이지 시대에 교
자가 대중음식으로 발전하지 못한 이유에 관해 엔칭(殷晴)과 쪼
우루룽(周璐蓉)은 〈일본에 있어서 교자의 전래와 수용(日本にお
ける餃子の伝来と受容)〉이라는 논문에서 교자의 제조법과 먹는 법이
일본인에게 익숙하지 않고 일본의 전통음식에도 제조법이 유사
한 음식이 없기 때문이라면서, 특히 교자의 피 만들기가 어려웠
을 것이라고 주장한다.[67] 하지만 교자가 처음 접한 사람에게 낯
선 음식일 수 있다 해도 교자 피를 만드는 기술이 어렵다는 점에
는 동의하기 어렵다. 교자 피 만드는 기술은 우동이나 소바의 면
을 빚는 기술보다 오히려 쉬우며, 최소한 더 어렵지는 않기 때문

이다. 그보다는 교자 소의 중심인 돼지고기라는 식재료가 낯설었던 데서 원인을 찾는 게 논리적이다.

교자의 현지화·일본화

중국음식은 1920년대 들어서 일본인의 입맛에 맞게 변형되면서 현지화 과정을 거쳐 정착한다. 간토대지진(1923) 이후에는 '시나소바'(라멘)가 유행했는데, 이것도 간장 국물에 김, 나루토마키(鳴門巻き: 붉은색 소용돌이 무늬가 있는 어묵), 시금치 등을 넣어 일본화된 중국음식이었다.[68]

간토대지진은 일본 사회에 커다란 변화를 가져왔는데, 도쿄의 수많은 식당이 파괴된 후 재건되면서 저렴한 음식을 파는 식당에 대한 요구가 커진 것이다. 중국음식점은 당시의 시대 요구에 가장 적합한 싸고 맛있는 식당이었기에 1937년 중국과의 전쟁이 발발하기 전까지 전성기를 맞이한다.[69]

교자도 일본인의 입맛에 맞춰 현지화하려는 노력이 따랐다. 당시 요리책에서는 돼지고기를 넣고 찐 교자는 부타만주(豚饅頭)나 슈마이(燒売: 교자의 일종)의 일종으로 소개되었다.[70] 굽는 형태의 일본식 교자로의 변형에 따라 중국의 구워 먹는 자오쯔 형태의 꿔티에(鍋貼)를 야키교자로 표기하거나 부타만주 같은 일본식 명칭이 생겨난 것이다.

중국 만주에서의 교자 문화와 명칭

중국에서 교자(자오쯔)의 중심지는 산둥성이다. 청나라 때 만주 일대는 한족의 거주가 불가능해 거의 미개척 상태로 있었다. 산둥성에서는 1920년부터 1930년까지 대기근이 일어났다. 이때 1,000만 명의 사람들이 만주 지역으로 이주했는데, 이들이 즐겨 먹는 자오쯔(餃子) 문화가 이때 만주 지역에 널리 퍼졌고, 만주국 설립과 개척으로 인해 일본인들과의 만남이 잦아짐으로써 일본인 사회에도 새로운 교자 문화가 만들어진다.

청일전쟁 승리 이후 일본 관동군의 만주 주둔, 만주국 건국 등으로 일본에서 온 수백만의 민간인과 군인들이 중국 교자의 본고장 북방 지역에 살게 되면서, 훗날 일본 교자 붐의 바탕이 된다. 1932년 일본의 괴뢰국 만주국이 세워졌다. 1932년 2월 중국 다롄(大連)에서 발간된 《시나고만단(支那語漫談)》(渡会貞輔, 支那語漫談東城書店, 1932)에는 《호텐신문(奉天新聞)》의 광고를 인용한 내용이 있는데, 일본인이 운영하는 식당의 광고 문구에는 "시나요리 전문, 대호평인 교자[支那御料理は専門, 大好評のぎょうざ]"가 나온다.

《요리의 벗(料理の友)》(1933년 3월자)에는 "지나에 거주하는 일본인들은 꿔티에(鍋貼), 즉 야키교자(焼餃子)를 부타만(豚饅) 혹은 부타만주(豚饅頭)로 부르는데, 도시락에 담아 간식으로 자주 먹는다. 저렴하고[廉] 간단하고[簡] 바삭바삭한 맛[脆美]의 삼박자를 갖추고 있어 슈마이(焼賣)에 비해 결코 뒤떨어지지 않는다.

그런데도 일본인이 많이 모르는 것은 유감이다. 도쿄에서도 찌거나 삶는 교자는 언제든지 주문할 수 있지만 꿔티에를 취급하는 식당은 거의 없다."[71]라는 기사가 실렸다.

이 기사에 의하면, 1930년대 초반까지도 중국의 일본인들은 교자를 고기를 중심으로 이해했던 듯하다. 교자라는 말 대신에 돼지고기[豚, 부타]소를 넣었다는 것을 강조하는 부타만이나 부타만주라는 단어를 사용한 것이다. 기사를 보면 이 당시만 해도 중국의 교자와

그림 4-19 꿔티에와 부타만주가 소개된 《요리의 벗》(1933년 3월자)

만터우, 빠오즈 문화를 제대로 이해하지 못하고 있었지만 당시 호텐(奉天, 중국어 발음 펑톈. 지금의 선양)에서 교자가 상당히 유행했음을 알 수 있다. 꿔티에는 앞뒤가 트인 전병에 돼지고기를 넣고 구운 음식으로, 엄밀하게 말하면 자오쯔(교자)가 아니다. 하지만 일본의 여러 기록을 보면 꿔티에를 일본의 야키교자로 보는 것이 대체적인 시각이다.

월간지 《쇼쿠도라쿠(食道楽)》 1932년 3월호에는 교자가 만주어로 '갸우자(ギャウザ)'라고 적혀 있다. 중국에서는 한자 餃子를 자오쯔로 발음하므로, 餃子를 일본어 발음으로 교자(ギョウザ)로 읽게 된 경위에 대해 논란이 있다. 교자의 발음에 대해서는 중국

산둥 발음 갸오즈(ギァオツ, giaozi)에서 왔다는 설과 만주어 교제(giyose), 만주에 모여 살던 조선족의 교자(gyoja)에서 왔다는 세 가지 설이 있다.[72] 교자의 표기는, 1927년에 일본에서 출간된《가정에서 가능한 맛있는 지나요리(家庭でできるおいしい支那料理)》에는 자오쓰(チャオツ)로, 1935년에 출간된《지나요리(支那料理)》에는 교우즈(キョウズ)로 나온다. 지금도 중국 동북 3성에 사는 한족의 상당수가 산둥성 주민의 후손인데, 산둥성에는 '교자'를 '구자(グージャ)'처럼 발음하는 사투리가 있다. 이를 일본인들이 '교자(ギョーザ)'로 바꿔 불렀다는 주장도 있다.[73]

하지만 일본인이 부르는 교자(ギョウザ)와 가장 비슷한 같은 발음은 한국인과 동북 지방에 살고 있는 조선족의 발음인 '교자'다. 당시 만주 지역에는 17세기부터 정착한 조선인들이 살고 있었다. 1945년에 중국 동부 지역에 살던 조선인은 조선 인구의 10%에 해당하는 216만 명이나 되었다.[74] 그 대부분이 만주 지역에 거주하고 있었는데, 만주 지역에 살던 조선인은 1921년에 488,656명이었으나 1942년에는 3배가 넘는 1,511,570명으로 불어났다.[75] 중국과 일본에 의해 만주 지역의 쌀농사가 본격화되면서 쌀농사에 능한 조선인들의 대량 이주가 이루어진 결과다.

만주국은 일본인, 중국인, 만주인, 조선인이 모여 있던 국가다. 만주국의 수도인 다롄에 일본인들이 대량으로 이주하기 전이나 후에도 많은 조선인이 살고 있었음을 감안하면, 교자(ギョウザ)가 조선인의 발음에서 왔을 가능성이 상당히 높다. 餃子라는 한자는 한국어 발음으로 정확히 교자가 된다. 기록만 놓고 보면 일본의 ギョウザ라는 표기가 중국의 만주 지역에서 1930년대부터 시작된 것은 확실하다.

일본인들은 중국에서 교자를 식당에서 맛본 게 아니라 중국의 가정에서 경험했다. 1940년 만몽개척단(滿蒙開拓団)의 일원으로 가족과 함께 만주로 건너간 와타나베 고이치(渡部宏一)는 교자를 처음 봤을 때의 모습을 회상록에 적었다.

어느 해에는 중국인 가정부가 솜옷 외투로 싼 음식을 배달해주었다. 커다란 그릇에 하얀 달걀 같은 밀가루 식품이 담겨 김을 내뿜고 있었다. 가족 모두는 그게 뭔지 몰랐지만 가정부가 몸짓으로 먹어보라고 어머니에게 보여주며 교자라고 했다. 밀가루 반죽으로 배추와 다진 돼지고기를 싼 이 음식이 중국 북방에서는 설날 잔치에 쓰이고 있다는 것을 안 것은 한참 뒤의 일이었다.[76]

1945년 8월 중국에는 280만 명에 달하는 일본인이 남아 있었는데, 그중 다롄의 23만 명 정도를 포함해 만주 지역에 체류하는 사람이 130만여 명에 달했고 거의가 민간인이었다.[77]

전후 일본에서의 본격적 교자 붐

1945년의 패전으로 일본은 값싼 가격에 쌀이나 콩 같은 식재료를 공급하던 식민지를 잃었다. 게다가 1945년에는 기후 불순과 노동력 부족으로 인해 수확량이 예년보다 40% 가까이 감소해 1910년 이래 최악의 흉년이었다.[78] 배고픈 국민과 600만 명이 넘는 해외 귀환자를 기다리고 있었던 것은 식량 부족으로 인한 궁핍한 생활이었다. 기아와 절망이 확산되는 가운데 미국으로부터의 식량 원조, 특히 밀과 밀가루의 대량 수입은 '사회 붕괴'의 방파제였다. 1946년 약 200만 파운드의 밀가루가 미국에서 일본에 들어왔다. 이러한 밀과 밀가루 수입은 1952년 연합국군최고 사령관총사령부(General Headquarters, GHQ)의 점령이 정식으로 끝난 이후에도 계속되었는데,[79] 일본인의 쌀 중심의 음식 문화에 분식이 자리 잡는 결정적 계기가 된다. 1954년에는 '학교급식법(学校給食法)'이 제정되었는데 빵과 우유를 기본으로 한 급식은 가정과 이후 식생활에 커다란 영향을 미친다.[80]

종전 직후의 일본에서, 중국음식점이 급속히 발전한 것은 식량 부족으로 인한 일본인들의 음식업이 전면 금지된 반면, 승전국의 하나였던 중국인늘은 통제의 틀 밖에 놓였기 때문에 미국산 밀가루와 라드(돼지기름)를 암거래로 구입할 수 있었고, 화교 자본의 자금으로 식당 창업도 가능했던 여러 요인이 복합돼 크게 번창했다.[81] 당시 주카소바(라멘) 등의 분식은 "많은 일본인의 기아를 막는 중요한 정치적 기능을 담당했다."[82]

이런 사회적 배경에서 라멘, 교자 같은 대중적인 중국음식이 인기를 얻는 것은 당연한 일이었다. 교자 붐은 중국에서 돌아온 사람들에 의해 시작되었다. 당시 도쿄에서는 대부분의 고급 중국음식점이 중국인에 의해 운영된 반면 교자점은 일본인, 특히 만

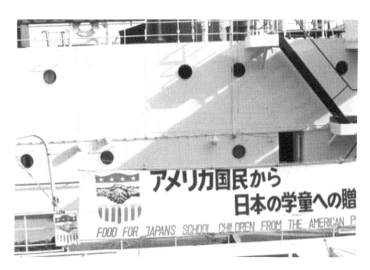

그림 4-20 미국에서 들어온 급식물자 수송선(출처: 独立行政法人日本スポーツ振興
センタ)

주 귀향자에 의해 운영되었고,[83] 중국 대륙에 대한 향수(鄕愁)를
가진 귀환자들은 모든 경제적 기반을 잃은 사람들이었기 때문에
가난했다. 이들 중에는 만주 철도와 관련된 사람들이 많아, 일본
대도시의 기차역 공터나 고가철로 밑에서 중국음식점을 연 경우
가 많았다.

　그런데 우오쓰카 진노스케(魚柄仁之助)는《국민식의 이력서(国
民食の履歴書)》(青弓社, 2020)에서 1940년에 발행된《주부의 벗(主
婦之友)》부록에 〈야키교자 빚는 법(焼餃子の作り方)〉이 실려 있음
을 명시하며, 야키교자는 전쟁 전의 일본 가정요리에 등장했다
는 것을 근거로 만주 귀환자설을 부정했다.[84] 하지만 1940년대라
면 이미 만주 일대에서 구운 교자를 먹은 기록이 있어 일본과의

교류를 통해 소개된 예외적인 경우로 보인다. 외식과 유행으로서의 야키교자는 귀환자에 의한 것임을 부정할 수 없다.

당시의 음식 사정을 기록한 후루카와 롯파의 수필집 《롯파의 히쇼쿠키》에 의하면, 1947년에 도쿄 시부야역 앞에 귀환자들을 위한 마켓이 설치되었는데 '유라쿠(有楽)'라는 교자 전문 식당에서 교자를 팔았다. 신주쿠의 '이시노이에(石の家)'라는 가게에서도 교자를 판매했다.[85] 당시 신바시나 신주쿠의 불탄 자리를 파서 임시로 세운 작은 건물에서 만주에서 돌아온 군인들이 군복을 입고 교자를 팔기도 했다.[86]

유라쿠는 시부야의 중심가 햣켄다나(百軒店)에서 1948년에 개업했다. 주인은 다롄에서 온 귀환자 다카하시 미치히로(高橋道博)였다. 주로 스이교자(水餃子)와 야키교자(燒き餃子)를 팔았다. 일본인들은 유라쿠의 야키교자를 일본식 교자의 시작으로 본다. 유라쿠는 1952년에 시부야 최대의 암시장 지역이었던 고이몬요코초(恋文横丁)로 옮기면서 중국인 아내의 이름으로부터 한 글자를 딴 '민민얀로우칸(珉珉羊肉館)'(이하 '민민')으로 이름을 바꾼다. 민민의 야키교자가 큰 인기를 얻으며 가게는 언론에도 등장한다. 당시의 주간지에는 "주식(主食)으로 좋고, 부식(副食)으로도 좋다. 술안주로 좋고, 게다가 저렴한 가격"이라는 것이 인기의 이유라고 설명했다.[87] 민민이 크게 성공을 거두자 일본의 각지에서 귀환자들을 중심으로 교자 전문점들이 속속 선을 보인다.

규슈 구루메(久留米)시에서 '고즈키(湖月)', 후쿠오카에서 '호운테이(宝雲亭)'가 1947년에 창업한다. 1949년에 도쿄 다이코로(泰

興楼), 1051년에 고베 교자엔(ぎょうざ苑), 1053년에 후쿠시마 만푸쿠(満腹), 시즈오카 하마마쓰(浜松)시의 이시마쓰(石松) 등의 명점들도 영업을 시작했다. 고도 성장기가 시작되는 1955년경에는 도쿄에 이미 약 40여 개의 교자집이 있으며 매달 20채씩 늘어났다. 원래 중국음식점이 적었던 교토와 오사카에도 교자 전문점이 4, 5개 생겼다."[88] 1952년에 홈런으로 유명했던 프로야구 선수인 구와타 다케시(桑田武)가 인터뷰에서 홈런을 친 것이 교자 덕이라고 하면서, 교자가 스태미나 음식으로 인식되며 인기에 불을 붙이기도 했다.[89]

1956년에 발간된 《전국 맛있는 여행(全国うまいもの旅行)》이라는 책에서는 전후에 일본음식 식당이 중국음식 식당보다 적은 이유를 "전후의 라멘족(ラーメン族)이나 교자족(餃子族)의 입맛에는 맞지 않기 때문이며, 또 하나는 라멘, 교자에 비해 일본요리의 비싼 가격 때문일 것이다. (중략) 도쿄의 젊은이들은 라멘과 교자의 포만감을 알게 되었던 것이다."[90]라고 설명했다. 라멘에 버금가는 대중 메뉴로 교자가 아이돌 같은 인기를 얻게 된 것은 1955년이다. 교자를 먹으러 오는 손님은 "압도적으로 젊은 여성 동반과 아베크가 많다. 낮에는 학생들이 많고 일요일은 가족 단위로 북적댄다."[91] 주간지 《산케이그래프(サンケイグラフ)》 1955년 7월 3일자에는 "요즘 특히 기름진 음식을 좋아한다. 교자는 고기가 있고 기름도 있고 마늘도 있고, 한눈에 봐도 칼로리 그 자체라는 느낌이 든다."[92]라고 쓰여 있다. 일본의 음식 연구자들은 1955년을 교자 대중화의 원년으로 본다.

외식 음식에서 밥반찬으로

1950년대 후반부터 교자는 가정으로 들어갔다. 일본의 국민
음식 프로그램인 NHK의 '오늘의 요리'에서 1959년에 교자 만드
는 법을 소개했는데, 교자가 대중식당의 간판 메뉴이자 일본인
들이 집에서도 만들어 먹는 요리가 되었음을 보여준다. 교자의
가정화에 중요한 계기가 된 것은 교자 피의 대량 생산에 있었다.
'도쿄완탄혼포(東京ワンタン本舖)'가 1950년에, '류쇼보(隆祥房)'가
1958년부터 교자 피 제조를 시작했다. 도쿄완탄혼포는 창업자가
만주에서 교자를 먹어본 것이 교자 피를 만드는 계기가 되었다.
류쇼보는 도쿄의 식당에서 교자가 잘 팔리는 것을 보고 교자 피

그림 4-21 일본인이 사랑하는 야키교자

사업을 시작했다.

둥근 교자 피는 당시 찻잎 캔으로 도려내 만들었는데 당시의 크기인 직경 8.5센티미터가 지금도 교자 피 크기의 기준이 되었다. 그때까지는 정육점에서 교자 피를 팔았는데 사람들이 교자카와(餃子皮: 교자 피)라는 단어를 잘 몰라 교(餃)를 비슷한 한자 사메(鮫: 상어)로 착각해 교자카와를 사메코카와(鮫子皮: 상어 껍질)로 부르는 일도 있었다.[93] 얇은 교자 피가 시판되면서 가정에서는 소만 만들면 되어 조리가 간편해졌고, 가정에서 교자를 먹는 일이 많아졌다. 교자는 밥반찬으로서 전후의 일본을 석권했고 교자정식이라는 일본 고유의 음식 문화가 만들어졌다.

냉동 교자의 시대

교자의 인기가 높아지자 냉동 교자도 등장했다. 1954년에 제정된 '학교급식법'에 따라 전국적으로 학교급식이 실시되고 냉동 생선과 냉동 고로케가 학교급식에 포함됨에 따라 냉동식품이 유행하게 된다. 또, 가정용 소형 전기냉장고가 1952년부터 판매되었고, 1959년에는 냉동 운반차가 개발되고 1961년에 냉동식품을 보존할 수 있는 냉동냉장고의 판매가 시작되었다. 수출 확대로 일본 경제가 급성장한 1950년대 후반, 전기냉장고는 흑백TV, 세탁기와 함께 '신이 내린 세 가지 물건[三種の神器]'으로서 풍요로운 생활의 상징으로 여겨져 서민들도 쉽게 살 수 있게 되었다.[94]

이러한 시대 배경 속에서 니폰레이조(日本冷藏, 현 니치레이즈

チレイ)는 1960년 일본 최초의 냉동 교자를 판매한다. 이후 니폰레이조쇼쿠힌(日本冷凍食品)과 가토요시(加ト吉, 현 테이블마크 テーブルマーク)를 포함한 여러 회사가 잇따라 냉동 교자 제조에 나섰다. 냉동식품 발전의 기본이 되는 전기냉장고 보급률이 1965년에 50%를, 1970년대 초반에 90%를 넘어 가정의 필수품으로 자리 잡는다. 1972년에는 MSG를 개발한 뒤 식품계의 최강자로 군림하던 아지노모토(味の素)에서도 냉동 교자가 나온다. 아지노모토는 기술 혁신을 통해 냉동 교자 시장을 석권했다.

전자레인지는 1975년에 15.8%, 1980년 33.6%, 1990년 65.3%, 1995년 87.2%로 성장해 냉동식품 가정 소비의 근간이 된다.[95] 아지노모토는 1997년에 기름 없이 굽는 교자 기술을 개발했다. 2012년에는 기름도 물도 필요 없고, 달궈진 팬에 교자를 넣고 뚜껑을 덮고 불기만 더하면 조리할 수 있게 된 기술적 발전을 통해 교자는 밥류나 면류 등을 포함한 모든 냉동식품의 단품 매상고에서 지금까지 선두를 유지하고 있다.[96] 가정의 냉장고, 전자레인지 보급과 편의점의 보편화로 교자는 냉동식품의 대명사가 된다.

외식 체인으로서의 교자

1960년대 일본의 고도 성장기에 대중적 인기에 힘입어 교자는 중식당 메뉴의 하나에서 교자를 전면에 내세운 외식 체인 사업으로 본격화된다. 1967년에 교자 체인점의 대명사 교자노오쇼(餃子の王将)의 1호점이 교토에서 개점한다. 냉동 교자 시장에서

2위의 위치를 가진 이토안도(イートアンド)는 오사카오쇼(大阪王将)(1969년 개점)라는 체인점을 운영하고 있다.

일본의 외식 교자 시장에서 가장 특징적인 것으로 '교자 마을'이라는 독특한 분야가 있다. 1980년대 중공업을 중심으로 한 고도 경제성장 노선의 한계가 드러나고 지역경제 축소에 대응하기 위해 자유민주당은 지역경제 진흥책의 하나로 내놓은 '마을 살리기 운동'을 추진하기 시작했다. 운동의 목적은 지방문화의 독자성을 소개함으로써 국내여행과 지방투자를 자극하고 경제성장의 수출의존도를 줄이는 데 있었다. PR의 수단으로서 많은 지역이 B급 맛집의 현지 브랜드를 내세우게 되었다. 그것에 성공한 대표적인 예가 우쓰노미야(宇都宮)시의 교자에 의한 마을 부흥이다.

1990년, 시청 직원이 총무청의 가계조사에서 우쓰노미야시가 3년 연속 1세대당 연간 교자 구입액이 전국 1위를 차지하고 있는 것으로부터 착상을 얻어 1993년에 '우쓰노미야교자회(宇都宮餃子会)'를 발족시켰다. 이후에 〈TV도쿄〉의 '오마카세 야마다 상회' 프로그램과의 연동, 교자상(餃子賞)의 설치, 교자 축제의 개최 등의 활동을 통해서 지역의 활성화를 계속 추진해 우쓰노미야의 교자 마을로서의 이미지를 서서히 정착시켜갔다. 우쓰노미야 외에 후쿠오카현 기타큐슈(北九州)시와 시즈오카현 하마마쓰(浜松)시 역시 각각 특색 있는 현지 교자로 마을 부흥을 하고 있다.[97]

우쓰노미야가 교자로 유명하게 된 것은 만주로 출병했던 일본 육군 14사단의 주둔지였기 때문이다. 전쟁에서 돌아온 군인들에 의해 우쓰노미야 교자가 꽃을 피운 것이다. 최근 들어 우쓰노미야를 누르고 최고의 교자 마을로 등극한 곳은 시즈오카현의 하마마쓰다. 하마마쓰의 교자 문화도 전쟁 후 만주로부터 귀환한 병사들이 교자의 제조법을 전하면서 시작됐다. 하마마쓰의 교자는 하마마쓰역 근처 이시마쓰교자(石松餃子)에서 시작되었다. 만주에서 제조법을 익혔다는 귀환병이 교자를 다시 먹고 싶다며, 이시마쓰교자의 주인에게 조리법을 가르쳐줘 만들게 되었다고 전해진다.

일본식 교자는 무엇인가

일본의 마이보이스콤(マイボイスコム)이 실시한 '좋아하는 중화요리에 관한 설문조사'(2006년, 2014년, 2017년)에서 교자는 세 번 연속으로 부동의 1위를 차지했다.[98]

일본식 교자의 가장 큰 특징은 야키교자(구운 교자)를 반찬으로 먹는 방식이다. 전후에 처음부터 야키교자를 주로 먹은 것은 아니었다. 처음에는 중국처럼 주로 물에 삶아 먹는 스이교자(水餃子) 형태로 먹었다. 하지만 외형이 수제비와 비슷해 팔리지 않았다(후쿠오카 만푸쿠, 시이노 코오지椎野幸嗣의 증언).[99] 그래서 중국의 구운 교자인 꿔티에(鍋貼)를 떠올려 그 방법으로 구워봤다고 한다. "그랬더니 바삭바삭 씹히는 맛이 있고 고소한 향에 기름에 구워 먹기 때문에 포만감이 좋다고 인기를 끈 것 같다."(지

그림 4-22 고베의 간소교자엔. 메뉴에 중국어 鍋貼와 일본어 やきぎょうざ를 같이
적어놓았다.

바현 화이트교자ホワイト餃子, 미즈타니 마사아키水谷方昭의 증언)[100]는
것이다. 전후에 교자는 싸고 맛있고 저렴하고 영양가도 많은 음
식으로 정착했음을 알 수 있다. 특히 구운 교자는 기름기가 많으
면서 바삭한 식감으로 새로운 음식을 좋아하는 젊은이들을 열
광케 했다.

　1951년 창업한 고베의 간소교자엔(元祖ぎょうざ苑)에서는 메뉴
에 중국어 鍋貼(꿔티에)를 써놓고 일본어 야키교자(やきぎょうざ)를
같이 적어놓아 꿔티에가 일본식 교자의 원형임을 밝히고 있다.[101]
일본인들이 중국 현지에서 접한 교자는 물에 삶아 먹는 쉐이자
오쯔(水餃子)나 앞뒤가 트인 구운 전병에 가까운 꿔티에(鍋貼)
였다. 일본인들은 중국의 쉐이자오쯔에서 교자의 형태를 가져오

고 꿔티에의 굽는 방법을 결합해 자신들의 교자인 야키교자를 만들어낸다. 중국에는 예로부터 "쉐이자오쯔는 귀족의 음식이고 남은 쉐이자오쯔를 다시 구운 자오쯔는 하인의 음식"이라는 말이 있다. 이런 음식 문화가 오래전부터 뿌리내리고 있었다.[102] 게다가 중국 북방에서는 설날에 만들어놓았다가 시간이 지나면서 딱딱하고 차가워진 자오쯔를 구워 먹는 문화가 있다.

조코메이(徐航明)는 《중화요리진화론(中華料理進化論)》에서 일본의 야키교자는 신규성과 진보성을 지닌 일본 고유의 교자 문화라고 주장한다.[103] 중국이 쉐이자오쯔를 기본으로 하는 것과 다르게 일본은 야키교자를 기본으로 하며, 중국 자오쯔의 피가 두꺼운 데 비해 야키교자는 얇으며, 쉐이자오쯔가 주식인 것에 비해 야키교자는 밥반찬이나 라멘의 보조 음식으로 사용된다는 것을 꼽는다.

일본식 교자 소에는 중국에서는 잘 쓰지 않는 양배추나 배추가 빠지지 않는다. 양배추나 배추가 들어간 것은 당시 음식 재료가 부족했던 상황에서 비교적 싸고 흔한 재료였기 때문이다. 양배추는 교자뿐만 아니라 돈가스나 대중 서양음식에 들어가는 필수 재료다.

1950년부터 농림수산성의 채소를 취급하는 시험장에서 서양 채소의 연구에 종사했던 아시체 마사카즈(芦澤正和) 씨는 이렇게 말했다. "배추도 양배추도, 원래는 적응 범위가 넓은 채소입니다. 양배추는 튼튼해서 취급하기 쉽고, 배추도 하우스재배 등을 하지 않아도 골목에서 길러지는 채소입니다. 더불어 일본의 기후

표 4-1 쉐이자오쯔(수교자)와 야키교자의 비교[104]

구분	중국	일본
	쉐이자오쯔(水餃子)	야키교자
식감	쫄깃쫄깃	바삭바삭
먹는 방법	주식	반찬
피	조금 두껍다	얇다
만드는 법	삶는다	굽는다

에 맞는 품종으로 개량되어 전쟁 전부터 많이 만들어졌습니다. 1950년 당시로, 양배추는 거의 1년을 단위로 공급되고 있고 가격도 저렴했던 것으로 기억하고 있습니다. 배추도 계속해 1년을 주기로 공급되었고, 품종 개량이나 산지 개발도 행해져 1965년 경에는 안정적으로 출하되었습니다. 1년 내내 싸게 입수할 수 있는 양배추와 배추는, 서민의 식생활에는 빠뜨릴 수 없는 채소가 되었습니다."[105]

종전 직후의 식량난을 계기로서 밀가루, 양배추, 배추를 연간 간편하게, 싸게 손에 넣을 수 있게 되었다. 밀가루를 물로 반죽하거나 면을 만들어 사용하고, 양배추나 배추 등 채소로 양을 늘리고 간장이나 소스로 양념해 싸고 맛있어서 배부른 음식을 만든다. 이러한 일본 특유의 대중적인 분식인 오코노미야키, 타코야키, 야키소바 등은 사실 이 무렵부터 각지에서 일제히 보급되었다. 교자도 그중 하나였다.[106]

더불어 일본 교자를 특징짓는 마늘은 중국의 영향도 있지만 일본식으로 응용한 것으로 보인다. 중국에서는 느끼한 음식을 먹을 때 생마늘을 까서 함께 먹는 경우가 흔하다. 중국의 만터우, 자오쯔류에 마늘을 넣은 기록도 다수 있다. 조선 사신의 사행록인《북원록》(1760~61)에 만두의 다른 이름인 도(餡)가 나오는데, 도의 소에는 돼지고기와 마늘이 들어간다. 또 다른 사행록인《계산기정》(1803)에는 파, 마늘, 돼지고기 소를 넣어 만든 혼돈(餛飩)이 등장한다. 청대에 만주 지역에서는 돼지고기와 양고기에 마늘을 넣은 소로 만든 자오쯔류를 먹었다는 기록이 조선 사신의 연행록에 여러 번 나온다.

일본식 교자의 마늘 사용은 완전히 독창적인 것이 아니다. 1945년 전쟁 이후 일본에는 돼지고기가 귀했고 가격도 저렴하지 않았다. 중국 만주에는 돼지고기와 더불어 양고기를 많이 먹는다. 이 때문에 돼지고기가 부족했던 일본에서도 중국식으로 양고기를 넣었는데 양고기 특유의 강한 냄새가 문제였다. 냄새 제거를 위해 마늘이 들어간 것이[107] 오늘날까지 일본식 교자의 또 다른 특징을 만들었다. '단백질과 지방이 적은 일본인의 식생활 개선이 강하게 주창되고 있던 시기'에 기름진 고기와 비계, 양배추와 마늘과 부추 같은 채소가 고루 들어간 소를 탄수화물로 만든 밀가루 피로 싼 뒤 노릇하게 구워 먹는 야키교자는 영양적으로나 맛으로나 가격으로 이상적인 새로운 음식이었다. 가난하고 배고픈 사람들은 이내 풍성한 야키교자에 매료되었고 일본의 전후 부흥과 함께 태어나 고도 경제성장기에 동반 성장한 일본의 국민 반찬이자 간식이 되었다.

1부 | 밀의 재배와 만두의 탄생

1 "Farming started in several places at once: Origins of agriculture in the Fertile Crescent", *Science Daily* July 5, 2013.

2 Amaia Arranz-Otaegui, Lara Gonzalez Carretero, Monica N. Ramsey, Dorian Q. Fuller, and Tobias Richter, "Archaeobotanical evidence reveals the origins of bread 14,400 years ago in northeastern Jordan", *PNAS* July 31, 2018.

3 Daniel Zohary, Maria Hopf, *Domestication of plants in the Old World*, Oxford: Oxford University Press, 2000.

4 鵜飼保雄・大澤良,《品種改良 の 世界史 作物編》, 悠書館, 2010.

5 李成,《黄河流域史前至两汉小麦种植与推广研究》, 西北大学 박사학위논문, 2014.

6 赵志军,〈小麦传入中国的研究〉,《南方文物》2015年 第03期.

7 陈星灿,〈作为食物的小麦〉,《中国饮食文化》2008年 第2期(台北).

8 靳桂云,〈中国早期小麦的考古发现与研究〉,《农业考古》2007年 第4期.

9 靳桂云,〈中国早期小麦的考古发现与研究〉,《农业考古》2007年 第4期.

10 肖步阳・王进先・陶湛・陈洪文・姚俊生,〈东北春麦区小麦品种系谱及其主要育种经验─I品种演变及主要品种系谱〉,《黑龙江农业科学 》1981.

11 郭沫若,《卜辭通纂,考釋》p. 2上(손예철,《갑골학 연구》, 박이정, 2016, p. 651에서 재인용).

12 于省吾,〈商代的穀類作物〉,《東北人民大學人文科學學報》(東北人民大學1957. 長春) 第1期(손예철,《갑골학 연구》, 박이정, 2016, p. 651에서 재인용)

13 郭沫若,《卜辭通纂,考釋》p. 2上(손예철,《갑골학 연구》, 박이정, 2016, p. 651에서 재인용).

14 韩茂莉, 〈论历史时期冬小麦种植空间扩展的地理基础与社会环境〉, 《历史地理》 2013年 01期, p. 179.

15 曾雄生, 〈論小麥在古代中國之擴張〉, 《中國飲食文化》 vol. 1, no. 1, 2005.

16 茂莉, 〈论历史时期冬小麦种植空间扩展的地理基础与社会环境〉, 《历史地理》 2013年 01期 p. 180.

17 韩茂莉, 〈论历史时期冬小麦种植空间扩展的地理基础与社会环境〉, 《历史地理》 2013年 01期, p. 180.

18 韩茂莉, 〈论历史时期冬小麦种植空间扩展的地理基础与社会环境〉, 《历史地理》 2013年 01期, p. 182.

19 フランチェスカ・ブレイ 著 / 古川久雄 訳・解説, 《中国農業史》, 京都大学学術出版会, 2007, p. 513.

20 韩茂莉, 〈论历史时期冬小麦种植空间扩展的地理基础与社会环境〉, 《历史地理》 2013年 01期 p. 188.

21 韩茂莉, 〈论历史时期冬小麦种植空间扩展的地理基础与社会环境〉, 《历史地理》 2013年 01期, p. 188.

22 韩茂莉, 〈论历史时期冬小麦种植空间扩展的地理基础与社会环境〉, 《历史地理》 2013年 01期, p. 190.

23 韩茂莉, 〈论历史时期冬小麦种植空间扩展的地理基础与社会环境〉, 《历史地理》 2013年 01期, p. 191.

24 韩茂莉, 〈论历史时期冬小麦种植空间扩展的地理基础与社会环境〉, 《历史地理》 2013年 01期, p. 193.

25 フランチェスカ・ブレイ(Francesca Bray) 著 / 古川久雄 訳・解説, 《中国農業史》, 京都大学学術出版会, 2007, p, 526(Joseph Needham, *Science and Civilisation in China*, Volume VI, Biology and Biological Technology, Part II, Agriculture by Francesca Bray, Cambridge University, 1984).

26 西嶋定生 著, 冯佐哲 等 译, 《中国经济史研究》, 农业出版社, 1984, pp. 167-199. 韩茂莉, 〈论历史时期冬小麦种植空间扩展的地理基础与社会环境〉, 《历史地理》 2013年 01期 p. 191에서 재인용.

27 韩茂莉, 〈论历史时期冬小麦种植空间扩展的地理基础与社会环境〉, 《历史地理》 2013年 01期 p. 194.

28 韩茂莉, 〈论历史时期冬小麦种植空间扩展的地理基础与社会环境〉, 《历史地理》 2013年 01期, p. 200.

29 韩茂莉, 〈论历史时期冬小麦种植空间扩展的地理基础与社会环境〉, 《历史地理》

2013年 01期, p. 201.

30   韩茂莉,〈论历史时期冬小麦种植空间扩展的地理基础与社会环境〉,《历史地理》2013年 01期, p. 203.

31   曾雄生,〈麦子在中国的本土化历程—从粮食作物结构的演变看原始农业对中华文明的影响〉,《The Influence of Agriculture Origin on Formation of Chinese Civilization—Proceedings of CCAST (World Laboratory) Workshop》2001.

32   최덕경,〈전국·진한(戰國秦漢)시대 음식물의 재료(材料)〉,《고고역사학회지》제11·12합집, 1996, pp. 95-102.

33   曾雄生,〈麦子在中国的本土化历程—从粮食作物结构的演变看原始农业对中华文明的影响〉,《The Influence of Agriculture Origin on Formation of Chinese Civilization—Proceedings of CCAST (World Laboratory) Workshop》2001.

34   韩茂莉,〈论历史时期冬小麦种植空间扩展的地理基础与社会环境〉,《历史地理》2013年 01期, p. 197.

35   刘霞飞,〈'饼'的词义演变与古代文化〉, 南开大学研究生院 硕士学位论文, 2010; 王仁湘,〈面条的年龄〉,《中国文化遗产》, 2006; 叶茂林,〈破解千年面条之谜〉,《百科知识》, 2006.

36   刘霞飞,〈'饼'的词义演变与古代文化〉, 南开大学研究生院 硕士学位论文, 2010.

37   C. Leipe, T. Long, E. A. Sergusheva, M. Wagner, P. E. Tarasov, "Discontinuous spread of millet agriculture in eastern Asia and prehistoric population dynamics", *Science Advances* 25 Sep, 2019: Vol. 5.

38   K. C. Chang,《중국음식문화사》, 이시재 옮김, 일조각, 2020, pp. 42-43.

39   韩茂莉,〈论历史时期冬小麦种植空间扩展的地理基础与社会环境〉,《历史地理》2013年 01期, p. 188.

40   헤르만 파르칭거,《인류는 어떻게 역사가 되었나: 사냥, 도살, 도축 이후 문자 발명에 이르기까지 인간의 역사》, 나유신 옮김, 글항아리, 2020. pp. 650-651.

41   헤르만 파르칭거,《인류는 어떻게 역사가 되었나: 사냥, 도살, 도축 이후 문자 발명에 이르기까지 인간의 역사》, 나유신 옮김, 글항아리, 2020. p. 651.

42   Xiaohong Wu, Chi Zhang, Paul Goldberg, David Cohen, Yan Pan, Trina Arpin, Ofer Bar-Yosef, "Early Pottery at 20,000 Years Ago in Xianrendong Cave, China", *Science*, 29 Jun 2012: Vol. 336, Issue 6089.

43 徐海荣 主编,《中国饮食史》券一, 杭州出版社, 2014, p. 268.

44 河姆渡遗址考古队,〈浙江河姆渡遗址第二期发掘的主要收获〉,《文物》1980年
    第5期(徐海荣 主编《中国饮食史》券一, 杭州出版社, 2014, p. 268에서 재인용).

45 徐海荣 主编,《中国饮食史》券一, 杭州出版社, 2014, p. 271.

46 王仁湘,《饮食与中国文化》, 人民出版社, 1993, p. 57.

47 徐海荣 主编,《中国饮食史》券一, 杭州出版社, 2014, p. 288.

48 왕런샹,《중국음식문화사》, 주영하 옮김, 민음사. 2010, p. 49.

49 张凤,〈古代圆形石磨相关问题研究〉,《华夏考古》, 2016.

50 殷志华,〈古代碓演变考〉,《农业考古》2020年 第一期.

51 陳文華,《農業考古》, 文物出版社, 2002, pp. 113-151.

52 张凤,〈古代圆形石磨相关问题研究〉,《华夏考古》, 2016.

53 최덕경,〈전국·진한(戰國秦漢)시대 음식물의 재료(材料)〉,《고고역사학회지》
    제11·12합집, 1996.

54 韩茂莉,〈论历史时期冬小麦种植空间扩展的地理基础与社会环境〉,《历史地理》
    2013年 01期, pp. 187-188.

55 邵万宽,〈汉魏时期米麦粉料的加工〉,《四川旅游学院学报》2014年 第5期.

56 韩茂莉,〈论历史时期冬小麦种植空间扩展的地理基础与社会环境〉,《历史地理》
    2013年 01期, p. 186.

57 邵万宽,〈汉魏时期米麦粉料的加工〉,《四川旅游学院学报》2014年 第5期.

58 邵万宽,〈汉魏时期米麦粉料的加工〉,《四川旅游学院学报》2014年 第5期.

59 邵万宽,〈汉魏时期米麦粉料的加工〉,《四川旅游学院学报》2014年 第5期.

60 邵万宽,〈汉魏时期米麦粉料的加工〉,《四川旅游学院学报》2014年 第5期.

61 西嶋定生,〈碾磑の彼方 -華北農業における二年三毛作の成立〉,《中国経済史
    研究》, 東京大学文学部, 1966.

62 최덕경,〈한당기 대두 가공기술의 발달과 제분업〉,《중국사연구》69집, 2010.

63 이상훈,〈조선시대 누룩과 양조법의 변화〉,《불교문예연구》16, 2020, pp.
    375-404.

64 王仁兴,《中国饮食谈古》, 轻工业出版社, 1985.

65 王仁湘,〈由汉式饼食技术传统的建立看小麦的传播〉,《丝绸之路上的考古, 宗教
    与历史》, 文物出版社, 2011, 第137-145页.

66 高启安,《敦煌の飲食文化》, 高田時雄·山本孝子 訳, 東方書店, 2013(원서《旨酒
    羔羊—敦煌的饮食文化》甘肃教育出版社, 2007).

67 刘霞飞,〈'饼'的词义演变与古代文化〉, 南开大学研究生院 硕士学位论文, 2010.

68   刘霞飞,〈'饼'的词义演变与古代文化〉, 南开大学研究生院 硕士学位论文, 2010.

69   刘霞飞,〈'饼'的词义演变与古代文化〉, 南开大学研究生院 硕士学位论文, 2010.

70   刘霞飞,〈'饼'的词义演变与古代文化〉, 南开大学研究生院 硕士学位论文, 2010.

71   刘朴兵,〈简论中国古代的'饼'〉,《南宁职业技术学院学报》2019年 02期.

72   高启安,〈饼源胡说- 兼论数种面食名称的起源〉,《丝绸之路民族古文字与文化
      学术讨论会会议论文集》, 2005.

2부 | 중국에서의 만터우, 자오쯔류 발전

1   赵建民,〈中国饺子饮食习俗的文化透视〉,《东方美食: 学术版》, 2003.

2   叶舒宪,〈吃饺子的哲学背景〉,《寻根》, 2000.

3   于亚,〈中国山東省における餃子食の意味と地域的特質〉,《人文地理》第57卷
      第4号, 2005.

4   赵建民,〈中国饺子饮食习俗的文化透视〉,《东方美食》2003年 第1期.

5   于亚,〈中国山東省における餃子食の意味と地域的特質〉,《人文地理》第57卷
      第4号, 2005.

6   刘玉忠,〈馒头的起源及其文化意蕴探微〉,《河南工业大学学报》(社会科学版)
      2010年 03期.

7   岳丕航,《重门天险—居庸关》, 吉林出版集团有限责任公司, 2011, p. 10.

8   치우환싱(具桓兴),《중국 풍속 기행》, 남종진 옮김, 프리미엄북스, 2000, p.
      68.

9   闫艳,〈古代'馒头'义辩证—兼释'蒸饼', '炊饼', '笼饼'与'包子'〉,《南京师范大学文
      学院学报》, 2003, No. 1.

10   闫艳,〈古代'馒头'义辩证—兼释'蒸饼', '炊饼', '笼饼'与'包子'〉,《南京师范大学文
      学院学报》, 2003, No. 1.

11   高启安,〈'馒头'一词或来自佛经〉,《文史博览》, 2018.

12   高启安,〈'馒头'一词为外来语—'馒头'的来源及其演变〉,《雅昌讲堂》3629期,
      2017. 12. 3.

13   高启安,《敦煌の飲食文化》, 高田時雄·山本孝子 訳, 東方書店, 2013, p. 114.

14   장자,《장자》, 김달진 옮김, 문학동네, 1999.

15   张志春,〈称谓·原型·意义世界—饺子文化论〉,《唐都学刊》, 2013年 第29卷 第
      3期.

16 程艳,〈释'饺子'〉,《理论界》, 2013. 12. 10.

17 何新,〈婵娟, 混沌, 鳄鱼及开天辟地的神话—文化语源学札记〉,《何新集》, 黑龙江教育出版社 , 1988.

18 何新,〈婵娟, 混沌, 鳄鱼及开天辟地的神话—文化语源学札记〉,《何新集》, 黑龙江教育出版社 , 1988.

19 하신(何新),《신의 기원》, 홍희 옮김, 동문선, 1999.

20 程艳,〈释'饺子'〉,《理论界》, 2013. 12. 10.

21 周星,〈饺子: 民俗食品, 礼仪食品与'国民食品'〉,《民间文化论坛》, 2007年 第1期.

22 郭利霞,〈说'扁食'和'饺子'〉,《汉语方言学教程》(第二版), 上海教育出版社, 2016.

23 程艳,〈释'饺子'〉,《理论界》, 2013. 12. 10.

24 赵荣光,《中国饮食文化史》, 上海人民出版社 , 2014, p. 48.

25 고승(高丞),《역주 사물기원(事物起原 譯主)》, 김만원 역주, 도서출판 역락, 2015.

26 홍윤희,〈중국 와족의 머리사냥 의례와 그 신화적 의미〉,《한중언어문화연구》42집, p. 562.

27 홍윤희,〈중국 와족의 머리사냥 의례와 그 신화적 의미〉,《한중언어문화연구》42집, p. 562.

28 罗之基,《何族社会历史与文化》, 中央民族大學出版社 , 1995, p. 334(홍윤희,〈중국 와족의 머리사냥 의례와 그 신화적 의미〉,《한중언어문화연구》42집, p. 581에서 재인용).

29 苏东民,〈馒头的起源与历史发展探析〉,《河南工业大学学报》(社会科学版), 2009.

30 王仁湘,《丝绸之路上的考古, 宗教与历史》, 文物出版社 , 2011 , pp. 137-145.

31 赵荣光,《中国饮食文化史》, 上海人民出版社 , 2014, p. 257.

32 赵荣光,《中国饮食文化史》, 上海人民出版社 , 2014, p. 262.

33 陈绍军,〈胡饼来源探释〉,《农业考古》1995. 1.

34 高啓安,《敦煌の飲食文化》, 高田時雄·山本孝子 訳, 東方書店, 2013, p. 90.

35 高啓安,《敦煌の飲食文化》, 高田時雄·山本孝子 訳, 東方書店, 2013, p. 11.

36 闫艳,〈释'烧饼'兼及'胡饼'与'馕'〉,《内蒙古师范大学学报》2016年 9月.

37 刘朴兵,〈唐宋 飲食 文化 比较 研究〉, 华中师范大学 历史文化学院 2007年 5月 第三节 食品烹饪 1. 主食烹饪.

38 赵荣光,《中国饮食文化史》, 上海人民出版社 , 2014, p. 264.

39 高启安，〈唐五代敦煌的'饮食胡风'〉，《民族研究》，2002年 第3期.

40 周磊，〈释饆饠及其他〉《中国语文》2001(02)，p. 185-187.

41 朱瑞熙，〈中国古代的饆饠〉，《饮食文化研究》，2004年 第2期.

42 高啓安，《敦煌の飲食文化》，高田時雄·山本孝子 訳，東方書店，2013, p. 100.

43 陆睿，〈抓饭还是饽饽—饆饠考〉，《新疆大学学报:哲学》(人文社会科学版) 2015年 第3期.

44 姚元之，《竹叶亭杂记》，中华书局，1982, p. 145.

45 刘霞飞，〈'饼'的词义演变与古代文化〉，南开大学研究生院 硕士学位论文，2010.

46 刘朴兵，《唐宋飲食文化比较研究》，华中师范大学历史文化学院 博士学位论文，2007.

47 高啓安，《敦煌の飲食文化》，高田時雄·山本孝子 訳，東方書店，2013, pp. 56-57, p. 81, pp. 102-103.

48 高啓安，《敦煌の飲食文化》，高田時雄·山本孝子 訳，東方書店，2013, pp. 172-173.

49 高啓安，《敦煌の飲食文化》，高田時雄·山本孝子 訳，東方書店，2013, p. 89.

50 刘朴兵，《唐宋飲食文化比较研究》，华中师范大学历史文化学院 博士学位论文，2007.

51 吕立宁，〈千年以来中国面食的发展趋势〉，《饮食文化研究》2003(1).

52 刘朴兵，《唐宋飲食文化比较研究》，华中师范大学历史文化学院 博士学位论文，2007.

53 刘朴兵，《唐宋飲食文化比较研究》，华中师范大学历史文化学院 博士学位论文，2007.

54 치우환싱(丘桓兴) 지음，《중국 풍속 기행》，남종진 옮김，프리미엄북스，2000, p. 92.

55 徐中舒 主编，《甲骨文字典》，四川辞书出版社，1989年，第1574页(纪昌兰，〈宋代宫廷的滥赏之风--以"包子"之赏为例〉，《浙江学刊》，2015에서 재인용).

56 纪昌兰，〈宋代宫廷的滥赏之风—以'包子'之赏为例〉，《浙江学刊》2015年 第06期.

57 刘朴兵，《唐宋飲食文化比较研究》，华中师范大学历史文化学院 博士学位论文，2007.

58 김일권·이정우·박채린，《거가필용 역주: 음식 편》，세계김치연구소，2015, p. 309.

59 苏东民，〈馒头的起源与历史发展探析〉，《河南工业大学学报》(社会科学版)，

2009.

60 曾维华,〈馒头, 包子 与 蒸餅〉,《文史知识》, 2016. 1. 1.

61 苏东民,〈中国馒头分类及主食馒头品质评价研究〉中国农业大学 博士学位论文, 2005.

62 曾维华,〈馒头, 包子 与 蒸餅〉,《文史知识》, 2016. 1. 1.

63 苏东民,〈中国馒头分类及主食馒头品质评价研究〉, 中国农业大学 博士学位论文, 2005.

64 苏东民,〈中国馒头分类及主食馒头品质评价研究〉, 中国农业大学 博士学位论文, 2005.

65 于亜,〈中国山東省における餃子食の意味と地域的特質〉,《人文地理》第57卷 第4号, 2005.

66 周星,〈饺子: 民俗食品, 礼仪食品与'国民食品'〉,《民间文化论坛》2007年 第1期.

67 金洪霞,〈中国饺子食俗文化与象征意义的研究〉, 山东大学 硕士学位论文, 2008.

68 周星,〈饺子: 民俗食品, 礼仪食品与'国民食品'〉,《民间文化论坛》2007年 第1期.

69 马洪,〈饺子史话〉,《长春日报》, 2020. 5. 6.

70 马洪,〈饺子史话〉,《长春日报》, 2020. 5. 6.

71 徐海荣 主编,《中国饮食史》券三, 杭州出版社, 2014, p. 10.

72 徐海荣 主编,《中国饮食史》券三, 杭州出版社, 2014, pp. 72-73.

73 张志春,〈称谓·原型·意义世界─饺子文化论〉,《唐都学刊》2013年 5月 第29卷 第3期.

74 赵荣光,《中华饮食文化》, 中华书局, 2012.

75 徐海荣 主编,《中国饮食史》券三, 杭州出版社, 2014. pp. 254-255.

76 徐海荣 主编,《中国饮食史》券四, 杭州出版社, 2014. p. 44.

77 金洪霞,〈中国饺子食俗文化与象征意义的研究〉, 山东大学 硕士学位论文, 2008.

78 程艳,〈释'饺子'〉,《理论界》, 2013. 12. 10.

79 周星,〈饺子: 民俗食品, 礼仪食品与'国民食品'〉,《民间文化论坛》2007年 第1期.

80 金洪霞,〈中国饺子食俗文化与象征意义的研究〉, 山东大学 硕士学位论文, 2008.

81 金洪霞,〈中国饺子食俗文化与象征意义的研究〉, 山东大学 硕士学位论文, 2008.

82 徐海荣 主编,《中国饮食史》券四, 杭州出版社, 2014, p. 148.

83 徐海荣 主编,《中国饮食史》券四, 杭州出版社, 2014, pp. 148-149.

84 张琴诗,〈宋代素食文化盛行的原因探究〉,《四川旅游学院学报》, 2019年 第2期.

85 王仁兴,《中国饮食谈古》, 轻工业出版社, 1985, p. 61.

86 徐时仪,〈饼, 饪, 馄饨, 扁食, 饆饠等考探〉,《南阳师范学院学报》2003年 07期.

87 徐海荣 主编,《中国饮食史》券四, 杭州出版社, 2014, p. 557.

88 徐海荣 主编,《中国饮食史》券四, 杭州出版社, 2014, p. 560.

89 徐海荣 主编,《中国饮食史》券四, 杭州出版社, 2014, p. 599.

90 徐海荣 主编,《中国饮食史》券五, 杭州出版社, 2014, p. 35.

91 徐海荣 主编,《中国饮食史》券五, 杭州出版社, 2014, p. 60.

92 徐海荣 主编,《中国饮食史》券五, 杭州出版社, 2014, p. 40.

93 徐海荣 主编,《中国饮食史》券五, 杭州出版社, 2014, p. 259.

94 周星,〈饺子: 民俗食品, 礼仪食品与'国民食品'〉,《民间文化论坛》2007年 第1期.

95 周星,〈饺子: 民俗食品, 礼仪食品与'国民食品'〉,《民间文化论坛》2007年 第1期.

96 赵建民,《中国人的美食—饺子》, 山东教育出版社, 1999, p. 9(金洪霞,〈中国饺子食俗文化与象征意义的研究〉山东大学 硕士学位论文, 2008에서 재인용).

97 金洪霞,〈中国饺子食俗文化与象征意义的研究〉, 山东大学 硕士学位论文, 2008.

98 赵荣光,《中国饮食文化史》, 上海人民出版社, 2014, p. 255.

99 曾维华·张斌,〈我国古代食品'牢丸'考〉,《河北广播电视大学学报》2013年 18卷 2期.

100 曾维华·张斌,〈我国古代食品'牢丸'考〉,《河北广播电视大学学报》2013年 18卷 2期.

101 曾维华,《中国古史与名物》, 上海人民出版社, 2017.

102 曾维华,《中国古史与名物》, 上海人民出版社, 2017.

3부 | 한국의 만두와 교자

1 Gary W. Crawford and Gyoung-Ah Lee, "Agricultural origins in the Korean Peninsula", *Cambridge Journals* Volume 77, Issue 295, March 2003, pp. 87-95.

2 안승모,〈종자와 방사성탄소연대〉,《한국고고학보》83집, 2012, p. 160.

3 안승모,〈韓半島 青銅器時代의 作物組成 : 種子遺體를 中心으로〉,《湖南考古

學報》28집, 2008, pp. 5-50.

4   하인수, 《신석기시대 고고학》, 진인진, 2020, pp. 38-39.

5   이병훈, 《한국경제사1: 한국인의 역사적 전개》, 일조각, 2016, p. 133.

6   이병훈, 《한국경제사1: 한국인의 역사적 전개》, 일조각, 2016, p. 333.

7   백두현, 〈조선시대 한글 음식 조리서로 본 전통 음식 조리법의 비교: 상화법〉, 《食品文化한맛한얼》 2009년 봄호(제2권 1호, 통권 5호), pp. 51-57; 백두현, 〈조선시대 한글 음식 조리서로 본 전통 음식 조리법의 비교: 만두법〉, 《食品文化한맛한얼》 2009년 여름호(제2권 2호, 통권 6호), pp. 39-49.

8   백두현, 〈조선시대 한글 음식 조리서로 본 전통 음식 조리법의 비교: 만두법〉, 《食品文化한맛한얼》 2009년 여름호(제2권 2호, 통권 6호), pp. 39-49.

9   백두현, 〈조선시대 한글 음식 조리서로 본 전통 음식 조리법의 비교: 만두법〉, 《食品文化한맛한얼》 2009년 여름호(제2권 2호, 통권 6호), pp. 39-49.

10 김명준, 〈『쌍화점』 형성에 관여한 외래적 요소〉, 《동서비교문학저널》 2006년 봄/여름호(제14호), pp. 7-28.

11 성호경, 〈雙花店의 시어와 특성〉, 《韓國詩歌研究》 제41집(2016년 11월), p. 89.

12 李珍華·周長楫, 《漢字古今音表》(修訂本), 中華書局, 1999, p. 30, p. 324, p. 312(성호경, 〈雙花店의 시어와 특성〉, 《韓國詩歌研究》 제41집(2016년 11월), pp. 89-90에서 재인용).

13 성호경, 〈雙花店의 시어와 특성〉, 《韓國詩歌研究》 제41집(2016년 11월), p. 90.

14 김일권·이정우·박채린, 《거가필용 역주: 음식 편》, 세계김치연구소, 2015.

15 리카이저우, 《송나라 식탁 기행》, 한성구 옮김, 생각과종이, 2020, p. 111.

16 김철웅, 〈고려 후기 色目人의 移住와 삶〉, 《東洋學》 제68집(2017년 7월), pp. 137-138.

17 김철웅, 〈고려 후기 色目人의 移住와 삶〉, 《東洋學》 제68집(2017년 7월), p. 138.

18 이기문, 〈빈대떡과 변시만두〉, 《새국어생활》 17권 2호, 국립국어원, 2007.

19 이기문, 〈빈대떡과 변시만두〉, 《새국어생활》 17권 2호, 국립국어원, 2007, pp. 133-139.

20 〈八道代表의 八道자랑〉, 《개벽》 제61호(1925년 07월 1일).

21 진학포(秦學圃), 〈天下珍味 開城의 편수, 珍品·名品·天下名食 八道名食物禮讚〉, 《별건곤》 1929년 12월 1일, pp. 66-67.

22 마해송, 〈開城 음식은 나라의 자랑: 내고장 食道樂〉, 《新東亞》 통권 제16호, pp. 251-254.

23 《경향신문》1970년 9월 14일.

24 오순덕, 〈조선왕조 궁중음식(宮中飮食) 중 만두류(饅頭類)의 문헌적 고찰〉,《韓
    國食生活文化學會誌》제29권 제2호(2014년 4월), pp. 129-139.

25 김광언, 〈만두考〉,《古文化》40 · 41호, 1992, pp. 117-132.

26 오순덕, 〈조선시대 어만두(魚饅頭)의 종류 및 조리방법에 대한 문헌적 고찰:
    의궤와 고문헌을 중심으로〉,《문화기술의 융합》제2권 제1호(2016년 2월), pp.
    1-12.

27 전순의,《국역 산가요록》, 농촌진흥청 옮김, 2004, pp. 123-124.

28 오순덕, 〈조선시대 어만두(魚饅頭)의 종류 및 조리방법에 대한 문헌적 고찰:
    의궤와 고문헌을 중심으로〉,《문화기술의 융합》제2권 제1호(2016년 2월), pp.
    1-12.

29 오순덕, 〈조선시대 어만두(魚饅頭)의 종류 및 조리방법에 대한 문헌적 고찰:
    의궤와 고문헌을 중심으로〉,《문화기술의 융합》제2권 제1호(2016년 2월), pp.
    1-12.

30 김기숙·이미정·한복진, 〈고 조리서에 수록된 만두의 종류와 조리법에 관한
    고찰: 1600년대부터 1950년대까지 발간된 고 조리서를 중심으로〉,《東아시
    아食生活學會誌》25호(1999년 3월), pp. 3-16.

31 오순덕, 〈조선시대 어만두(魚饅頭)의 종류 및 조리방법에 대한 문헌적 고찰:
    의궤와 고문헌을 중심으로〉,《문화기술의 융합》제2권 제1호(2016년 2월), pp.
    1-12.

32 《경향신문》1966년 1월 31일.

33 김용갑, 〈한국 멥쌀떡 발달 배경〉,《아세아연구》제60권 제4호(통권170호),
    2017, pp. 39-74.

34 김용갑, 〈추석 대표 음식으로서 송편의 발달 배경〉,《人文論叢》제75권 제
    2호(2018. 5), 서울대학교, pp. 185-223.

35 김용갑, 〈추석 대표 음식으로서 송편의 발달 배경〉,《人文論叢》제75권 제
    2호(2018. 5), 서울대학교, pp. 185-223.

36 주영하, 〈1609~1623년 忠淸道 德山縣 士大夫家의 歲時飮食: 조극선의《忍齋
    日錄》을 중심으로〉,《藏書閣》제38집(2017년 10월), pp. 90-129.

37 《한국세시풍속사전: 정월 편》, 국립민속박물관, 2004, p. 194.

38 《한국세시풍속사전: 정월 편》, 국립민속박물관, 2004, p. 191.

39 《한국세시풍속사전: 정월 편》, 국립민속박물관, 2004, p. 61.

40 《한국세시풍속사전: 가을 편》, 국립민속박물관, 2004, p. 70.

41　최식, 〈연행 지식·정보의 수집·정리 및 확대·재생산-연행록의 형성과정과 특징을 중심으로〉,《동방한문학》제75호, 2018.

42　김경록, 〈조선과 중국(명·청)의 사행외교〉,《韓日關係史研究》제55집, 2016, pp. 227-269.

43　이정희,《한반도 화교사: 근대의 초석부터 일제강점기까지의 경제사》, 동아시아, 2018, p. 281, 30번 각주.

44　이정희,《한반도 화교사: 근대의 초석부터 일제강점기까지의 경제사》, 동아시아, 2018, p. 283.

45　진유광,《중국인 디아스포라》, 이용재 옮김, 한국학술정보, 2012, p. 125(원서 秦裕光,《旅韓六十年見聞錄韓國華僑史話》, 臺北中華民國韓國研究學會, 1983).

46　이정희,《한반도 화교사: 근대의 초석부터 일제강점기까지의 경제사》, 동아시아, 2018, pp. 290-291.

47　朝鮮總督府,《朝鮮に於ける支那人》, 京城: 朝鮮印刷株式會社, 大正13[1924].

48　이정희,《한반도 화교사: 근대의 초석부터 일제강점기까지의 경제사》, 동아시아, 2018, p. 284.

49　朝鮮總督府,《朝鮮に於ける支那人》, 京城: 朝鮮印刷株式會社, 大正13[1924].

50　이정희,《한반도 화교사: 근대의 초석부터 일제강점기까지의 경제사》, 동아시아, 2018, p. 328.

51　《조선일보》1925년 7월 22일.

52　이정희,《한반도 화교사: 근대의 초석부터 일제강점기까지의 경제사》, 동아시아, 2018 p. 294.

53　이정희,《한반도 화교사: 근대의 초석부터 일제강점기까지의 경제사》, 동아시아, 2018, p. 327.

54　平壤商工會議所,《平壤商業調査》, 昭和13年(1938)·昭和 14年(1939).

55　《동아일보》1922년 10월 19일.

56　金光彦, 〈만두考〉,《古文化》, 1992, pp. 117-132.

57　〈京城雜話〉,《개벽》제52호, 1924.

58　《동아일보》1930년 11월 12일.

59　《동아일보》1939년 4월 13일.

60　조자호, 〈조선요리로는 본격적인 정월음식 몇 가지〉,《동아일보》1937년 12월 21일.

61　《경향신문》1973년 2월 19일.

62　《경향신문》1962년 10월 5일.

63 한국농수산식품유통공사,《2011 가공식품 세분시장 현황조사: 만두시장》, 2012년 2월, p. 13.

64 한국농수산식품유통공사,《2018 가공식품 세분시장 현황: 냉동식품 시장》, 2018년 12월, p. 66.

65 한국농수산식품유통공사,《2011 가공식품 세분시장 현황조사: 만두시장》, 2012년 2월, p. 19.

66 한국농수산식품유통공사,《2018 가공식품 세분시장 현황: 냉동식품 시장》, 2018년 12월, p. 37.

67 《별건곤》제57호, 1932년 11월 1일.

68 《동아일보》1940년 3월 25일.

69 《經濟情報》(京畿道, 昭和 15年 6~12月), 京經情秘 第9497號, 1940년 8월 31일.

70 정혜경,〈한국의 사회 경제적 변동에 따른 식생활변천〉, 이화여자대학교 식품영양학과 박사학위논문, 1988, p. 14.

71 강만길,《한국현대사》, 창작과비평, 1984, p. 232.

72 정혜경,〈한국의 사회 경제적 변동에 따른 식생활변천〉, 이화여자대학교 식품영양학과 박사학위논문, 1988, p. 18.

73 《동아일보》1956년 2월 2일.

74 《동아일보》1963년 10월 15일.

75 변재운, '삼립식품 호빵(기업 살린 히트상품: 16)',《국민일보》1993년 2월 15일.

76 '서울 새 풍속도',《경향신문》1971년 4월 9일.

77 《동아일보》2019년 10월 24일.

4부 | 일본의 만주와 교자

1 漆原次郎,〈饅頭食べたい'禅僧の思いが生んだ日本の甘み: 「あんこ」の歩んできた道(前篇)〉, 食の研究所(https://jbpress.ismedia.jp/), 2012년 3월 23.

2 奥村彪生,《日本料理とは何か―和食文化の源流と展開》, 農山漁村文化協会, 2016, p. 82.

3 笹川臨風・足立勇,《日本食物史下 復刻》, 雄山閣, 1973, p. 360.

4 渡辺正,〈邦訳日葡辞書を通してみた安土桃山時代の食生活 The Dietary Life in the "Azuchi-Momoyama"―Era seeing through the "Hoyaku-Nippo-Jisho"(Japanese-Portuguese Dictionary Translated into Japanese)〉,《相愛女

子大学相愛女子短期大学研究論集. 国文·家政学科編》vol. 29, 1982, pp. 96-
87, "Mangiu 小麦の小さなパンであって, 湯の蒸気で蒸した物, 饅(まん), お饅
(まん)婦人語".

5　大久保洋子, 〈平安期の食文化を見る: 平安貴族の饗応食の食材と調理につい
て〉,《実践女子大学年報》(28), 2009, pp. 213-231.

6　辻ミチ子,《京の和菓子》, 中公新書, 2005, p. 15.

7　井上泰也, 〈続々成尋の『日記』を読む:『参天台五台山記』に見える宋代の日常
性〉,《立命館文學》608号, 2008, pp. 130-142.

8　虎屋文庫 編著,《和菓子を愛した人たち》, 山川出版社, 2017.

9　笹川臨風·足立勇,《日本食物史(下)》(復刻), 雄山閣, 1973, pp. 80-81.

10　中山圭子,《事典和菓子の世界》, 岩波書店, 2006, pp. 130-134.

11　石毛直道,《문화면류학의 첫걸음》, 윤서석 외 옮김, 신광출판사, 2000, p.
78(원서《文化麵類學ことはじぬ》, 講談社, 1991).

12　青木直己,《図説和菓子の歴史》, ちくま学芸文庫, 2017, p. 61.

13　川島英子,《まんじゅう屋繁盛記: 塩瀬の六五〇年》, 岩波書店, 2006, p. 16.

14　川島英子,《まんじゅう屋繁盛記: 塩瀬の六五〇年》, 岩波書店, 2006, p. 17.

15　安達巌,《日本食物文化の起源》, 自由国民社, 1981, p. 244.

16　安達巌,《日本食物文化の起源》, 自由国民社, 1981, p. 245.

17　安達巌,《日本食物文化の起源》, 自由国民社, 1981, p. 245.

18　川島英子,《まんじゅう屋繁盛記: 塩瀬の六五〇年》, 岩波書店, 2006, p. 19.

19　川島英子,《まんじゅう屋繁盛記: 塩瀬の六五〇年》, 岩波書店, 2006, p. 48.

20　川島英子,《まんじゅう屋繁盛記: 塩瀬の六五〇年》, 岩波書店, 2006, p. 51.

21　川島英子,《まんじゅう屋繁盛記: 塩瀬の六五〇年》, 岩波書店, 2006, p. 60.

22　〈塩瀬の歴史〉, 老舗和菓子·御菓子の塩瀬総本家 홈페이지(www.shiose.co.jp).

23　〈塩瀬の歴史〉, 老舗和菓子·御菓子の塩瀬総本家 홈페이지(www.shiose.co.jp).

24　http://www.饅頭.net/history.htm.

25　吉田元,《日本の食と酒》, 講談社, 2014, pp. 66-67.

26　青木直己,《図説和菓子の歴史》, ちくま学芸文庫, 2017, p. 64.

27　辻ミチ子,《京の和菓子》, 中公新書, 2005, pp. 17-20.

28　吉田元,《日本の食と酒》, 講談社, 2014, pp. 12-15.

29　吉田元,《日本の食と酒》, 講談社, 2014, p. 19.

30　吉田元,《日本の食と酒》, 講談社, 2014, pp. 66-67.

31　とらや菓子資料室 虎屋文庫, 〈歴史上の人物と和菓子〉 "山科言経と「栗粉」·揚

げ饅頭” 2009. 7. 16(www.toraya-group.co.jp/).

32 川島英子,《まんじゅう屋繁盛記―塩瀬の六五〇年》, 岩波書店, 2006, p. 101.

33 鬼頭宏, 〈日本における甘味社会の成立-前近代の砂糖供給〉, 《上智経済論集》, 第53巻 第1・2号合併号, 2008, p. 48.

34 鬼頭宏, 〈日本における甘味社会の成立-前近代の砂糖供給〉, 《上智経済論集》, 第53巻 第1・2号合併号, 2008, p. 48.

35 鬼頭宏, 〈日本における甘味社会の成立-前近代の砂糖供給〉, 《上智経済論集》, 第53巻 第1・2号合併号, 2008, p. 49.

36 川島英子,《まんじゅう屋繁盛記―塩瀬の六五〇年》, 岩波書店, 2006, p. 177.

37 神崎宣武,《おみやげ贈答と旅日本文化》, 青弓社, 1997, p. 84.

38 中川清, 〈南蛮菓子と和蘭陀菓子の系譜〉, 《駒沢大学外国語部論集》(58), 2003, pp. 69-125.

39 오쿠보 히로코(大久保洋子),《에도의 패스트푸드》, 이언숙 옮김, 청어람미디어, 2004, pp. 178-179(원서:《江戸のファーストフード―町人の食卓, 将軍の食卓》, 講談社選書メチエ, 1998).

40 中川清, 〈南蛮菓子と和蘭陀菓子の系譜〉, 《駒沢大学外国語部論集》(58), 2003, pp. 69-125.

41 鬼頭宏, 〈日本における甘味社会の成立-前近代の砂糖供給〉, 《上智経済論集》, 第53巻 第1・2号合併号, 2008, p. 49.

42 樋口弘,《糖業事典》, 内外経済社, 1959.

43 柴田由美子・島田淳子, 〈酒饅頭のテクスチャー特性表皮の伸長破断特性について〉, 《日本家政学会誌》Vol. 56, No.10, 2005, pp. 743-751.

44 笹川臨風・足立勇,《日本食物史(下)》(復刻), 雄山閣, 1973, p. 161.

45 笹川臨風・足立勇,《日本食物史(下)》(復刻), 雄山閣, 1973, p. 362.

46 横田雅博,《おきりこみと焼き饅頭―群馬の粉もの文化》, 農山漁村文化協会, 2018, p. 61.

47 横田雅博,《おきりこみと焼き饅頭―群馬の粉もの文化》, 農山漁村文化協会, 2018, p. 121.

48 오카다 데쓰(岡田 哲),《국수와 빵의 문화사》, 이윤정 옮김, 뿌리와이파리, 2006, p. 114(원서:《コムギ粉の食文化史》, 朝倉書店, 1993).

49 中川清, 〈南蛮菓子と和蘭陀菓子の系譜〉, 《駒沢大学外国語部論集》(58), 2003, pp. 69-125.

50 澁川祐子, 〈中華まんが「コンビニ冬の定番」に上りつめるまで〉, 食の研究所

(https://jbpress.ismedia.jp/) 2012. 1. 13.

51 澁川祐子,〈中華まんが「コンビニ冬の定番」に上りつめるまで〉, 食の研究所
　　(https://jbpress.ismedia.jp/) 2012. 1. 13.

52 澁川祐子,〈中華まんが「コンビニ冬の定番」に上りつめるまで〉, 食の研究所
　　(https://jbpress.ismedia.jp/) 2012. 1. 13.

53 東四柳祥子,〈明治期における中国料理の受容〉,《梅花女子大学食文化学部紀
　　要》第3号, 2015, p. 37.

54 岩間一弘,〈日本の中国料理はどこから来たのか〉,《中国料理と近現代日本―食
　　と嗜好の文化交流史》, 慶應義塾大学出版会, 2019, p. 2.

55 草野美保,〈日本における中国料理の受容:歴史篇―明治～昭和30年代の東京
　　を中心に〉,《中国料理と近現代日本―食と嗜好の文化交流史》, 慶應義塾大学出
　　版会, 2019, p. 59.

56 東四柳祥子,〈明治期における中国料理の受容〉,《梅花女子大学食文化学部紀
　　要》第3号, 2015, p. 37.

57 斗鬼正一,〈異文化食と日本人のアイデンティティー〉,《江戸川大学紀要》27巻,
　　2017, p. 360.

58 江原絢子·石川尚子·東四柳祥子,《日本食物史》, 吉川弘文館, 2009, p. 205.

59 田中宏,《田中式豚肉調理法》, 東京出版社, 1916, pp. 117-122.

60 東京倶楽部 編,《最新東京案内》, 綱島書店, 1907, p. 42(東四柳祥子,〈明治期にお
　　ける中国料理の受容〉,《梅花女子大学食文化学部紀要》第3号, 2015에서 재인용).

61 東四柳祥子,〈明治期における中国料理の受容〉,《梅花女子大学食文化学部紀
　　要》第3号, 2015.

62 草野美保,〈国民食になった餃子―受容と発展をめぐって〉,《日本の食の近未
　　来》, 思文閣出版, 2013, pp. 168-171.

63 草野美保,〈日本における中国料理の受容: 歴史 篇―明治～昭和30年代の東京
　　を中心に〉,《中国料理と近現代日本―食と嗜好の文化交流史》, 慶應義塾大学出
　　版会, 2019, p. 59.

64 草野美保,〈日本における中国料理の受容: 歴史 篇―明治～昭和30年代の東京
　　を中心に〉,《中国料理と近現代日本―食と嗜好の文化交流史》, 慶應義塾大学出
　　版会, 2019, p. 79.

65 山方香峰 編,《衣食住日常生活》, 実業之日本社, 1907, pp. 438-439.

66 原田信男,《江戸の食生活》, 岩波書店, 2003, pp. 36-37(殷晴·周璐蓉,〈日本にお
　　ける餃子の伝来と受容〉,《ぎんなん》特別号, 2018, pp. 23-24에서 재인용).

67 殷晴·周璐蓉,〈日本における餃子の伝来と受容〉,《ぎんなん》特別号, 東京大学大学院人文社会系研究科·文学部国際交流室日本語教室, 2018, pp. 20-35.

68 斗鬼正一,〈異文化食と日本人のアイデンティティー〉,《江戸川大学紀要》27巻, 2017, p. 38.

69 草野美保,〈日本における中国料理の受容: 歴史 篇─明治~昭和30年代の東京を中心に〉,《中国料理と近現代日本─食と嗜好の文化交流史》, 慶應義塾大学出版会, 2019, p. 61.

70 澁川祐子,〈実は日本だけ?「餃子と言えば"焼き餃子"」今はなき渋谷の名店が確立した餃子の食スタイルとは〉, 食の研究所(https://jbpress.ismedia.jp/) 2012. 9. 14.

71 《料理の友》21巻 3号(1933年 3月), pp. 75-77(草野美保,〈日本における中国料理の受容: 料理 篇─明治~昭和30年代の東京を中心に〉,《中国料理と近現代日本─食と嗜好の文化交流史》, 慶應義塾大学出版会, 2019, p. 83에서 재인용).

72 石橋崇雄,《大清帝国》, 講談社, 2000.

73 如月隼人,〈日中餃子論考(2/2)＝日本で「ギョーザ」の名が定着した背景には日中の近代史が〉, www.recordchina.co.jp, 2018. 3. 17.

74 姜栽植,《中國朝鮮族社会研究》, 北京, 民族出版社, 2007, p. 59(李印林,《河北朝鮮族史》, 民族出版社, 2016, p. 14에서 재인용).

75 黄有福,〈中國朝鮮族移民史研究〉,《中央民族学院学報》, 1993, p. 60(李印林,《河北朝鮮族史》, 民族出版社, 2016, p. 12에서 재인용).

76 殷晴·周璐蓉,〈日本における餃子の伝来と受容〉,《ぎんなん》特別号, 東京大学大学院人文社会系研究科·文学部国際交流室日本語教室, 2018.

77 殷晴·周璐蓉,〈日本における餃子の伝来と受容〉,《ぎんなん》特別号, 東京大学大学院人文社会系研究科·文学部国際交流室日本語教室, 2018.

78 John W. Dower, *Embracing Defeat: Japan in the Wake of World War II*, New York; London: W.W. Norton: New Press, 1999, p. 97(璐蓉,〈日本における餃子の伝来と受容〉,《ぎんなん》特別号, 東京大学大学院人文社会系研究科·文学部国際交流室日本語教室, 2018에서 재인용).

79 清水洋二 解説·訳,《価格·配給の安定─食糧部門の計画》, 日本図書センター, 2000, p. 12, pp. 13-64(殷晴·周璐蓉,〈日本における餃子の伝来と受容〉,《ぎんなん》特別号, 東京大学大学院人文社会系研究科·文学部国際交流室日本語教室, 2018에서 재인용).

80 笹川臨風·足立勇,《日本食物史(下)》(復刻), 雄山閣, 1973, p. 314.

81 岩間一弘、〈日本の中国料理はどこから来たのか〉、《中国料理と近現代日本—食と嗜好の文化交流史》、慶應義塾大学出版会, 2019, p. 7.

82 ジョージ・ソルト、《ラーメンの語られざる》、野下祥子 訳, 歴史国書刊行会, 2015, pp. 60-61, 63-64(草野美保、〈日本における中国料理の受容: 歴史篇—明治~昭和30年代の東京を中心に〉、《中国料理と近現代日本—食と嗜好の文化交流史》、慶應義塾大学出版会, 2019, p. 69에서 재인용).

83 〈ぎょうざ:マンボ全盛時代〉、《丸》8巻 7号, 1955, pp. 17-24; 〈中国版お好み焼餃子ブームを解剖する〉、《サンケイグラフ》48号, 1955, pp. 10-13(岩間一弘、〈日本の中国料理はどこから来たのか〉、《中国料理と近現代日本—食と嗜好の文化交流史》、慶應義塾大学出版会, 2019, p. 8에서 재인용).

84 漆原次郎、〈日本と世界の食事情日本の「国民食」誕生を支えた気配りのレシピ『国民食の履歴書』で食の伝わり方を味わう〉、食の研究所(https://jbpress.ismedia.jp/) 2020. 2. 21.

85 古川緑波、〈ああ東京は食い倒れ〉、《ロッパの悲食記》、ちくま文庫, 1995.

86 殷晴・周璐蓉、〈日本における餃子の伝来と受容〉、《ぎんなん》特別号, 2018.

87 畑中三応子、〈餃子の肉汁からジュワッとにじむ, 戦後日本の復活スタミナ物語—アタマで食べる東京フード(2)〉(https://urbanlife.tokyo/) 2020. 3. 22.

88 殷晴・周璐蓉、〈日本における餃子の伝来と受容〉、《ぎんなん》特別号, 東京大学大学院人文社会系研究科・文学部国際交流室日本語教室, 2018, p. 28.

89 旭屋出版編集部、《餃子の探求》旭屋出版, 2016, p. 165.

90 《全国うまいもの旅行》、日本交通公社, 1956, pp. 82-83(草野美保、〈日本における中国料理の受容: 歴史 篇—明治~昭和30年代の東京を中心に〉、《中国料理と近現代日本—食と嗜好の文化交流史》、慶應義塾大学出版会, 2019, p. 70에서재인용).

91 〈うまいもの探訪一世を風靡する飲子〉、《食生活》51巻 1号(通号572), 1957, pp. 46-47(草野美保、〈日本における中国料理の受容: 歴史 篇—明治~昭和30年代の東京を中心に〉中国料理と近現代日本—食と嗜好の文化交流史》、慶應義塾大学出版会, 2019, p. 70에서 재인용).

92 〈中国版お好み焼餃子ブームを解剖する〉、《サンケイグラフ》48号, 1955, pp. 10-13(草野美保、〈日本における中国料理の受容: 歴史 篇—明治~昭和30年代の東京を中心に〉、《中国料理と近現代日本—食と嗜好の文化交流史》、慶應義塾大学出版会, 2019, p. 70에서 재인용).

93 〈老舗探訪(379) 1958年 創業 隆祥房 名古屋市 名古屋発の餃子文化を育む おいしさと安心・安全前面に 包み方やレシピでインドアレジャー提案〉、《中部経済新聞》2017年 10月 3日.

94 殷晴·周璐蓉〈日本における餃子の伝来と受容〉,《ぎんなん》特別号, 東京大学
大学院人文社会系研究科·文学部国際交流室日本語教室, 2018, p. 28.

95 笹川臨風·足立勇,《日本食物史(下)》(復刻), 雄山閣, 1973, p. 319.

96 殷晴·周璐蓉〈日本における餃子の伝来と受容〉,《ぎんなん》特別号, 東京大学
大学院人文社会系研究科·文学部国際交流室日本語教室, 2018, p. 33.

97 殷晴·周璐蓉〈日本における餃子の伝来と受容〉,《ぎんなん》特別号, 東京大学
大学院人文社会系研究科·文学部国際交流室日本語教室, 2018, p. 33.

98 草野美保,〈日本における中国料理の受容: 歴史 篇―明治~昭和30年代の東京
を中心に〉,《中国料理と近現代日本―食と嗜好の文化交流史》, 慶應義塾大学出
版会, 2019, p. 77.

99 旭屋出版編集部《餃子の探求》, 旭屋出版, 2016, p. 163.

100 旭屋出版編集部《餃子の探求》, 旭屋出版, 2016, p. 163.

101 旭屋出版編集部《餃子の探求》, 旭屋出版, 2016, p. 163.

102 曽我和弘,〈食の現場から―日中の餃子考〉, 湯浅醤油(www.yuasasyouyu.co.jp),
2013年 6月.

103 徐航明,《中華料理進化論》, イースト新書Q, 2018, pp. 44-48.

104 徐航明,《中華料理進化論》, イースト新書Q, 2018, p. 46.

105 旭屋出版編集部,《餃子の探求》, 2016, p. 163.

106 旭屋出版編集部《餃子の探求》, 旭屋出版, 2016, p. 163.

107 旭屋出版編集部《餃子の探求》, 旭屋出版, 2016, p. 164.

찾아보기